詹姆逊的总体性观念与文化批评阐释

马 宾 著

本书获盐城师范学院外国语学院英语品牌专业资助,项目名称为"江苏高校品牌建设工程一期项目"(项目号:PPZY2015A012)。

苏州大学出版社

图书在版编目(CIP)数据

詹姆逊的总体性观念与文化批评阐释/马宾著.—
苏州:苏州大学出版社,2016.12
ISBN 978-7-5672-1984-7

Ⅰ.①詹… Ⅱ.①马… Ⅲ.①詹姆逊,F.-西方马克思主义-研究 Ⅳ.①B089.1

中国版本图书馆 CIP 数据核字(2016)第 306598 号

书　　名	詹姆逊的总体性观念与文化批评阐释
作　　者	马　宾 著
责任编辑	汤定军
策　　划	汤定军
装帧设计	刘　俊
出版发行	苏州大学出版社(Soochow University Press)
社　　址	苏州市十梓街 1 号　邮编:215006
印　　刷	宜兴市盛世文化印刷有限公司印装
网　　址	www.sudapress.com
E - mail	tangdingjun@suda.edu.cn
邮购热线	0512-67480030
销售热线	0512-65225020
开　　本	700mm×1000mm　1/16　印张:15　字数:231 千
版　　次	2016 年 12 月第 1 版
印　　次	2016 年 12 月第 1 次印刷
书　　号	ISBN 978-7-5672-1984-7
定　　价	42.00 元

凡购本社图书发现印装错误,请与本社联系调换。服务热线:0512-65225020

前　言

随着人类社会步入20世纪，人类文明史翻开了新的篇章，日新月异的科学技术、哲学、心理学等的新发现都在推动人们的认知能力和知识水平不断上升到新的台阶，人类认识和改造世界的能力因此得到了极大增强。我们批判性地继承人类历史上流传下来的丰硕理论遗产和认识成果，以辩证理性思维方式来探寻客观世界以及人类意识活动的内在规律，对于客观事物以及人自身的认识也发生了本质性的变化。反映在人文社科领域便有了哲学、心理学、语言学、文学、美学、文化研究等领域内的新发展和新方向，譬如存在主义从个人经验出发建构理论框架，现象学对事物表象进行反思，后结构主义对结构主义进行反拨和批判，解构主义对逻各斯中心主义进行消解，后现代主义对现代主义进行颠覆，精神分析对人类内心世界进行挖掘和剖析，以及马克思主义对人类历史发展规律总体性把握和规划，等等。这些理论观点尽管出发点各异，论证思路也不尽相同，但都在不同程度上反映了客观真理的一部分，因而也就能够互相渗透和启发，为我们全面客观地把握真理提供必要的理论条件。

在各种理论流派的广泛交流与激烈竞争中，有一种理论的影响力异常深远，而且当它应用在许多领域之后都取得了丰硕的成果，那就是传统马克思主义及其在当代的变体，如西方马克思主义、黑格尔式马克思主义、后现代的马克思主义、中国化的马克思主义等。作为西方马克思主义流派的杰出代表人物，詹姆逊有着重大的理论创见和卓越的历史功绩。他的理论既坚持了马克思主义唯物史观的牢固基础，保持了辩证法的灵活态度，揭示了颠扑不破的真理，又带有鲜明的时代特征，博采众家理论之所长，及时地反映了当前社会的最新形势和典型特征。这对于我们繁荣社会主义思想理论建构、建设社会主义和谐社会、发展社会主义精神文明与物质文明、早日实现中国梦、指导我们进行文学创作和展开自身理论话语的建构都有着极为重要的借鉴价值和启发作用。

詹姆逊出生于1934年,是美国俄亥俄州人,他本科毕业于"声明远扬而又异常低调"的哈弗福德学院,而硕士和博士毕业于耶鲁大学。他曾经留学法国和德国,先后在哈佛大学、加利福尼亚大学、耶鲁大学和杜克大学任教,现为美国艺术与科学院院士,并且于2008年荣获堪称"人文社科界的诺贝尔奖"的霍尔堡大奖。自从1961年出版了自己的第一部著作《萨特:一种风格之缘起》,直到2013年出版的英文著作 The Ancients and the Postmoderns, The Antinomies of Realism 和2010年在中国翻译出版的《詹姆逊文集(第5卷)》,以及2012年出版的《黑格尔的变奏》,已经先后出版专著二十多部,论文上百篇。他的研究范围之广,论著数量之众,理论观点对于世界文化和文学界的影响之深,足以让他跻身于世界级文化批评理论家之列。

他最初关心艺术作品的形式,研究了形式主义和结构主义,后来逐步转向文化批评,研究领域逐渐扩大到电影、文化甚至建筑与视像文化、科幻小说等。詹姆逊于2006年获得科幻小说研究协会朝圣者奖,以表彰他在科幻小说研究方面做出的终身贡献。他还有一本书荣获美国现代语言协会的詹姆斯·罗塞尔·罗威尔奖。美国批评界最著名的期刊《批评调查》则将詹姆逊排名在雅克·拉康与爱德华·萨义德之间,名列过去30年间第七位最重要的批评理论家。在大卫·霍罗威茨列出的"101位最危险的教授"当中,詹姆逊也榜上有名。据本书作者查找国内外学术研究资料初步得知,截止到2013年以詹姆逊为主题的论文、章节和专著多达530多个。

赵一凡教授曾经撰文介绍了詹姆逊的深厚学术渊源,并且指出其杰出的理论贡献和深远的社会影响:"杰姆逊20世纪50年代末在耶鲁大学攻读博士学位时,曾师从德裔流亡批评家奥尔巴赫教授,深受其反对专业切割、提倡'动态综合阐释'的思想影响。后在哈佛教书10年,悉心研读西方马克思主义文论,颇得益于卢卡契的整体观与历史小说理论。这两家经典理论的熏陶促使杰姆逊在传统人文学术分崩离析、现代文化日益同专业理性反悖的背景之下,坚持追求宏观阐释与操作技巧的统一,致力于打通并联结'历史与语言'、'意识与结构'之间的对立。"这可以说是对于詹姆逊学术生涯以及治学方法特点的精辟概括,高度评价了詹姆逊在马克思主义遭遇严峻挑战的时代背景下所做出的强势回应,其中也特别强调了总体性方法论对于他的启发和帮助,使得他能够将诸家理论相互贯穿并且加以统摄。正是因为有如此综合性的理论观念以及开放包容的学术胸襟,詹姆逊才得以涉猎如此众多的研究领域,取得如此辉煌的学术成就,实现其宏伟的学术抱负和治学理想。

詹姆逊从事学术研究活动的重要特点就是涉猎面非常广泛,内容异常丰富,而且每每有新的创见,这体现出他深厚扎实的理论功底以及超越常人的勤奋与努力。他精通英语、法语、德语、西班牙语等语言,后来为了研究鲁迅等人的作品,还努力学习了中文。他为了评论电影作品,就接连看了几百部电影。为了得到最真实的感受,他尽力掌握第一手资料,进行大量的阅读,亲自进行体验。从萨特、卢卡契、马克思、阿尔都塞、弗洛伊德到德里达、利奥塔、福柯等众多理论大家,从文学、哲学、戏剧到音乐、电影、建筑、绘画、雕塑、信息技术等各式各样的研究对象,在他笔下都能够从容驾驭,将它们贯穿拼接起来,找到其背后隐藏的线索,揭示其理论背景和社会现实依据。麦克埃布称赞道:"很少有思想家敢于真正地蔑视传统关于文化对象的区分,詹姆逊就是这样的思想家:他像关注有意建立起来的、复杂的高级现代主义作品一样,也能够关注朋克的复杂性。"

詹姆逊熟悉当代的诸家理论流派,积极吸收其中的合理成分,与他们展开理论对话。加上他本人又富有创新精神,经常能够依据总体性理论视角来分析当前错综复杂的社会与文化现象,提出了许多启发性的概念,成为他标志性的理论创造,诸如"意识形态素"、"认知测绘"、"政治无意识"、"第三世界民族寓言"、"地缘政治美学"等,这些往往是在前人理论基础上进行进一步的创造性阐释和总结的结果。

詹姆逊先后提出过许多具有鲜明总体性特征的响亮口号,当中有些甚至成为詹姆逊的标志性话语:"马克思主义是我们不可逾越的语义地平线","马克思主义的政治就是一种乌托邦的计划","所有的阶级意识都是乌托邦的","第三世界的文本都是民族寓言","第三世界知识分子永远是知识分子",等等。这其中有许多都是他在前人的研究基础上进行创造性地阐释和发挥的成果。这些口号让人听了以后感觉很警醒,也很振奋,他似乎交给了我们那把破解当今理论迷局的密匙。

他强调总体性辩证思维方式对于英美传统思维方式的修正价值:"现代英美思想或英美哲学实际上是政治自由主义、经验主义和逻辑实证主义的混合物,与辩证的思想是敌对的;但是,如果不重视辩证思想,人们就无法与自己的历史构成统一起来。"只有在总体性观念指引之下,进行广泛深入的阅读和融会贯通,才可能得出如此深刻的见解。事物的总体性存在方式要求我们必须要具备辩证灵活的思维,认识到事物包含了多个方面以及各个部分之间相互联系和相互转化的特征。詹姆逊一直沿用了跨语言、跨民族、跨学科的比较研究方法。在分析资本主义文化的时候,他具备广阔的理论视野,善于把各种理论流派糅合起来,而且将研究的目光扩展到社会学、心理学、历史学、人类学、政治学、经济学、地理学、建筑学等极其广泛的领域,真正实践了他所主张的主体性的辩证认识方法。

本书从总体性这一传统哲学的基本认识论入手,聚焦于研究著名西方马克思主义理论家詹姆逊的总体性理论,揭示了他对于黑格尔、马克思、萨特、卢卡契、阿尔都塞等人的总体性理论的吸收和借鉴,阐述他在总体性理论指导之下做出的关于后现代文化文学现象的分析和判断、建构和发展起来的文学批评理论,以及对于第三世界文学的评价和定性。本书综合参考和吸收借鉴了相关学者对于詹姆逊多元总体性理论建构以及文化与文学文本批评实践的深刻解读和精彩评论,探讨了总体性理论对于詹姆逊形成自己独具一格的理论体系和开展丰富有效的批评实践活动的重要指导作用和深远意义。

詹姆逊是一位有着深厚的理论根基、敏锐的问题意识和强烈的时代感与历史责任心的杰出的西方马克思主义理论家。他秉承西方马克思主义的传统,坚持总体性的原则和立场,并且创造性地吸收和借鉴了其他流派的理论资源,密切关注时代发展的最新动态和趋势。以生产方式作为主导阐释符码,以文学和文化文本的政治化阐释为目标,以多元化理论视角的交织以及异质性文本的并列和拼贴作为理论表述特征,开创了自己独具一格的西方马克思主义批评理论体系。总体性对于詹姆逊具有极其重要的方法论意义,也是他的本体论关于事物本原认识的原则和立场。我们要反对那种形而上学的僵化的总体性,要主张那种在不断的否定当中获得肯定的总体性。这是詹姆逊的总体性方法论给我们的启示,也是我们保持马克思主义理论活力的源泉,以及构建开放性总体的理论根基。

- 前　言 / 1
- 导　论 / 1

　　第一节　詹姆逊的学术背景与理论根基 / 4

　　第二节　国际学术界对于詹姆逊的研究 / 14

　　第三节　中国的詹姆逊研究及译介 / 19

　　第四节　本书结构与主要观点 / 24

　　第五节　本书研究价值以及创新之处 / 26

- 第一章　总体性观念的渊源与流变 / 28

　　第一节　黑格尔的同一总体性 / 28

　　第二节　马克思的异质总体性 / 33

　　第三节　卢卡契的黑格尔主义式总体性 / 37

　　第四节　萨特的辩证总体性 / 41

　　第五节　阿尔都塞的结构主义整体性 / 47

　　第六节　詹姆逊的多元总体性 / 54

- 第二章　总体性观念指导下的后现代文化批评 / 60

　　第一节　后现代文化的时代分期与定义 / 60

　　第二节　后现代文化的特征 / 75

　　　　一、深度的削平 / 76

　　　　二、历史感的撕裂 / 121

　　　　三、主体的灭亡和情感的消逝 / 125

　　第三节　詹姆逊对后现代主义的批评策略 / 129

- **第三章　总体性观念指导下的文学批评 / 134**

  第一节　总体性的辩证解读法 / 134

  第二节　辩证的文学形式观 / 139

  第三节　政治无意识 / 145

  第四节　乌托邦欲望 / 150

- **第四章　总体性的全球化视域：第三世界文学民族寓言 / 157**

  第一节　寓言与象征 / 157

  第二节　詹姆逊的第三世界文学观 / 170

  第三节　詹姆逊的民族寓言观 / 184

- **结语 / 190**

- **参考文献 / 198**

导 论

随着人类社会步入 20 世纪，人类文明史翻开了新的篇章，日新月异的科学技术推动人们的认知能力和知识水平不断上升到新的台阶，人类认识和改造世界的能力因此得到了极大增强。社会生产力成倍增加，现代化的物质文明和精神文明使得人们的生活水平有了极大的改善与提高。西方国家的资本主义社会制度快速发展，经济、政治、法律体系进一步巩固和健全，哲学、文学、艺术领域也是新潮迭起。然而与此同时，社会成员之间的贫富差距也在日益扩大，不同社会阶层之间的矛盾也愈加突出和错综复杂。人们的物质生活和精神生活，无论是内容还是形式方面，都已经变得极其精细和复杂，我们对于客观世界以及自我意识的认识达到了前所未有的深度和广度。

我们批判性地继承人类历史上流传下来的丰硕理论遗产和认识成果，以辩证理性思维方式来探寻客观世界以及人类意识活动的内在规律，对于客观事物以及人自身的认识也发生了本质性的变化。我们看到有众多学者孜孜不倦地进行理论的建构、批判与重构，在否定之否定的辩证总体性过程之中积极有效地拓展了人类认识的深度和广度，从不同的角度展望和设想通往人类自由理想王国的康庄大道。

反映在人文社科领域便有了哲学、语言学、文学、美学、文化研究等领域内的新发展和新方向，譬如从个人经验出发展开思辨的存在主义、对于事物表象所做的现象学反思、后结构主义对结构主义的反拨和批判、解构主义对于逻各斯中心主义的消解、后现代主义对于现代主义的颠覆、精神分析对于人类内心世界的挖掘和剖析以及马克思主义对于人类历史发展规律的总体把握和规划。这些理论观点尽管出发点各异,论证思路也不尽相同,但都在不同程度地反映了客观真理的一部分,因而也就能够互相渗透和启发,为我们全面客观地把握真理提供了必要的理论铺垫和前提准备。

在各种理论流派的广泛交流与激烈竞争中,有一种理论的影响力异常深远,而且当它应用在许多领域之后都取得了丰硕的成果,那就是传统马克思主义及其在当代的变体,如西方马克思主义、黑格尔式马克思主义、后现代的马克思主义、中国化的马克思主义等。作为西方马克思主义流派的杰出代表人物詹姆逊(Fredric Jameson,1934— ,又有杰姆逊、詹明信、詹姆森等译名),他有着重大的理论创见和卓越的历史功绩。

他的理论既坚持马克思主义唯物史观的牢固基础,保持辩证法的灵活态度,揭示了颠扑不破的真理,又带有鲜明的时代特征,博采众家理论所长,及时反映了当前社会的最新形势和典型特征。这对于我们繁荣社会主义思想理论建构、建设社会主义和谐社会、发展社会主义精神文明与物质文明、早日实现中国梦、指导我们进行文学创作和展开自身理论话语的建构都有着极为重要的借鉴价值和启发作用。

纵观人类的认识历史,对于世界以及人自身的认识一直离不开总体性的方法。人们在实践中体会并且总结得出:只有在更大的背景中才能够更加全面、深入、正确地认识对象,这种人类的基本认识方法一直被我们沿用至今。马丁·杰在《马克思主义与总体性——从卢卡奇到哈贝马斯关于一个概念的探险记》一书中指出,"总体性的观念在西方思想史上可谓源远流长,自古希腊到启蒙时代,再到近代诸家哲学、人文学思潮,对世界、人、社会和历史的总体性谋划一直是绵延不绝的主题。"[①] 他直接指出,在现代思想史上,没有比构造一种可行的总体性的观念更为持久和更有影响力的思想倾向。

---

① 吴琼:总体性与詹姆逊的文化政治哲学,《文化研究》,第1辑,天津:天津社会科学院出版社,2000年版。

对于世界本源的认识和推测，则更是激起了无数思想家的理论建构冲动，由此诞生了诸多的假说和阐释，大多沿着同一性的思维忙于建构抽象，包容一切的终极阐释话语，直至解构主义、后结构主义以差异性的话语暴力摧毁人们的幻想，将人们的注意力重新拽回到纷繁而具体的现实世界当中来。"把握总体性是认识西方马克思主义的钥匙，就如英国哲学家怀海特所说的它是'主词'。"① 这种对于总体性的强调一点也不过分，而是恰好反映了总体性观念对于我们整个思想体系的塑造作用和理想诱惑。我们每个人实际上都有意或者无意地受到总体性观念的影响，在不同程度上去追求总体性的真理，因此它就具有了原始认识方法的意义。

但是要从这种朴素而有效的认识方法出发，发展成为哲学意义上的认识论，必须要经过严格的逻辑推理和反复论证。首先就会遇到人的认识能力局限性的问题。在漫漫历史长河中，人类的历史很短暂，个人的一生更是短暂。如何在这短暂的时间内充分体验到并且能够把握整体，形成对于世界、人自身的完整的看法，这个问题一直困扰着所有对此加以关注的思想家。

整体必然是与个体相对而言的，单个的事物不能称为整体，而这个事物之外又有其他的个体，如此循环重复，永无止境。所以从绝对的意义上讲，所谓的"整体"只能是人们的预期和假设，并不可能真正地穷尽这个极限。但是这并不代表人们就无法认识事物，人们往往是通过有限的认识经验不断地进行总结和归纳，以期达到对事物不断深化和全面的认识。这在哲学上就体现为本体论和方法论方面的差异：事物在本质上是总体性的，我们对于它的认识是永远不可能穷尽的；我们采用的方法是总体化的，是根据已有经验和认识能力来不断扩充和修正对于事物的既有认识。

事物的存在状态是总体，它先于人类历史而存在，相对独立于人类。人类是历史的产物，同时又可以能动地认识世界以及人类自身。所谓的主体与客体其实不过是人类为了认识事物而人为构

---

① 崔丽华：从分歧走向融合——詹姆逊总体性思想探析，《北京化工大学学报》，2010年，第3期。

造出来的划分,人类通过将自身与其周围世界区分开来而认识自己,认识周围的世界。这种认识的本能使人类在努力把握整体与个体的相互联系中达到对于事物的阶段性的理解深化。

第一节 詹姆逊的学术背景与理论根基

詹姆逊出生于 1934 年,是美国俄亥俄州人,他本科毕业于"声明远扬而又异常低调"的哈弗福德学院,而硕士和博士毕业于耶鲁大学。他曾经留学法国和德国,先后在哈佛大学、加利福尼亚大学、耶鲁大学和杜克大学任教,现为美国艺术与科学院院士,并于 2008 年荣获堪称"人文社科界的诺贝尔奖"的霍尔堡大奖。[①] 自从 1961 年出版了自己的第一部著作《萨特:一种风格之缘起》,直到 2013 年出版的英文著作 The Ancients and the Postmoderns,The Antinomies of Realism、2010 年在中国翻译出版的《詹姆逊文集(第 5 卷)》以及 2012 年出版的《黑格尔的变奏》,已经先后出版专著二十多部、论文上百篇,详细目录请参见论文后面的参考文献部分。他的研究范围之广、论著数量之众、理论观点对于世界文化和文学界的影响之深,足以让他跻身于世界级文化批评理论家之列。

他最初关心艺术作品的形式,研究了形式主义和结构主义,后来逐步转向文化批评,研究领域逐渐扩大到电影、文化甚至建筑与视像文化、科幻小说等。根据内尔·伊斯特布鲁克介绍,詹姆逊于 2006 年获得科幻小说研究协会朝圣者奖,以表彰他在科幻小说研究方面做出的终身贡献。他还有一本书荣获美国现代语言协会的詹姆斯·罗塞尔·罗威尔奖。美国批评界最著名的期刊《批评调查》则将詹姆逊排名在雅克·拉康与爱德华·萨义德之间,名列过去 30 年间第七位最重要的批评理论家。在大卫·霍罗威茨列出的"101 位最危险的教授"当中,詹姆逊也榜上有名[②]。截至 2013 年,据本书作者查找国内外学术研究资料初步得知,以詹姆逊为主

---

① 王逢振:詹姆逊荣获霍尔堡大奖,《外国文学》,2008 年,第 6 期。
② Eastbrook, Neil. "Rattling the Bars". *Science Fiction Studies*, 2007, Volume 34.

题的论文、章节和专著多达530多个。

赵一凡先生曾经撰文介绍了詹姆逊的深厚学术渊源,并指出其杰出的理论贡献和深远的社会影响:"杰姆逊20世纪50年代末在耶鲁大学攻读博士学位时,曾师从德裔流亡批评家奥尔巴赫教授,深受其反对专业切割、提倡'动态综合阐释'的思想影响。后在哈佛教书10年悉心研读西方马克思主义文论,颇得益于卢卡契的整体观与历史小说理论。这两家经典的熏陶促使杰姆逊在传统人文学术分崩离析、现代文化日益同专业理性反悖的背景之下,坚持追求宏观阐释与操作技巧的统一,致力于打通并联结'历史与语言'、'意识与结构'之间的对立。"①这可以说是对于詹姆逊学术生涯以及治学方法特点的精辟概括,高度评价了詹姆逊在马克思主义遭遇到严峻挑战的时代背景下所做出的强势回应,其中也特别强调了总体性方法论对于他的启发和帮助,使得他能够将诸家理论相互贯穿并且加以统摄。正是因为有如此综合性的理论观念以及开放包容的学术胸襟,詹姆逊才得以涉猎如此众多的研究领域,取得如此辉煌的学术成就,实现其宏伟的学术抱负和治学理想。

他当初之所以选择萨特作为自己博士论文的研究对象,主要是出于对于萨特的"政治文人"治学态度和行动哲学的信服,而且这也成为他毕生为之奋斗的目标。自觉保持高度的政治敏锐性和积极的"介入"心态使詹姆逊在后来的学术生涯中受益匪浅。他力排当时盛行的将"风格、句法、主题、文字"封闭在象牙塔里面来进行研究的"安全"做法,以萨特为例来揭示文学风格与生活风格的关系,宣称萨特的文学风格不是"'技巧',而是不可分割的整体的组成部分,语言反映主题,而主题则是已然蕴含于语言本身东西的具体化"②。辩证思维方式,尤其是总体性思想在其中已经开始显现出来了。这不禁让人联想起萨特当年从个体分析出发,将精神分析方法与马克思主义方法综合起来,写出长达3000页的《家庭

---

① 赵一凡:马克思主义与美国当代文学批评,《外国文学评论》,1989年,第4期。
② Jameson, F. *Sartre: The Origins of a Style*. Yale University Press, 1961, p.181.

白痴》,详细分析福楼拜的生活经历对于他的创作的影响,以及作家的个人风格的形成过程。尽管在当时美国的知识分子对于共产主义以及现实的政治生活唯恐避之不及,在周遭一片压倒性的"新批评"与现象学对峙的喧嚣声中,"詹姆逊逆'后马克思主义'或'反马克思主义'潮流而动,坚持马克思主义并介入了后现代主义论争,他通过反对后现代主义和后结构主义的攻击捍卫了马克思主义理论,这些理论攻击马克思主义是过时的、总体论的、生产性的简化论话语,它们不能概括当代后工业社会出现的特征"[1]。詹姆逊却冷静而勇敢地唱出了格调迥异、雄辩自信的时代强音。

进而他又向前迈进了一大步,通过研究萨特而了解到其身后更大的西方马克思主义背景,大谈阿多诺、本雅明、卢卡契等马克思主义思潮的风云人物。他于1971年出版了《马克思主义与形式》一书,表明自己既要反拨庸俗马克思主义忽略"形式"的价值,又要针砭英美经验主义和实证主义无视"现实生活"的时弊。而且该书的副标题即为"20世纪辩证的文学理论",旨在伸张"黑格尔式"的辩证思维,以对抗苏联官方的马克思主义教条。可以说,詹姆逊拿起辩证法尤其是总体性观念的武器,同时与数个对手展开鏖战,他的这种战斗风格一直延续至今。

詹姆逊在书中并没有如人们所期望的那样系统地勾勒出西方马克思主义的传承与演变的历史,而是选择了将卢卡契、萨特、阿多诺、本雅明、马尔库塞和布洛赫的思想纷然杂陈,使人在惊愕之余感受到看似孤立的思想流派背后共同的宏大语境。在那种多声部的、并不完全合拍的大合唱中,隐约提炼出马克思主义的主旋律。通过对比与联系来使自己在认识上得到升华,完成"突然的转换",在某个"辩证的瞬间"体验到一种认识论上的"震惊"。从而证明马克思主义在当代依然具有充沛的生命力,马克思主义内部同样也存在着竞争与淘汰,远非某些人所幻想的那种单一、停滞、封闭状态的理论体系。詹姆逊将部分与整体、抽象与具体统摄于

---

[1] Kellner, Douglas. *Postmodernism, Jameson, Critique*. Washington: Maisonneuve Press, 1989, p.23.

总体性的框架之中,以自己的文本来展现真正的辩证思维特征,而且他在以后的论著当中一直不懈地追求这种效果。

他直到该书的最后一章才简要地介绍了辩证批评的主要立场和基本原则,尤其强调了总体性观点,指引大家"走向辩证批评"。他形成了对于形式的基本看法,将意义结构与社会现实相关联,并且将批评的主体和范畴与具体的历史语境相关联,他在此后的所有著述中都在努力贯彻执行这两个基本主张。

他在书中还特别强调辩证思维的对象不仅仅是作品的内容与形式这么简单,而且应当包括用以阐释作品的范畴和方法,从而将辩证思维的适用性扩大到了非马克思主义的批评领域。詹姆逊将辩证思维置于至高无上的元批评位置上,分别为阐释学、形式主义、精神分析、结构主义等诸多理论找到特定的历史归属范围,张开总体性的大网,将它们统统吸纳进来,为自己所用,构筑起多元化的马克思主义的宏伟理论体系。

詹姆逊紧接着在第二年就写出了另外一部重要著作《语言的牢笼》,向大家推荐介绍以卢卡契为代表的西方马克思主义的辩证理论,力图恢复马克思主义在美国学术界的影响力,重振马克思主义阵营来代替日益陷入颓势的庸俗马克思主义。并且对结构主义与后结构主义进行马克思主义式的"重写",对其进行批判性的阐释,一方面揭露形式主义传统对于这种新思潮的僭越,另一方面纠正老左派马克思主义阵营对它的漠视和偏见。

他指出了形式主义和结构主义在突破传统的经验论和实在论,突出语言符号的系统性特征方面的历史进步意义,同时又点出其拘囿于共时性的"牢笼"之中,脱离社会历史现实的致命缺陷。他进而提出总体性辩证思维方式,提醒我们要将共时分析与历时分析综合起来,分别从结构模式与历史演进两个维度来看待问题。例如,结构主义在"无意识、意义、意指过程"等方面的开创性研究可以为马克思主义解释社会生活和社会行为提供重要的理论参考和学术依据。但更重要的是如何在坚持马克思主义原则的前提下对其进行"符码转换",将这些异质话语的理论基础置换成马克思主义的唯物史观与辩证法,对其进行马克思主义式的洗礼,为这些理论找到现实根据。

例如,他曾指出以德里达为代表的"《泰凯尔》的政治态度本质上可以说是一种在各个层次上反对存在着超验的能指或最终的实在的意义或绝对的富有战斗性的无神论"①。这一论断有效地揭开笼罩在解构主义之上的重重神秘面纱,破除其言辞曲折晦涩的表象,客观而且直白地概括出解构主义的真实面目。詹姆逊善意地为我们指点迷津,使我们不至于误入语言游戏歧途,不可只顾沉溺于文字的迷宫当中而忘却客观的外在世界。詹姆逊正是在坚持马克思主义总体性的认识方法的前提下才能够承认其局部的合理性和先进性,洞察对手的本质,并将其转化为马克思主义前进的驱动力。总体性的辩证思维是马克思主义高于其他一切非马克思主义理论的奥秘所在,是马克思主义保持开放进取的理论姿态的前提条件,也是马克思主义永葆青春活力的生命之源,使得它能够有效地阐释和批判其他理论,并且经受住其他理论的冲击与考验。

詹姆逊在具体的文本批评方面也同样富有创新精神。他不仅将研究范围扩大到科幻小说、电影、魔幻叙事、绘画、现实主义和现代主义文学以及大众文化等领域,而且不再满足于解释文本自身,而是将批评的矛头转向了各种文本叙事和理论观点存在的前提条件,还原文本在历史视域中的本来面目,将文本进行历史化和政治化解释,在此过程当中来实现对它们的"祛魅"。正如他自己所言,真理从来不能以静态的体系存在,而总是更为一般的非神秘化过程的必然部分。坚持总体化就在实际上排除了神秘主义和不可知论,因为"观念的东西不外是移入人的头脑并在人的头脑中改造过的物质的东西而已"。"辩证法对每一种既成的形式都是从不断的运动中,因而也是从它的暂时性方面去理解;辩证法不崇拜任何东西,按其本质来说,它是批判的和革命的。"②作为一种认识方法,总体性是没有局限性的,因为它始终是在一种历史化的进程中来阐释文本,通过揭示各种理论赖以存在的历史前提条件,对其进

---

① 詹姆逊:《语言的牢笼》,钱佼汝等译,南昌:百花洲文艺出版社,1995年版,第153页。
② 《资本论》第1卷,北京:人民出版社,1975年版,第24页。

行辩证的取舍。采取一种彻底批判的态度,从不断发展变化的角度来看待所有的理论观点以及自身的思维过程。因此,马克思主义是其他各种批评理论和批评方法的绝对视域,因为只有它能够坚持将总体性观念贯彻到底,否则便称不上是真正的马克思主义了。

1981年,詹姆逊出版了堪称"西方马克思主义三部曲"中的第三部专著《政治无意识——叙事作为社会象征性行为》。以阿尔都塞为代表的结构主义马克思主义对于以卢卡契为代表的黑格尔式马克思主义展开了激烈的批评,其中不乏切中要害之处。而詹姆逊则运用总体性手段在它们之间进行斡旋与调停,承认他们各自包含着真理的成分,而且对他们进行了相互纠偏和重新阐释。他旨在祛除当代各种批评理论和方法的意识形态幻象,还原其历史本来面目,重申马克思主义批评话语的主导地位,建构一个完整的综合的马克思主义阐释框架。他重新回答了传统马克思主义所关注的一系列意义重大的根本问题,并将其用于对资本主义不同时期的叙事形式的意识形态分析。从文学形式演变发展的总体性角度出发,深刻揭示了文学形式与生产方式之间的关系,将生产方式与文学形式的演变和进化"历史地"关联起来,带有鲜明的"后结构马克思主义"特征。

詹姆逊敏锐地意识到后现代主义文化的发展潮流,于1984年发表了著名的论文《后现代,或晚期资本主义的文化逻辑》,以弥补之前没有涉足后现代文学的缺憾。他延续了自己以往的思路,坚持总体化方法,吸收借鉴他人的研究成果,成功地总结归纳出后现代文化的特征,并且提出自己的创新性设想来对抗资本主义政治、文化势力的压迫。他清醒地认识到晚期资本主义与资本主义的前两个阶段有着根本的区别,其生产方式的发展已经导致经济、政治、社会、文化等众多领域随之发生彻底的变化,而主导文化所体现出来的特征都与这一特定的历史阶段相对应,是一种内在的本质的东西使然。作为晚期资本主义的"文化逻辑",后现代主义早已超出了单纯的美学风格或现象的范畴,其影响遍及社会的诸多领域和范围,成为今天人们生存于其中而又往往熟视无睹的生活方式。

詹姆逊对于后现代主义文化和主体经验进行了总体化症状分析,拨开了笼罩在后现代主义身上的重重迷雾,而且他的观点成为关于后现代主义的经典理论阐释。善于借用他人的理论观点来进行学术探索和创新,这正是詹姆逊能够转战多个领域而且多有斩获的成功秘诀。他将论战的战线推进到了时代的最前沿,在总体性观念的支持下成功地占据了学术的制高点,有力地回击了针对马克思主义的攻评。他以自己的理论成就来表明马克思主义理论在当今时代仍然具有旺盛的生命力、高度的灵活性和很强的适应能力,并非像某些人所指责的那样是僵化了的简约化了的陈旧话语。

詹姆逊甚至把批评的触角延伸到了全球化语境中的边缘话语以及"他者的声音",他对于女性主义、第三世界文学和黑人文学同样寄寓了密切的关注,甚至还殷切地期望它们能够有效地对抗资本全球化的蔓延。他于1986年发表了《处于跨国资本主义时代的第三世界文学》,将第三世界文本视为一个整体,认为它们以寓言的方式反映了与第一世界截然不同的历史经验和社会现象。这种对于"他者"的设想集中体现了詹姆逊作为一名处于资本主义无处不在的物化作用下的西方马克思主义理论家所做出的无奈举措。

可以说,詹姆逊至此已经建构起了具有鲜明个人特色的马克思主义阐释框架,形成了对于资本主义文学和文化"阶段化"的经典阐述,为摆脱资本主义的物化魔力描绘了一个乌托邦的世界。他在周围的批判声中成功地为马克思主义正名,开创了马克思主义发展的新阶段。而且他将这种多元化的马克思理论话语扩展到令人瞠目的广泛范围内,试图通过电影、建筑、视像文化、科幻小说等不同领域的文本来印证自己理论建构的普适性。

1990年出版的《可见的签名》和1992年出版的《地缘政治美学:世界体系中的电影与空间》探讨了电影的创作与欣赏;1991年出版的专著《后现代,或晚期资本主义的文化逻辑》(此书曾获得美国现代语言协会"洛厄尔"奖),1994年出版的《时间的种子》和

1998年出版的《文化转向》都是对于现代性和后现代性的进一步探讨,"犹如夜晚天空中升起的镁光照明弹,照亮了后现代被遮蔽的风景"①。1990年出版的《晚期马克思主义:阿多诺,或辩证法的持存》和1998年出版的《布莱希特与方法》是在后现代主义的语境中对于马克思主义批评的延续,"进一步深化了他自己一向坚持的马克思主义文学批评理论"②。他曾经预言的资本主义学术生产机器和文化全球化浪潮早就席卷而至,已经成为压抑人的天性,违背人的总体性存在的现实。

尽管詹姆逊的理论掺杂了众多的话语,并置的"非共时性"异质性容易让人产生"错位"和"震惊"的理论效果,但是他还是坚持生产方式的主导地位和最终决定作用。这种理论建构离不开最根本的认识论的指导,那就是总体性观念。在坚持马克思主义的生产方式最终决定上层建筑和意识形态的总体性原则下,詹姆逊致力于尽可能广泛地运用马克思主义的原理来阐释当代社会生活的每一种现象、每一个范畴,从而证明马克思主义对于其他所有理论的至高无上的统领地位,同时将每一种理论的合理性和真理成分都吸收进来,扩充和壮大自己那种多元化的马克思主义。

詹姆逊从事学术研究活动的特点之一就是涉猎面非常广,内容异常丰富,而且每每有新的创见,这体现出他深厚扎实的理论功底以及超越常人的勤奋与努力。他精通英语、法语、德语、西班牙语等语言,后来为了研究鲁迅等人的作品,还努力地学习了中文。他为了评论电影作品,就接连看了几百部电影。为了得到最真实的感受,他尽力掌握第一手资料,进行大量的阅读,亲自进行体验。从萨特、卢卡契、马克思、阿尔都塞、弗洛伊德到德里达、利奥塔、福柯等众多理论大家,从文学、哲学、戏剧到音乐、电影、建筑、绘画、雕塑、信息技术等各式各样的研究对象,在他笔下都能够从容驾驭,将它们贯穿拼接起来,找到其背后隐藏的线索,揭示其理论背

---

① (英)佩里·安德森:"前言",见《文化转向》,(美)弗雷德里克·詹姆逊著,胡亚敏等译,北京:中国社会科学出版社,2000年版,第1页。
② 陈永国:"译者前言",见《布莱希特与方法》(美)弗雷德里克·詹姆逊著,陈永国译,北京:中国社会科学出版社,1998年版,第1页。

景和社会现实依据。麦克埃布称赞道:"很少有思想家敢于真正地蔑视传统关于文化对象的区分,詹姆逊就是这样的思想家:他像关注有意建立起来的、复杂的高级现代主义作品一样,也能够关注朋克的复杂性。"①

詹姆逊区分了马克思本人的学说与作为总体的马克思主义理论。马克思主义基本原理与具体的情况相结合就会产生不同的马克思主义,马克思本人的学说只是他在当时历史条件下运用唯物辩证法所做出的杰出理论贡献。作为秉承马克思主义学说的批评者,我们应该立足于当前的社会历史现实,勇于创造新的历史条件下的马克思主义新观点、新看法。我们应该将马克思主义视为一个开放的、未完结的、处于不断的运动变化当中的总体性理论。

而且詹姆逊熟悉当代的诸家理论流派,积极吸收其中的合理成分,与他们展开理论对话。他本人又富有创新精神,能够依据总体性理论视角来分析当前错综复杂的社会与文化现象,提出了许多启发性的概念,成为他标志性的理论创造。"意识形态素"、"认知测绘"、"政治无意识"、"第三世界民族寓言"、"地缘政治美学"等这些往往是在前人理论基础上进行进一步的创造性阐释和总结的结果。

譬如,他发明了"意识形态素"这个概念,希望以此来有效地解释阶级意识之间的对抗与斗争。他将其定义为"社会阶级之间基本上是敌对的具体话语中最小的意义单位",语言学当中音素和词素的定义对于他的启发应该还是比较明显的。意指在文本当中表现出来的最基本的意识形态矛盾,试图以此作为文本分析的单位。构成阶级意识形态对抗的最小意义结构。詹姆逊认为意识形态是一切阶级出于本阶级利益考虑所产生的各种偏见和错误意识。

这些独创性的提法都是詹姆逊通过总体性理论视角来把握社会文化历史的积极尝试。通过一系列带有普遍性的基本概念来试图将纷繁复杂的现象归结为本质上的统一。我们从中可以看到结

---

① Jameson, Fredric. *The Geopolitical Aesthetic, or, Cinema and Space in the World System.* Indiana University Press and BFI Publishing, 1992, p. ix.

构主义、语言学、心理分析、后结构主义、后现代主义等理论对于他的理论创造的影响和启发。

詹姆逊先后提出过许多具有鲜明总体性特征的响亮口号,当中有些甚至成为詹姆逊的标志性话语:"马克思主义是我们不可逾越的语义地平线","马克思主义的政治就是一种乌托邦的计划","所有的阶级意识都是乌托邦的","永远历史化","一切事物'说到底'都是政治的","每一种评论必然同时也是一种元评论","辩证思维是思维的二次乘方,是对思维自身的思维","总体化即是辩证法","美只是一种形式的形式","一切文学都必定渗透着政治无意识","反体系的体系化","一切艺术文本都是寓言","第三世界的文本都是民族寓言","第三世界知识分子永远是知识分子"。这其中有许多都是他在前人的研究基础上进行创造性地阐释发挥的成果。这些口号让人听了以后感觉很警醒,也很振奋,他似乎交给了我们那把破解当今理论迷局的密匙。

他强调总体性辩证思维方式对于英美传统思维方式的修正价值:"现代英美思想或英美哲学,实际上是政治自由主义、经验主义和逻辑实证主义的混合物,与辩证的思想是敌对的;但是,如果不重视辩证思想,人们就无法与自己的历史构成统一起来。"① 只有在总体性观念指引之下,进行广泛深入的阅读和融会贯通,才可能得出如此深刻的见解。事物的总体性存在方式要求我们必须要具备辩证灵活的思维,认识到事物包含着多个方面以及各个部分之间相互联系和相互转化的特征。辩证思维方式是我们把握总体性的前提条件和必然要求。"对文化或者任何事物的理解只有通过交叉考察或学科间相互涉指、渗透才能获得,才能完整全面。"② 马克思主张汲取人类文明的全部精华,他尽管擅长法律、政治、历史、经济学,但是同样也热爱文学,将它们看成互相联系的有机整体,而且通过相互影响而融会贯通,促进对于研究对象的理解。詹姆

---

① 王逢振:杰出的西方马克思主义批评家:弗雷德里克·詹姆逊,《外国文学》,1987年,第10期。
② 詹姆逊:《后现代主义与文化理论》,唐小兵译,西安:陕西师范大学出版社,1987年版,第6页。

逊一直沿用了跨语言、跨民族、跨学科的比较研究方法。在分析资本主义文化的时候，具备广阔的理论视野，善于把各种理论流派糅合起来，而且将研究的目光扩展到社会学、心理学、历史学、人类学、政治学、经济学、地理学、建筑学等极其广泛的领域，真正实践了他所主张的主体性的辨证认识方法。

第二节　国际学术界对于詹姆逊的研究

当时美国的学术界是被欧洲思想把持着的，而且新批评和现象学又是当时美国的主流理论话语，马克思主义备受冷落，而詹姆逊居然不识时务地公然为马克思主义摇旗呐喊，所用的语言又是如此怪异繁复，思想又是如此晦涩前卫，因此在当时并未立即产生轰动效果。但是随着人们对于詹姆逊学术价值的逐渐发现，关于他的研究专著和论文也逐渐多了起来。

根据北京大学图书馆系统搜索，美国、加拿大等国的学者研究詹姆逊的论文包括：1981年保罗·赫尔纳迪的《达尔文之前的林尼厄斯：对弗雷德里克·詹姆逊的回应》；1982年佩里·梅塞尔的《正在疏远的离间：弗雷德里克·詹姆逊修正的传奇》；1982年特里·伊格尔顿的《弗雷德里克·詹姆逊：风格的政治学》；1989年安德斯·斯蒂芬森与詹姆逊的《关注后现代主义：与弗雷德里克·詹姆逊对话》；1991年彼得·尼克尔斯的《分歧：现代主义，后现代主义，詹姆逊与利奥塔》；1992年理查德·艾伦的《可见的签名，弗雷德里克·詹姆逊》；1992年里德威·达森布洛克的《弗雷德里克·詹姆逊与晚期资本主义的困境》；1992年文森特·利奇的《后现代文化：弗雷德里克·詹姆逊的矛盾态度》；1992年基根·多伊尔的《消失的现实：弗雷德里克·詹姆逊与后现代主义的文化逻辑》；1992年彼得·奥斯本的《后现代的马克思主义·詹姆逊的阿多诺》；1993年史蒂芬·海姆林的《马克思主义快感：詹姆逊与伊格尔顿》；1994年约翰·艾莉丝的《弗雷德里克·詹姆逊的马克思主义批评》；1995年史蒂芬·海姆林的《称为"詹姆逊"的欲望》；1996年谢少波的《历史与乌托邦欲望：弗雷德里克·詹姆逊对诺斯罗普·弗莱的辩证贡献》;1996年杰佛里·哈普曼的《晚期詹姆逊》;1996年史蒂芬·海姆林的《詹姆逊的拉康》;1996年道格拉斯·毛的《寒风,凉风:九十年代的詹姆逊》;1996年斯蒂芬·海姆林的《詹姆逊的拉康》;1998年彼得·费廷的《弗雷德里克·詹姆逊著作中的乌托邦概念》;1998菲利普·韦格纳的《地平线、象征以及机器:弗雷德里克·詹姆逊著作中的乌托邦辩证法》;1998年张旭东的《马克思主义与理论之真实性:与弗雷德里克·詹姆逊访谈》;1998年斯塔希尔·冯·博伊克曼的《马克思主义、道德以及欲望政治学:弗雷德里克·詹姆逊的政治无意识中的乌托邦主义》;1998年约翰·奥凯恩的《总体化的历险:詹姆逊寻找一种方法》;1999年史蒂芬·海姆林《詹姆逊的后现代主义:2.0版本》;1999年比佛利·贝斯特的《夜晚的陌生人:弗雷德里克·詹姆逊与厄内斯特·拉克劳不太可能的联系》;1999年约翰·杜瓦尔的《历史转义:弗雷德里克·詹姆逊的拼贴与琳达·哈钦戏仿中的现代主义残余》;2000年帕特里克·麦戈文的《封闭的社区:弗雷德里克·詹姆逊与政治科学的商品化》;2000年罗伯特·考夫曼的《红色康德或阿多诺与詹姆逊对于第三批判的坚持》;2000年史蒂芬·海姆林的《失败与崇高:詹姆逊在80年代的写作》;2001年帕梅拉·麦卡勒姆的《弗雷德里克·詹姆逊的成功与失败》;2002年伊恩·布坎南的《论佩里·安德森的〈后现代性起源〉,克林特·伯恩海姆的〈詹姆逊的无意识:马克思主义理论的美学〉,史蒂芬·海姆林的〈弗雷德里克·詹姆逊的成功与失败:写作、崇高以及批评之辩证法〉,肖恩·霍默的〈弗雷德里克·詹姆逊:马克思主义、解释学、后现代主义〉,亚当·罗伯茨的〈弗雷德里克·詹姆逊〉,克里斯托弗·韦斯的〈弗雷德里克·詹姆逊的马克思主义解释学〉》;2003年特洛克·盖布里埃尔的《弗雷德里克·詹姆逊,后现代主义或晚期资本主义的文化逻辑》;2003年诺尔·金的《"早上去看电影":弗雷德里克·詹姆逊谈电影》;2004年托马斯·卡迈克尔的《修辞、意识形态以及社会总体性:肯尼思·博克、弗雷德里克·詹姆逊以及阿尔都塞传统》;2005年玛利亚·科瓦斯科的《弗雷德里克·詹姆逊的单一的现代性:关于现在的本体论的论文》;2005年狄波拉·迪克森与里欧·宗的《遭遇地缘政治美学:弗雷德里克·詹姆逊,芳香的梦魇与第三世界电影危险处境》;2006年莫雷拉·阿尔梅达·阿梅里克·里卡多的《詹姆逊和后现代主义色情视觉的本质》;2007年韦格纳·菲利普的《詹姆逊的现代主义:或称为乌托邦的欲望》;2007年艾里克·凯兹丁的《反之反:乌托邦、全球化、詹姆逊》;2007年克里斯托弗·尼伦的《诗的例证》;2007年内尔·伊斯特布鲁克《敲牢门以示抗议》;2007年菲利普·温格娜的《詹姆逊的现代主义:或,称为乌托邦的欲望》;2008年阿里纳·朗古的《马克思、后现代主义以及詹姆逊与列斐伏尔的空间构造》;2008年罗兰德·玻尔的《弗雷德里克·詹姆逊的宗教与乌托邦》;2009年安德鲁·麦尔那《未来考古学:詹姆逊的乌托邦抑或奥威尔的反乌托邦?》;2009年克里斯蒂·德考克的《通过弗雷德里克·詹姆逊启动未来:资本主义、科幻小说与乌托邦的反思》;2009年保罗·艾伦·迈尔纳的《詹姆逊论詹姆逊:文化马克思主义的对话》;2009年林克·阿列克斯的《后现代主义的推理小说,或弗雷德里克·詹姆逊的哥特式情节》;2010年艾弗拉姆·阿尔珀特的《我们都是食人族:弗雷德里克·詹姆逊论殖民主义与经验》;2011年佛朗西斯科·马托雷尔·坎波斯的《大卫·桑切斯·乌纱诺斯与詹姆逊的对话》;2011年凯西·秀普的《死尸与帮凶:弗雷德里克·詹姆逊、雷蒙德·钱德勒以及加利福尼亚历史的表现》。

　　詹姆逊的研究专著包括:1984年威廉·道林的《詹姆逊、阿尔都塞、马克思:〈政治无意识〉评介》,以及后来的1990年海登·怀特的《形式的内容:叙事话语与历史再现》书中也专门谈到了政治无意识。1989年道格拉斯·凯尔纳编辑出版了论文集《后现代主义、詹姆逊批评》;1992年塔尔博特·泰勒的《相互的误解:语言和解释之怀疑主义与理论化》;1993年奥因·赫斯特腾的《神话的牢笼?〈处女地〉、〈阁楼上的疯女人〉以及〈政治无意识〉之症状阅读》。1995年克里斯托弗·韦斯的《弗雷德里克·詹姆逊的马克思主义解释学》;1995年克林特·伯恩海姆的《詹姆逊的无意识:马克思主义理论的美学》;1998年肖恩·霍默的《弗雷德里克·詹姆逊:马克思主义、解释学、后现代主义》,中译本于2004年在中国出版;1998年佩里·安德森的《后现代性的起源》;1999年谢少波的《抵抗的文化政治学》,中译本于1999年在中国出版;另外,2000年亚当·罗伯茨出版介绍詹姆逊的读本《弗雷德里克·詹姆逊》,2001年史蒂芬·海姆林《弗雷德里克·詹姆逊的成功与失败:写作、崇高以及批评之辩证法》;2003乔治·哈特利的《表现的深渊:马克思主义与后现代崇高》;2004年道格拉斯·凯尔纳与肖恩·霍默的《弗雷德里克·詹姆逊:一个批评的读本》;2006年伊恩·布坎南的《詹姆逊:活的理论》;2011威廉·哈尼的《乌托邦与意识》分别从不同的角度探讨了詹姆逊的政治无意识、后现代理论、解释学、历史、意识形态、乌托邦理想、第三世界文化理论等诸多方面。他不仅成功扭转了人们对于马克思主义的看法,而且他所关注的研究焦点也引发了诸多专家学者的热议,他的许多著作也成为学术界的经典文本,他本人也被视为著名的西方马克思主义代言人。这种对于他理论研究的高度关注从20世纪80年代一直持续到现在,因此我们有理由相信美国著名文学理论家J.希利斯·米勒教授所称赞的詹姆逊"引导了美国人文科学的方向"。

通过中国高等教育数字图书馆 CALIS 学位论文中心服务系统以及北京大学图书馆系统,我们检索到研究詹姆逊的学位论文主要包括:1987年加拿大维多利亚大学托德·默瑟的《视角、观点以及理解:詹姆斯·乔伊斯与弗雷德里克·詹姆逊》;1991年美国博林格林州立大学杰拉尔德·琼斯的《詹姆逊与弗莱:传奇文类理论与实践的持续讨论》;1992年莱斯大学丹尼尔·穆勒斯坦的《反思"政治无意识"》;1992年加州大学河滨分校克里斯托弗·怀斯的《弗雷德里克·詹姆逊的马克思主义阐释学》;1993年杜克大学菲利普·韦格纳的《未来世界的地平线,当今国家的边界:乌托邦叙事、历史与国家》;1993年加拿大麦吉尔大学罗兰德·博尔的《詹姆逊与耶罗波安:对于1个国王11-14,3个统治时期11-14,与2个历代记的马克思主义阅读》;1994年加拿大约克大学克林特·伯恩海姆的《马克思主义,后现代主义,理论:詹姆逊著作中的修辞与象征》;1994年加拿大卡尔加里大学谢少波的《超越语言时刻:

政治无意识之寓言》;1995 英国谢菲尔德大学肖恩·霍默的《弗雷德里克·詹姆逊:超越马克思主义阐释学?》;1996 年弗吉尼亚理工大学单迪吉·海纳尔的《文化与现代自我:皮埃尔·布尔迪厄与弗雷德里克·詹姆逊的文化理论的比较分析》;1997 年香港大学的何晏莲的《弗雷德里克·詹姆逊"民族寓言和第三世界文学"概念来分析钦努阿·阿契贝的五部小说》;1997 年加拿大西蒙弗雷泽大学比佛利·贝斯特的《正在"后"的马克思主义:对于弗雷德里克·詹姆逊与厄内斯托·拉克劳的总体化批评》;1998 年布朗大学安东尼·阿诺夫的《现代世界体系中的文化与知识生产:马克思主义、普遍主义与跨国主义》;1998 年康奈尔大学卡尼什卡·哥尼沃德纳的《全球化、后现代与法西斯主义:反思哥伦布与洛杉矶的意识形态、都市空间以及全球资本的文化逻辑》;1999 年加拿大西蒙弗雷泽大学马克·科特的《詹姆逊的辩证批评,或焦虑与希望的双重阐释》;1999 年加拿大多伦多大学大卫·罗斯的《为未来而斗争:资本主义及其超越》;1999 年加拿大西蒙弗雷泽大学马克·科特的《詹姆逊的辩证批评,或焦虑与希望的双重阐释》;2001 年加拿大圭尔夫大学丽萨·威尔逊的《詹姆逊批判的后现代文化逻辑:园林建筑业的社会转型》;2003 年英国南安普顿大学内尔·库里的《马克思主义、后马克思主义与晚期资本主义话语:罗伊·巴斯卡、弗雷德里克·詹姆逊与厄内斯特·拉克劳著作的批判评价》;2003 年康芸菊的(音译)《第三世界后现代电影的分析与另类电影制作中的政治电影》;2004 年香港大学曾德成的《中国文化现代化中的后现代主义》;2006 年智利大学伊莎贝尔·卡塞雷斯·桑切斯的《钻石星尘鞋:詹姆逊的后现代文化条件》;2010 年阿拉巴马大学亨茨维尔分校维多利亚·汉纳姆的《挑战批评的极限:通向技术资料的詹姆逊途径》;2011 年纽约州立大学布法罗分校马修·杜汉姆的《文学理论与教学实践:德曼、巴特、詹姆逊以及〈让我们来赞扬名人〉》。

另外还有很多学术刊物,比如《辩证批评》和《新奥尔良评论》出版了关于詹姆逊研究的专刊,集中介绍不同学者对于詹姆逊的研究成果,为我们呈现了多种理论视域的精彩纷呈的视角。

第三节　中国的詹姆逊研究及译介

在我们党"解放思想,实事求是"路线方针的指引下,随着1978年开始的中国改革开放和现代化建设运动的开展,束缚生产力发展的因素逐步克服,广大人民群众的生产积极性被调动起来。而随着法律、政治体制的民主化进程不断加速,人们也在不断地反思过去和趋于理性思考,能够更加全面地回顾历史和展望未来社会的发展趋势。这种意识形态的变化在学术界表现得尤其突出,学者们纷纷挣脱思想禁锢,努力纠正和突破以往的思想狭隘和视域局限。他们逐步地探索社会主义发展理论当中的未知领域,对于外来的尤其是西方的当代学术思想表现出极高的热情和强烈的渴望。越来越多的知识分子选择踏出国门,而且国内的学术界也开始积极介绍和引进国外的新潮学术思想,尤其是那些对于中国当代的社会发展和文化建设具有借鉴价值的理论和观点。

詹姆逊在西方学术界的重要影响,尤其是他与马克思主义的密切关系,使他很快就引起中国学术界的高度关注。于是就有了他在1985年应邀来华讲学,这在当时的学术界看来是等于迎来了西方新潮学术思想的大使。对于当时普遍埋首于现实主义和现代主义研究中的中国知识分子来说,詹姆逊带来的关于后现代社会"景象"的描述和文化理论,与当时中国的社会现实和文化研究现状反差巨大,甚至显得格格不入。他所介绍的理论让中国学者着实感到震惊,詹姆逊自然也就成为向中国传播后现代文化理论的先驱,许多人也对他寄予了殷切的期望。西方马克思主义者的特殊身份,来自发达资本主义国家的政治和文化背景,所具备的新颖学术思想观点,这些无疑为詹姆逊增添了分外耀眼的光环。许多人希望他能够为经历情感纠结和思想迷茫而苦恼的中国知识分子化解难题,为处于重大历史转折关头的中国文化发展指点迷津,甚至为社会主义现代化建设提出宝贵建议。因此,他在中国的演讲内容被很快编辑成书,以《后现代主义与文化理论》为题,在大陆和台湾地区多次出版,读者甚多。

而詹姆逊本人也对于除了苏联之外的另一个社会主义大国表现出了浓厚的兴趣。他对于苏联的官方马克思主义论调有着自己的看法,然而对于中国悠久而独特的社会、历史和文化传统,他也深深感到陌生和好奇。尽管他已经形成了自己独特的理论框架和主张,并且在研究自己所熟悉的西方社会文化现象方面取得了丰硕的成果,但是詹姆逊一贯保持的理论敏感性和问题意识提醒他要注意中国社会文化的特殊性和复杂性,总体性的认识方法也要求他不断汲取异质的文化和理论因素来扩充和完善自己的理论建构。他开始学习中文,研究中国的文学作品,尤其是鲁迅的《狂人日记》,并且在论著中多处提及中国文化与中国作家和学者。在1986年《处于跨国资本主义时代的第三世界文学》一文中,他提出关于"民族寓言"的系统观点,经过翻译后在中国的学刊上发表,结果引起了众多学者的关注和评议。

在历史迈入新世纪之后,詹姆逊于2002年再次应邀来到中国。这次他带来了题为"当今时代的退化"的演讲,却意外地引起了中国学者的广泛质疑和反驳,有人当即明确点出他的"西方中心主义"立场。或许这是詹姆逊自己的"政治无意识"在起作用,或许是作为西方学者眼中的"他者"的中国学者做出的反应过于敏感。但是这种情况也是可以理解的,毕竟距离詹姆逊上次来华演讲已经过去了17年,而在此期间中国发生的变化可以用"戏剧性"来形容。中国学者在西方思潮的冲击与洗礼之后变得日趋成熟,在对于詹姆逊理论观点的批判和"正名"的理论对话过程中,他们对于马克思主义在当代发展的认识也更加全面和深入,对于詹姆逊的西方马克思主义观点和立场也能够做到更加包容和客观评价。

自从引进詹姆逊的理论观点以来,中国学术界对于他一直保持着高度的重视和研究热情,可以说詹姆逊对于中国的理论界有着长期的、深远的影响。詹姆逊有6篇论文被翻译成中文:1986年的《现实主义、现代主义、后现代主义》;1996年的《理论的历史性》;2002年的《回归"当前事件的哲学"》;2004年的《再现全球化论》;2004年的《马克思主义与乌托邦思想》;2005年的《现代主义与帝国主义》。

他的专著也陆续在国内翻译出版,其中包括:1987年的《后现代主义与文化理论》;1994年的《马克思主义后冷战时代的思索》;1995年的《语言的牢笼》;《马克思主义与形式》;1997年的《时间的种子》;1997年的《晚期资本主义的文化逻辑》;1998年的《快感:文化与政治》;1998年的《布莱希特与方法》;1998年的《后现代主义或晚期资本主义的文化逻辑》;1999年的《政治无意识》;2000年的《文化转向》;2004年出版的4卷本《詹姆逊文集》,2010年又出版了第5卷;2005年的《单一的现代性》;2008年的《晚期马克思主义 阿多诺,或辩证法的韧性》;2012年出版的《可见的签名》;2012年的《黑格尔的变奏:论〈精神现象学〉》;2011年他与人合著的《科幻文学的批评与建构》;2002年出版的他与人合编的《全球化的文化》。

国内学者介绍和研究詹姆逊的论文也很多:从较早的1986年的《后现代主义:商品化和文化扩张——访杰姆逊教授》、1987年《历史—文本—解释:杰姆逊的文艺理论》,直到2012年的《论詹姆逊的意识形态叙事理论》,在此我们不一一列举。这些为数众多的论文所研究和批评的范围很广泛,探讨也很细致,其中有许多资深专家发表了新颖独到的观点。具体请见论文后面附录的参考文献部分,有较为详细的资料汇总。

以他为研究对象的博士学位论文也有许多,根据中国博士学位论文全文数据库我们共查找到:2001年胡亚敏的《詹姆逊·新马克思主义·后现代主义》;2006年张伟的《詹姆逊与乌托邦理论建构》;2006年董亦佳的《杰姆逊的文本阐释理论与阐释实践研究》;2008年韩雅丽的《詹姆逊的后现代主义理论研究》;2008年苏仲乐的《文化批评的实践》;2008年王维杰的《在马克思主义与后现代主义之间》;2009年包立峰的《意识形态幻象与晚期资本主义现实》;2009年杜明业的《詹姆逊的文学形式理论研究》;2010年沈静的《詹姆逊的马克思主义阐释学美学》;没有收入该库的北京大学2005年赵文的《"西方马克思主义"批评理论"总体性"概念研究》;2006年邢立军的《差异性时代的总体性——詹姆逊"新马克思主义"文化阐释学的哲学基点》；2002年姚建斌的《詹姆逊的马克思主义阐释学研究》；2008袁文彬的《马克思主义和语言问题——詹明信的语言批判》；2009年张新军的《可能世界叙事学》。

中国硕士学位论文全文数据库共找到40多篇，其中主要包括：1994年吴琼的《走向一种辩证批评：詹姆逊〈政治无意识〉引论》；1999年陈永国的《马克思主义和历史主义阐释学：杰姆逊的辩证美学》；等等。

尽管我们找到了这么多的研究詹姆逊的学位论文，但是到目前为止，专门从总体化的角度出发研究詹姆逊理论的数量不多，目前仅查找到：邢立军的博士论文《差异性时代的总体性——詹姆逊"新马克思主义"文化阐释学的哲学基点》；吴翊华的硕士论文《詹姆逊的总体性文化美学研究》；徐人冀的硕士论文《詹姆逊文化批评的总体性视角》；而在学位论文当中专门列出章节探讨总体性的有胡亚敏、沈静、王维杰的博士论文。

中国学者研究詹姆逊的专著有：2000年陈永国的《文化的政治阐释学：后现代语境中的詹姆逊》；2003年梁永安的《重建总体性：与杰姆逊对话》；2003年刘进的《弗雷德里克·詹姆逊文化诗学研究》；2007年吴琼的《走向一种辩证批评：詹姆逊文化政治诗学研究》；2007年林慧的《詹姆逊乌托邦思想研究》；2008年李世涛的《通向一种文化政治诗学——詹姆逊文艺阐释理论与实践研究》；2008年李世涛的《重构全球的文化抵抗空间：詹姆逊文化理论与批评研究》；2009年张艳芬的《詹姆逊文化理论探析》；2010韩雅丽的《詹姆逊的后现代主义理论研究》；2013年姚建彬的《走向马克思主义阐释学——詹姆逊的阐释学研究》。

从总体性角度分析詹姆逊理论的期刊论文有：1998年李瑞华的《总体性与后现代主义——对詹姆逊理论的考察》；1999陈永国的《总体性与物化：詹姆逊批评理论中的两个重要概念》；2009年王西华的《总体性辩证法的辩护与超越——论詹姆逊的后现代马克思主义》；2007年邢立军的《差异性时代的总体性：詹姆逊的总体性思想评析》；2013年韩雅丽、赵福生的《总体性与元叙事：詹姆逊与利奥塔之争》。

除此之外,主要研究总体性理论的博士论文有:1995 年中国人民大学张康之的《总体性与乌托邦——人本主义马克思主义的总体范畴》;2006 年吉林大学邹之坤的《历史辩证法》;2010 年吉林大学刘洋的《格奥尔格·卢卡契与西方马克思主义批评》;2011 年华东师范大学张小红的《罗莎·卢森堡总体性方法研究》;2012 年复旦大学韩红艳的《批判与革命:马克思主义文化理论的内涵》;2013 吉林大学高苑的《论辩证唯物主义与历史唯物主义的统一》。

而集中探讨总体性理论的学术论文主要有:1988 年童国木的《评卢卡奇和萨特的总体性理论》;1991 年张翼星、杨生平的《试论卢卡奇的总体性思想》;1995 年俞吾金的《论两种不同的历史唯物主义概念》;1998 年孙伯鍨的《关于总体性的方法论问题:评卢卡奇(早期)对马克思历史辩证法的理解》;2000 年臧佩洪的《历史的意义和规律的总体性综合———一种对马克思哲学和西方当代哲学的比较性研究》;2004 年仰海峰的《后现代语境与马克思哲学总体性概念的再思考》;2004 年罗骞的《内在于历史的具体的总体性——〈历史与阶级意识〉对马克思哲学本真性的阐发》;2007 年李慧娟的《总体性与马克思主义哲学的定位》;2008 年孙乐强的《从总体性到总体化:萨特人学辩证法的内在逻辑转变——〈萨特辩证理性批判〉解读》;2008 年张桂枝的《从总体性到总体化——西方人本主义马克思主义理论发展逻辑探析》;2009 刘红雨的《论实践的总体性是马克思政治哲学的逻辑基础》;2010 年李慧娟的《总体性与辩证法》;2010 年崔丽华的《论西方马克思主义哲学的总体性思想》。

詹姆逊堪称学术论坛上的常青树,他的理论能够在中外学术界长期保持热点的地位,而且参与讨论的人数之多,时间跨度之长,水平和层次之高,实属罕见。加上他曾经数次来华讲学,并且屡屡论及中国文化与中国文学,所以在中国学术界的影响颇为深远,常常被冠以新马克思主义批评家、后现代理论家、文化批评家等诸多头衔。对中国学术界"他在许多问题领域(比如后现代主义)里具有笼罩性、决定性的影响",他对民族寓言、现代性的论述都曾激起强烈的反响,但是我们还没有真正读懂他,对我们而言他就像一本"尚没有打开就已经合上了的书"①。而本文作者则认为他主要是后现代的西方马克思主义者,主要基于以下原因:他坚守马克思主义基本的立场与原则,同时积极参与后现代社会的文化理论建构与批评实践,建构具有鲜明个人特色的后现代化了的马克思主义理论话语。作为一位多产且庞杂的理论家,詹姆逊却能够保持着独特的风格和惯有的理论深度,这与他扎实稳固的马克思主义理论基础以及他所坚持的多元总体性观念都有着密切的关系。

第四节 本书结构与主要观点

本论文由五个部分组成,"导论"部分追溯了詹姆逊总体性理论的缘起、国内外对于其总体性理论的研究现状以及存在的不足,说明该选题的缘由和研究意义。

第一章追溯了詹姆逊总体性理论的渊源,勾勒出其理论的基本的来龙去脉,指出他积极吸收和借鉴黑格尔、萨特、马克思等人的思想观点,以总体性理论为重要支撑,身处后现代主义和后结构主义语境,积极参与理论交锋,形成自己的独特立场与新颖观点,为马克思主义重新夺回在当代学术界的话语权。

第二章阐述了詹姆逊总体性观念指导下的后现代文化批评,他沿袭经典马克思主义的基本理论思路,坚持生产方式决定上层建筑和意识形态的基本出发点,对于后现代文化现象进行准确归纳,揭示后现代社会令人眼花缭乱的表象背后深层次的经济最终决定力量。但同时又大胆吸收和挪用后现代主义和后结构主义的话语表述,密切关注当代的文化动向,为我们指引出一条走出后现代主义文化迷宫的蹊径,发表了后现代化了的马克思主义宣言。

第三章探讨了詹姆逊总体性理论视角下的文学批评,他对后现代社会的文学现象做了细致的归纳和总结,将文学视为政治话语以及经济生产方式的最终表现。他借鉴和引用最新潮的理论资

---

① 张旭东:《批评的踪迹》,北京:生活·读书·新知三联书店,2003年版,第122页。

源而同时又牢固持守马克思主义的基本底线,让我们切实感受到詹姆逊在实现总体性的名义下对多种理论实施移用和嫁接之后所产生的典型的后现代主义文化特征。

第四章集中分析了詹姆逊关于第三世界文学的民族寓言的理论,他以总体性观念为指导,以黑格尔的主人和奴隶关系理论为支撑,将第一世界与第三世界的文学置于对立关系之中。尽管他从主观角度寄希望于第三世界,尤其是中国的文学,但在实际效果上给人以西方中心主义老套的感觉,而且在其具体的立场表述和论证过程中难以掩饰与自己主张的差异化的总体性理论相互龃龉之处。

最后的"结语"部分结合其他学者对于詹姆逊总体性观念的批评和分析,综合评价和总结了这种具有后现代主义文化特征的当代马克思主义发展成果,并点明其对于我们建构具有中国特色的马克思主义理论的重要指导意义和不可或缺的参考价值。

本书作者认为,总体性观念堪称马克思主义认识论、本体论和方法论的一个基本方面和重要基础,也是西方马克思主义乃至后结构主义和解构主义不可回避的重要命题,而且对于我们当代的文化文学批评理论的建构与解构运动而言具有总体性的概括能力和统摄作用。这也是为什么詹姆逊有足够的勇气和底气要将总体性作为马克思主义的核心方法论加以强调,并且进而将马克思主义视为一切理论终极视域的原因所在。詹姆逊是一位与时俱进的杰出的理论建构者和卓有成效的文化批评家,他身处当代后现代主义文化语境之中,敏锐地意识到自己正置身于全球化的核心地带,而周围多元化的文化现象和意识形态交锋又时刻提醒他要密切关注那些正处于边缘与解构状态的思想观念和文化实践活动。

他以总体性观念为思想武器,高举马克思主义总体性理论旗帜,从以黑格尔、马克思、萨特、卢卡契、阿尔都塞等人为代表的经典哲学思想宝库当中汲取总体性观念的精华,尤其重视西方马克思主义总体性观念对于方法论和认识论的指导价值和激进理论立场,努力在自己的学术生涯当中贯彻执行。他保持着开放和包容的心态,深刻地批判而且虚心吸收当代诸家理论流派的观点,在自己那种充满活力和辩证思想光芒的文化和文学批评当中彰显总体性观念的旺盛生命力和强大阐释能力。然而,他的文本又明显地呈现出后现代主义文化的特征,诸多理论话语在他的文本当中得以纷然杂呈。詹姆逊大胆而且富有创造力地借鉴和挪用了马克思主义与弗洛伊德的精神分析以及后结构主义等诸多理论流派的观点。他所关注和批评的对象既包括经典的文学作品,也包括当代最新的文化现象,譬如他对于后现代风格的建筑、电影作品、大众文化都发表了自己的独到见解。詹姆逊通过自己独特的后现代主义文化和文学理论批评实践活动让我们见识到了当代西方马克思主义理论家的深厚的学术素养和多元化的批评视角。

第五节　本书研究价值以及创新之处

就本人所见范围之内,系统介绍和研究詹姆逊的文学和文化批评理论的专著颇多,而学术论文方面则更是有众多的学术大家发表了精彩的点评。然而,根据本书作者查阅相关资料和研究成果所知,截至目前,国内外对于詹姆逊总体性观念的专题研究至今尚不多见,专门从总体性观念入手来分析和阐释詹姆逊理论发展脉络和结构影响的也少有置喙。本书在该研究领域进行的探索具有一定的独创性,其所采取的研究视角和分析思路以及最终得出的结论观点对于其他学者进一步研究詹姆逊也许能够提供一定的启发意义。本书在该领域的探索或许能够为我们建设具有中国特色的社会主义文化和文学批评理论提供一点绵薄之力,有助于我们增强马克思主义的理论自信,以及指导我们开展具体文化实践活动的能力。但是由于作者的学识浅薄、分析能力有限,本书当中难免有不足之处,烦请各位专家学者不吝指教,作者将不胜感激。

本书的研究思想也有创新之处,具体表现为对詹姆逊理论总体特征的把握和阐述。笔者认为詹姆逊的学术思想呈现出多元总体性的特点,揭示了他理论建构和批评活动的主要特征,强调了总体性观念对于詹姆逊的本体论、方法论以及目的论意义,以及开展文化理论建构和文化文学批评阐释的指导价值。他的理论批评密切联系当前的文化实践活动,体现了鲜明的时代特征。在这种丰富多元的文化实践基础之上,他从总体性的角度展开多元化的批评和分析。西方马克思主义、精神分析、后结构主义这些看似不兼容的理论话语都可以在詹姆逊的思想体系当中找到相应的位置,并且相互启发和借鉴,从各自的角度出发来解释和分析当今时代纷繁复杂的文化和文学现象。这些异质性的理论观点在总体性观念的强大作用下被掺杂糅合到一起,共同建构起具有詹姆逊个人风格的多元总体性理论体系。

本书以总体性观念为核心,较为系统地论述了詹姆逊的马克思主义文化文学理论。他坚持马克思主义的基本观点和经典论断,以生产方式作为划分资本主义文化逻辑的依据,以及分析和批判文学作品的阐释符码。在总体性观念指导下,他对于后现代主义文化现象、文学的内容与形式、政治无意识、乌托邦思想有了进一步的阐释和发挥,提出了许多具有创新性的观点和理论,推动了马克思主义文化文学批评理论的发展。

本研究以总体性观念为入口,对于詹姆逊的文化文学理论以及总体性观念提出新的阐释、发表了自己的观点。本书不是对于他人研究成果的简单复述,也不是对于詹姆逊理论体系的机械解释,而是在总体性观念的指导下对于詹姆逊的学术成果的辩证分析和深入探讨。通过本研究,笔者有理由相信:这对于我们在更高的层面上认识总体性观念以及詹姆逊的多元文化文学理论能够产生积极的推动作用;对于我们利用总体性观念来指导社会主义文化实践和文学创作具有重要的应用价值和社会效应;对于我们坚持马克思主义理论的领导地位和核心观念具有强大的理论凝聚力和说服力。

第一章　总体性观念的渊源与流变

第一节　黑格尔的同一总体性

古希腊哲学家赫拉克利特（Heraclitus，公元前530年—公元前470年）认为世上万物都是按照一定的尺度和比例在发展和变化的,他把这种尺度、分寸称为逻各斯。而且他将火说成是万物的始基,用火可以燃烧并且与万物可以相互转化来象征事物之间是不停地运动和转化的,看似矛盾和对立的东西却可以向各自相反的方向发展,结果就是对立双方的相互转化和依存。

逻各斯的概念是西方哲学史上最早提出的关于规律性的哲学范畴,它作为宇宙万事万物的理性和规则的代名词,其中暗含了总体性的思想。逻各斯经过斯多葛学派以及众多后来学者的阐释发挥,长期占据着从古希腊到德国古典哲学和基督教思想传统当中的统治地位。尽管如此,由于我们的认识在能力、范围、性质等方面的诸多局限性,结果导致我们对于总体性的追求始终处于总体性存在与个体局限性认识的矛盾之中。

黑格尔（Georg Wilhelm Friedrich Hegel，1770—1831）早就意识到人类所处的这种尴尬境遇,并称之为"知性的无限"。为了克服这种悖论,他提出了"真的无限"观点。他继承了对立统一的思想传统,发扬了"否定之否定"辩证思维优势,将事物的初始状态预设为"同一",然后经过"差异"、"对立"和"矛盾"的阶段,全面描述了矛盾从潜伏在事物当中到矛盾逐渐突出和尖锐直至矛盾双方得到解决的发展过程。通过揭示矛盾双方的相互转化和相互依存来打破以往的仅仅将双方视作对立、不相兼容的传统思想局限。

他将这种"同一"命名为"总体性",亦称为绝对精神。它是万事万物最初的存在状态,所有的矛盾和差异以及对立都还没有出现,接下来进入"差异"形态,事物在本质上出现了"肯定与否定"这两个相反的方面。于是这两个方面上升到"对立"的状态,在对于对方的否定过程当中获得了自己的身份,规定了自己的本质特点。他认为,在此过程中,同一与差异并非孤立和分离的,而是相互依赖、密不可分的。跟它有差别的个体并非其他任意的个体,而是恰恰与它正好相反的另一方,并且只有在与另一方的联系当中才能够获得彼此的本质规定。它们尽管是相互对立的,却是必不可少的,彼此之间互为存在的前提条件。接下来便进入了"矛盾"状态,世界上各种事物都离不开矛盾运动的原则,通过"否定之否定",亦即经过肯定、否定、否定之否定,无限循环往复,在更高的层次上回到起点,矛盾得到消解与融合,事物呈螺旋形上升发展,他称之为"思辨的理性"。否定之否定"并不是一种外在反思的行动,而是生命和精神最内在、最客观的环节"[①]。他认为,每个概念里面都包含着与自身相反的对立面,在肯定的同时也就是否定着它的对立面。由肯定向否定的转换也就是必然的,对立统一的两个方面由原来的潜在的状态变为互相揭露和显现,接下来就要通过双方的消解、融合来解决这个矛盾。这个从肯定到否定再到否定之否定的过程还可以用"正—反—合"来简单化地概括。

黑格尔认为这也可以用来概括人的思维发展规律:在"正"的阶段,只是片面的肯定,只承认某样东西"是"什么,只注意它的同一性和同质性,而忽略了它的对立面即差异与矛盾,属于形而上学;而在"反"的阶段,人们能够注意到肯定当中包含的否定,意识到矛盾的存在,这就是一种辩证思维了。但是只停留在这个阶段还是不行的,因为矛盾的两个方面还没有得到统一,对于事物的认识是不完整的,得到的结果也只能是消极的,所以那还是属于消极的辩证法。只有当矛盾的对立面得到消解与融合,在更高的层次

---

① (德)黑格尔:《逻辑学》下卷,杨一之译,北京:商务印书馆,1982年版,第543页。

上从反面再回到正面,这样的辩证法才是积极的,真正意义上的"思辨的理性"。否定之否定就是肯定,是在更高的基础上复归于肯定,最终还是要统一于肯定。矛盾的双方在这个新的阶段上得到暂时的统一,就完成了一个周期。与此同时,下一个否定之否定的循环又开始了,如此往复,中间并无停顿。世界上的万事万物都处于对立统一的矛盾运动之中,它们必然要经历矛盾对立双方潜伏共存、逐步揭露和显现、最终消解和融合的螺旋式上升发展过程,以此构成了融多样性和统一性于一体的世界。而且他据此认为,康德之前的形而上学应该属于"正"的阶段;康德的二律背反应该属于"反"的阶段,而黑格尔自己的思辨逻辑则应该属于"合"的阶段。黑格尔对于总体性辩证法的总结相当深刻而且全面,而且这对于他建构起自己庞大复杂的思想理论体系具有极其重要的指导价值和方法论意义,甚至可以视为贯穿其中的一条思维主线。

黑格尔将万物的初始状态预设为总体性(德文为 Totalihat,英文为 Totality),或绝对精神。它融合了康德的上帝、世界、灵魂、自由四个理念,它是理性与信仰的综合体。它创造了认识的主体以及客体,通过矛盾对立双方的否定之否定过程而外化为越来越复杂精密的运动形式。在黑格尔的哲学体系中则体现为由逻辑学到自然哲学直至精神哲学,从简单到复杂、从抽象到具体、从单一到丰富的辩证发展历程。从最初的自在自为的纯粹理念,到理念异在和外化的自然哲学,直至理念由其异在和外化而返回自身的个人意识与社会意识的精神哲学。黑格尔据此认为,所有的存在都是位于整个发展过程当中的一个特定的位置上面,是特定时间与空间相结合的产物。经过否定之否定的扬弃过程,那些外在的或偶然性的因素就得以抛弃,下一级的合理成分就保留到了高一级的存在当中,并且推动它继续向前发展。而全部的合理性就都集中到了最高级的存在当中,具备了总体性。这种总体性在这种最高级的存在中就体现为一种普遍的原型,凭借它可以向下认识和阐明所有的存在。因此,对于任何存在,要想正确地了解它的本质和个体特征,就必然要从"总体"角度出发。

黑格尔把精神哲学视为哲学的终结、发展的顶峰,所以他所创建的哲学体系是封闭、自足的。他坚持总体性的指导原则,采用否定之否定的辩证方法建构起了旨在涵括一切现象与规律的宏伟理论大厦。就连恩格斯都不禁惊叹道:"从人们有思维以来,还从未有过像黑格尔体系那样包罗万象的哲学体系。逻辑学、形而上学、自然哲学、精神哲学、法哲学、历史哲学——这一切都结合成为一个体系,归纳为一个原则。看来这个体系从外部是不能攻破的。实际上也是这样。"①而且,如此庞大精密的理论综合体,在黑格尔看来却可以用一个生动形象的"圆圈"比喻来概括:

"哲学的每一个部分都是一个哲学总体、一个自身完整的圆圈。但哲学的理念在每一部分里只表达一个特殊的规定性或因素。每个单一的圆圈,因它自身也是整体,就要打破它的特殊因素所给予的限制,而建立一个较大的圆圈。因此,全体便有如许多圆圈所构成的大圆圈。这里每一个圆圈便是一个必然的环节,这些特殊因素体系构成了整个理念,理念也同样表现在每一个别环节之中。"②

黑格尔在这里表述得很清楚,只有整体才是世界的本原,各个部分尽管具有相对的独立性,但是它们都从属于整体。绝对理念体现在所有的部分当中,每个部分只是表现出个别的、特殊的性质。他认为整体是唯一本真的存在,各个部分看似独立的存在只不过是幻觉,其实它们都是不完整的,相互之间有机地联系在一起,既是必不可少的,又彼此之间相异,共同构成了整体。

黑格尔的这种思想观念对于詹姆逊的启发也是比较明显的,尤其表现在詹姆逊对于结构主义、后结构主义的基本看法,以及把它们融合到一起的努力当中。结构主义主要讲"同"的一方面,是肯定统一,合乎规范的方面;而后结构主义则主要强调"异"的一方面,是揭露被掩盖的不协调、不一致、不统一的方面,应该说双方都有存在的合理性和必然性。关键在于要怎么样把它们糅合到一起,统一起来,从而达到对于事物更高层次的认识。从非此即彼的

---

① 《马克思恩格斯全集》第1卷,北京:人民出版社,1956年版,第588—589页。
② (德)黑格尔:《小逻辑》,贺麟译,北京:商务印书馆,1980年版,第56页。

形式逻辑层面上升到否定之否定的辩证逻辑层面,在对于事物的循环往复的否定与批判中使自己的认识得到升华。

詹姆逊将生产方式视为总体性的理论架构基础,我们在其中不难发现黑格尔的身影。他明确声称马克思主义是高于其他任何理论的"绝对视域",可以把生产方式看作那个大圆圈,结构主义、后结构主义、现代主义、后现代主义等各种理论都可以视为各个小圆圈。马克思主义的经济基础决定上层建筑和意识形态的理念则体现在所有具体的理论体系当中,它们都有各自的理论适用范围和局部合理性。尽管它们是不全面的,但都毫无例外地证明着总体理念的正确性。从抽象的理念推演到具体细微的社会现象和文学艺术理论,采取的是否定之否定的辩证总体性方法,通过"正—反—合"的步骤,不厌其烦地论证。这种思路非常清晰,步骤也非常简洁,其建构起来的理论体系也非常宏伟。

詹姆逊所论及的范围之广跨度之大,对于各派理论介入批评的意识之强烈,以及自身理论创新观点之新颖和丰富,应该归功于他的刻苦勤奋,广泛涉猎各种理论资源,密切关注最新的时势变化,以及似乎永不枯竭的理论创造力,但是这更离不开他一贯坚持的总体性基本观点。他追求的都是为了不断证明生产方式的本真存在决定了各个对立统一的理论观点和体系的辩证运动,它们相互之间的肯定与否定以及转化都逃脱不了作为哲学理念终极的生产方式的制约。否定之否定的辩证方法为他灵活地借鉴吸收各种理论提供方法论的支持,使他能够顺着螺旋上升的发展轨迹,站在更高的层次上回归起点来发现和肯定事物的种种合理性,从而不断地从事建构性的工作,而不是仅仅满足于将已有的理论框架拆散和分解,面对满地的碎片和裂隙而徒然发出悲观虚无的感慨。

他认为解构主义和后结构主义对于马克思主义的攻讦只是从反面证明了马克思主义在当代的理论活力和适应能力,即否定之否定原理在现实当中的有力例证。他能够以总体化的理论视野来纵观理论发展的全过程,吸收这些强调差异与对立的理论当中包含的真理成分,用以补充和提高原有的对于事物规律和本质的认识,在生产方式的发展过程当中为它们各自找到存在的缘由和根据,并且通过它们来印证生产方式的重复性与前进性相结合的特征。高级的形式当中包含着既往形式的合理成分,通过不断的否定来剔除那些非本质的、偶然的成分。如果我们用黑格尔的三段论来概括他的研究工作的话,那就是"建构—解构—重建",其最终目的是要回归和揭示生产方式的完整的本真存在。尽管詹姆逊将黑格尔坚持的绝对理念替换成了经典马克思主义的生产方式概念,但是他所坚持的本体论、方法论、目的论都带有明显的黑格尔的总体性辩证法的特征。所以我们可以说,詹姆逊所坚持的是黑格尔式的马克思主义,而非经典马克思主义的异质总体性理论。

第二节 马克思的异质总体性

马克思(Karl Heinrich Marx,1818—1883)汲取了黑格尔的强调总体性至高无上的方法论,并且对其进行了唯物主义的改造,使它成为自己辩证法的基础。他在1868年3月6日致路·库格曼的信中比较了自己和黑格尔辩证法的区别:"他十分清楚地知道,我的阐述方法和黑格尔的不同,因为我是唯物主义者,黑格尔是唯心主义者。黑格尔的辩证法是一切辩证法的基本形式,但是,只有在剥去它的神秘的形式之后才是这样,而这恰好就是我的方法的特点。"[1]他杜绝使用所谓"绝对理念的自我外化"的神秘表达,代之以生产方式的唯物主义来源与现实基础,将黑格尔的辩证逻辑从脱离现实生活的唯美的纯学理构想拉回到复杂多变的现实当中,并且赋予它以旺盛的生命力和强大的改造世界的能量。

他突破了黑格尔整齐划一的"正—反—合"三段式论证模式,而是根据实际需要采用灵活的论证形式,不再强求形式上的单纯和统一,坚持了对立双方的重复与发展的辩证统一关系。打破了黑格尔所坚持的由逻辑学到自然哲学再到精神哲学终结的观念,否认封闭的理论体系,坚持总体性的观点,将它作为不变的原则来指导我们认识事物的无穷发展过程,将否定之否定的辩证法贯彻

---

[1] 《马克思恩格斯选集》,第4卷,北京:人民出版社,1972年版,第578—579页。

到底。否定之否定的结局不一定总是肯定的,而是有可能否定的,尤其是在那些对抗性质的和新旧事物交替的情况下,结果有可能是以一方消灭另一方、新事物消灭旧事物而告终。从而更加科学全面地解释了客观的事物变化过程,具备更彻底的革命性和批判性。

否定之否定被黑格尔视为绝对理念自我运动的动力,居于辩证法的核心地位。而马克思则更加重视作为一般状态的对立统一,否定之否定只是比较理想化和特殊的类型,可以说黑格尔的理论体系更加具有形式方面的纯净和简洁特征,更加抽象和概括,甚至抛开了现实进行纯粹的思辨推理,但是要想运用到实践当中则需要做出相当的努力来转换和妥协;马克思的理论则包含了同一和差异两个方面和肯定与否定两种结局,坚持了总体性的全面与综合的特征。

尽管马克思没有专门系统阐释自己哲学理论的长篇大论,但是他却机智而雄辩地为自己的论著和观点作了根本的方法论的辩护:"不论我的著作有什么缺点,它们却有一个长处,即它们是一个艺术的整体;但是要达到这一点,只有用我的方法"。[①] 很显然,马克思用"艺术的整体"来指自己的总体性理论成果,意指他的理论是前后一致的、相互联系的有机整体。而"方法"就是他自己所确立的科学的总体性方法,与黑格尔的相比,同样很纯粹,即采用"总体"或"总体性"的视野来分析问题、解决问题,而且采用这种方法得出的结论是经得起推敲、反驳和实践检验的,显现了马克思对于自己方法论的高度的理论自信。"如果马克思当初不是有时超越他所生活的 19 世纪后半叶的话,他就不可能在 20 世纪后半叶在政治和理论上仍然很重要。"[②] 马克思总体性方法不仅为确立和把握马克思主义总体性观念奠定了科学的方法论基础,而且为加强和推进马克思主义理论建设提供了科学的方法论指导。

马克思从社会生产的关系入手,分析其中两个最基本的对立

---

① 《马克思恩格斯全集》,第 31 卷,北京:人民出版社,1972 年版,第 135 页。
② (英)佩里·安德森:《西方马克思主义探讨》,高铦等译,北京:人民出版社,1981 年版,第 141 页。

统一面,即生产力与生产关系,认为生产力的改变会导致生产关系发生变化,而生产关系的变化又会反映到社会关系当中。这种对立统一的总体性运动的特征体现在每一个社会的具体形态当中,每一个社会中的生产关系都如同黑格尔所说的圆圈一样,既有相对的自律性和独立性,又都包含了并且最终取决于统一的人类生产方式总体。黑格尔进而提出自己著名的论断:"每一个社会中的生产关系都形成一个统一的整体。"①

马克思创造了自己的辩证唯物史观,将它用于历史过程分析,并且得出与黑格尔迥异的结论。恩格斯总结道:"根据唯物史观,历史过程中的决定因素归根到底是现实生活的生产和再生产,无论马克思或我都没有肯定过比这更多的东西。如果有人在这里加以歪曲,说经济因素是唯一决定的因素,那么他就是把这个命题变成毫无内容的、抽象的、荒诞的、无稽的空话。"②在这个总体框架内,虽然"物质生活的生产方式制约着整个社会生活、政治生活和精神生活的过程",但是上层建筑、意识形态仍然具有强大的自律性和反作用力。

马克思对黑格尔进行了深入彻底的扬弃,将研究的目标对准了鲜活生动的人类具体的历史活动,着力研究资本主义的生产关系,揭示资本的产生、发展过程,旨在发现社会不断向前发展的必然性,勾勒和规划出社会的整体景象。从社会发展总体的角度披露资本主义生产方式产生的历史必然性,以及被社会主义所取代的必然发展趋势。克服了形而上学脱离历史现实、从意识形态和上层建筑出发来解释人类历史发展规律的根本缺陷,以雄辩的事实和缜密的逻辑论证将对于资本主义的分析拉回到历史现实当中来,宣告了它必然灭亡的历史宿命。破解了资本主义制度能够永远存在下去的神话,揭示了资本在全球蔓延和扩张的同时也孕育着它向自身对立面转化的契机和趋势。

马克思认为一切的对象和事物都是有多方面规定的、具体的

---

① 《马克思恩格斯全集》,第4卷,北京:人民出版社,1972年版,第144页。
② 《马克思恩格斯选集》,第1卷,北京:人民出版社,1972年版,第245页。

整体,他透过复杂多变的现象深入事物的内部本质,发掘出其中根本的、必然的联系,然后将这种理论运用到具体的事物上面,完成"现象—本质—现象"的反复循环论证,最终达到对于事物全面的把握和理解。这种总体性的认识论对于我们分析和认识事物以及自身都具有非常重要的指导价值,是我们最终通往总体性真理的必由之路。

詹姆逊继承了马克思的历史唯物主义观点,通过对资本主义历史时期的划分,对各个时期主导文化逻辑的科学判定,揭示了不同的生产方式对应着不同的主导文化逻辑。从生产方式的最终决定作用出发,力图找到影响当代文学艺术创作变化的社会现实决定因素。他坚持经济基础的最终决定作用,将文化和文学形式视为在经济基础所决定和制约之下的艺术表达形式,是表达不同阶级之间斗争和诉求的宣言。他旨在为文化和艺术形式的流变找到最终的现实决定因素和绝对阐释视域。他对于文化和文学文本进行政治化阐释,揭示其艺术表象背后所掩盖着的社会经济和政治矛盾冲突的真相。他倾向于从阶级之间矛盾斗争的角度来归纳和总结文学作品当中所呈现出来的对立和冲突,往往将它们归结为总体性的矛盾象征。

也正是因为如此,詹姆逊才把马克思主义作为绝对视域。他认为各种理论都在不同程度上从不同的角度反映了客观世界的真理,可以在现实生活当中找到属于自己的位置。现实主义、现代主义和后现代主义分别对应着资本主义生产方式发展的不同阶段,分别代表着不同的文化逻辑,是经济基础作用下的意识形态变迁。文化和文学归根结底是为了经济基础而服务的,是政治斗争的最明显的和最突出的表现形式之一,是意识形态交锋的集中体现。不断发展的社会生产方式是检验各种理论的合理性和存在依据的终极参照,都可以在其中找到合理的解释和根据。此种唯物的总体性辩证解读方法被贯彻到他对于文化现象和文学文本的分析全过程当中,成为他孜孜不倦追求的阐释目标。

第三节 卢卡契的黑格尔主义式总体性

尽管马克思在其论述当中贯穿始终的是总体性的方法,但是他并没有专门对此进行阐述,也没有明确指出总体性方法与其唯物辩证法之间的关系。卢卡契(Georg Luacs,1885—1971)面对欧洲共产主义革命失败的残酷事实,为了反拨第二国际对于马克思主义的庸俗化理解和基于经济决定论所幻想的资本主义向社会主义自动过渡的歪曲理论,强调了总体性观念在马克思主义方法论中的重要地位和作用,将总体性上升到至高无上的位置,置于辩证法的核心地位和赋予其主导作用,揭示黑格尔总体性观点对于马克思主义的渊源价值和奠基意义,将人们的视线重新拉回到黑格尔,旨在维护经典马克思主义的正统性和有效性。"只有在马克思那里,黑格尔的辩证法才真正变成赫尔岑所说的'革命的代数学'。"①他宣称马克思主义辩证法是在黑格尔囿于社会历史条件限制而未能达到的理想理论高度情况下顺应黑格尔的逻辑思路的继承与发展,而且卢卡契自己在论证总体性观点时的很多概念,比如主客体同一、物化等,就沿袭了黑格尔的用法。

他指出,"不是经济动机在历史解释中的首要地位(Vorherrschaft),而是总体的观点使马克思主义同资产阶级科学有决定性的根本区别。总体范畴和整体对各个部分的全面的、决定性的统治地位(Herrschaft)是马克思取自黑格尔并独创性地改造成为一门全新科学基础的方法的本质。"②卢卡契同样认为总体是主体与客体同一的有机体,他强调人的主体性,只有无产阶级才是主客体同一体,才能担当历史主体的重任。他认为马克思主义辩证法的本质就是总体性,马克思为黑格尔纯粹思辨的主体和客体的统一找到了现实生活的对应物,即无产阶级,将它视为绝对精神

---

① (匈)卢卡奇:《历史与阶级意识》,杜章智等译,北京:商务印书馆1996年版,第77页。

② (匈)卢卡奇:《历史与阶级意识》,杜章智等译,北京:商务印书馆1996年版,第76页。

发展的最高阶段的产物,从而使总体性理论成为扎根于具体的历史社会条件的、革命性的、批判性的全新的理论,从纯粹思辨的抽象理论改造成为对于社会历史具有强大改造能量的革命理论。

同时他执着于马克思的社会总体性理论研究范围,将总体性方法囿于社会生活领域,批评恩格斯与黑格尔把总体性扩展到自然界,拒绝承认自然界也存在总体性。"而无产阶级科学的彻底革命性不仅仅在于它以革命的内容同资产阶级社会相对立,而且首先在于方法本身的革命本质。总体性范畴的统治地位,是科学中的革命原则的支柱(Träger)"①。他的这种做法与当时不利的政治格局和激烈的理论交锋密不可分。第二国际的机会主义者企图打着经济决定论的旗号来规避现实的政权革命斗争,妄图以和平的手段来完成政治权力的交替。他们甚至试图用简单化的线性因果关系和进化论的观点来把马克思主义抽象化,变成关于人类发展历史的机械化图解和先验结论,脱离当下的社会历史语境和经济发展条件,撇开具体复杂的现实矛盾斗争过程,把多种因素的综合作用说成是单一主导因素的简单化运动,甚至都没有考虑到黑格尔早就提出的"正—反—合"的辩证发展过程。所谓的科学主义则试图通过论证资本主义生产过程的理性化和科学化而证明资本主义生产方式的完整性,进而否认其被社会主义生产方式所代替的历史必然性,似乎有意或者下意识地忽略资本主义社会只是人类历史发展到一定阶段才出现的事实,忘记了马克思曾经说过:"辩证法在对现存事物的肯定的理解中同时包含对现存事物的否定的理解,即对现存事物的必然灭亡的理解。"通过对作为人类历史某一特定历史阶段的资本主义生产方式的表面化分析和孤立片面的论证来达到维护资产阶级政治统治和掩盖根本经济矛盾的目的。

他赞同马克思提出的生产关系构成一个整体的观点,并且进一步认为整体统领各个部分,捍卫整体的绝对首要地位,在对于社会现象的分析当中坚持采用总体性的方法,正是马克思主义能够

---

① (匈)卢卡奇:《历史与阶级意识》,杜章智等译,北京:商务印书馆1996年版,第76页。

正确把握社会发展规律和方法论上保持颠扑不破的真理地位的关键所在。卢卡契将总体性理论应用于对无产阶级的阶级意识发展历程的分析,他认为"物化"导致了主体和客体的分离,即无产阶级的劳动成为外在于人之外的客观性的存在,个人成为资本主义生产过程当中的一个孤立的零件,缺乏对于资本主义生产关系的整体认识,服从于科学化的生产管理安排,认识不到造成自己终日辛苦劳作却始终生活贫困的生产关系方面的根源,尽管是人类历史上最先进的阶级,是主客体同一的结合体,却没有形成统一的阶级意识。他批评第二国际片面强调资本主义经济的内在矛盾,却忽视了历史的主体,即人这个至关重要的因素。因为如果按照经济决定论的说法,我们只需要坐等资本主义生产关系不再满足生产力发展需要的那个历史时刻就足够了,资产阶级到时候就会乖乖地主动交出生产资料,生产力自动得到解放,物化就自动消除,社会制度自动完成转换,历史不会出现斗争和反复,人成为脱离历史发展过程的旁观者。资本主义经济快速发展,社会面貌发生巨大变化,资产阶级对于劳动人民剥削方式逐步隐蔽化和剥削程度适度缓和,人民生活水平逐步提高,这些使人们沉浸在商品经济社会的物化状态之中而难以自拔,只顾盲目地辛苦劳作,追求眼前的物质欲望和需求,却忘记了追问自己身处社会底层难以脱身的社会制度原因,忘记了反抗物质对人的驾驭和奴役,抵制将人与人的关系变成物与物的异化关系,忘记自己作为无产阶级一员所肩负的历史使命,丧失了无产阶级作为一个整体所应该具备的总体意识。

只有将生产关系当作整体来把握,才有可能认识到资本主义社会的暂时性和阶段特征,其看似完备的生产关系当中蕴含着彻底变革的可能性。这种社会历史观和辩证观点只有马克思主义的总体性方法论才能产生。他认为自己的主要功绩在于彰显了总体性在马克思所有著作中的核心地位。

卢卡契本人后来也反思了自己早年的理论失误,检讨没有能够真正实现总体性的视域,没有意识到总体性在方法论上的核心地位与经济的最终决定作用的观点是并行不悖的,而且应该说对于经济最终决定作用的确认正是采用总体性方法考察具体复杂的社会历史发展过程的必然结论。

  辩证法必须要同唯物主义结合起来才不至于脱离社会实践，总体性作为一种辩证的方法论必须建立在唯物主义历史观的基础之上才能够正确地揭示历史发展的规律，所有的社会制度和意识形态必须放到当初产生它的具体的历史社会条件当中，并且从这种物质基础当中来寻找其产生的理由和根据。脱离了现实基础和整体性方法论的理论观点，无论其看起来多么新鲜奇特，都难以在实践当中发挥积极的引领作用，更难以保持长久的生命力，而只会沦为华而不实的空谈和谬论。

  人们透过观察到的直观形象和表面现象来把握隐藏在其背后的事物的本质和规律，形成初步的、粗浅的概念和观点，并且在不断的重复和反思的过程当中来修正和改进，甚至推翻原来的观点而形成对于事物新的观点和看法。这种思维的能力经过长期的劳动实践过程而逐步发展进化，最终成为人类所具备的高级技能，成为人类认识世界、改造世界、认识自我的强有力的精神武器。总体性是思维的方法之一，它通过对于部分与整体之间关系的考量和把握来将部分置于整体之中来确定其意义和本质，预测其未来发展动向。作为一种方法论，总体性方法是内含在思维过程当中的，是指导人们思维认识活动的指导原则；作为一种存在方式，总体性是具体思维过程的产物，是人们认识事物的一种企图或渴望，即希望能够全面地把握和了解认识的对象。

  马克思本人的研究集中于社会历史方面，着力于寻找资本主义社会发展的规律，揭示资本主义社会被共产主义社会取代的历史宿命，而并没有明确提出自然界当中的总体性的观点。而且卢卡契急于清理将马克思主义与自然科学理论混为一谈的乱象，誓与第二国际的机会主义者划清界限，所以他就曾经认为总体性只存在于社会当中，甚至旗帜鲜明地指责恩格斯以及黑格尔的自然总体性观点，反对恩格斯的自然辩证法规律，否认这是马克思主义在正确道路上的进一步发展。部分与整体的关系是辩证法所包含的诸多关系当中的一种，实际上也意味着普遍联系的关系。总体性不仅广泛存在于社会,而且也存在于自然界当中。

尽管黑格尔当初预设了绝对精神的自我演化发展,在纯粹思辨的维度展开他的逻辑论证,具有高度抽象概括的特征,但是他还是能够贯彻他的辩证思维方法,使自己的理论视野能够涵盖整个世界的发展变化。卢卡契则继承了黑格尔唯心思辨的传统,用无产阶级的阶级意识代替绝对精神,把总体性理解为主体和客体、意识和存在、理论与实践的统一,而且在逻辑上预设它先于一切具体事物的存在,用整体的统一性来统领部分的多样性,将部分消融到整体当中。

卢卡契将总体性与意识形态区别开来,认为从总体论出发才能够发现最终的真理,囿于阶级意识形态的话就只能得出有限的、局部的真理。无产阶级由于其阶级成分的特殊性,使它能够不受任何意识形态的约束而认识到终极真理,进一步说就是只有作为一个普遍的阶级才有可能认识到普遍的真理。他还将这样的思路用到了叙事分析方面,总体性的概念用于对文学文本的分析。

他的总体性概念既是本体论的,又是方法论的,也是目的论的,而这三种用法成为西方马克思主义总体性概念的共同策源地。卢卡契寄希望于总体性来克服物化的魔咒,将无产阶级的阶级意识的发展与阶级斗争实践等同起来,却没有看到无产阶级意识到自己的历史使命与找到正确的革命道路毕竟是有区别的,掌握人类历史发展的大方向并不代表每次革命都能够顺利实现,过分强调整体的一致性和规律性,而忽略具体事物发展的矛盾性、复杂性和曲折性,容易造成整体与部分之间关系的脱离,难以解释整体的一致性与部分的多样性之间的关系,摆脱不了过分夸大整体性在马克思历史唯物主义理论中的作用的嫌疑。

第四节 萨特的辩证总体性

尽管萨特(Jean-Paul Sartre,1905—1980)承认马克思主义是"我们时代不可超越的哲学",但是他声明说"我从来没有作为一个马克思主义者来思考,哪怕是在《辩证理性批判》中"①。他在理论立场方面特立独行,明确否认自己是马克思主义者,他甚至指出马克思的缺点和不足,而主动要用自己的存在主义来进行弥补和修正。他从事理论研究的出发点与马克思主义截然不同,他是着眼于具体的生物个体的存在及其感受,而不是直接从社会关系开始的。"我是从存在开始,也就是从比阶级更广泛的领域即与动物和无生命也有关涉的问题开始,提出了阶级和社会问题。这是提出阶级问题的起点,我确信这一点。"②他始终坚守自己的存在主义阵营,而且坚信个人主义至上的原则,在理论探索和政治实践中都保持着这种特立独行的理论姿态。

萨特坚持把人的不停顿的思想活动作为个人存在的现实根据,而且不存在所谓先验的人的本质,人是在自由当中找到存在的感觉的。"人确实是一个拥有主观生命的规划,而不是一种苔藓或者一种真菌,或者一棵花椰菜。在把自己投向未来之前,什么都不存在,连理性的天堂也没有他;人只是在企图成为什么时候才取得存在。"③他完全是从个体的角度来谈人的存在,社会对于他来说是视而不见的。"我的思想就是我,因此我才停不下来。我存在因为我思想,而我无法使自己不去想。就在此刻——多么可怕——如果说我存在,那是因为我害怕存在。是我,是我将自己从我向往的虚无中拉出来。仇恨和对存在的厌恶都使我存在,使我陷入存在。思想在我脑后产生,像眩晕,我感觉思想在我脑后诞生……"④他始终坚持着这种从个人经验出发解释存在、分析社会矛盾、阐释文学作品的立场。尽管社会存在决定了个人的存在,但是假若离开了个人,社会也就无从谈起。萨特提醒我们永远不要

---

① (法)萨特:《萨特自述》,黄忠晶等编著,郑州:河南人民出版社,2000年版,第113页。
② (法)萨特:《萨特自述》,黄忠晶等编著,郑州:河南人民出版社,2000年版,第127页。
③ (法)萨特:《存在主义是一种人道主义》,周煦良等译,上海:上海译文出版社,1988年版,第8页。
④ (法)萨特:《恶心》,见《萨特文集》(1·小说卷),北京:人民文学出版社,2000年版,第120页。

忽视作为个体存在的人,还是要坚持着眼于个人的具体存在。

他认为,人的思想是自由的,人的本质是飘忽不定的,人存在的依据就是人要不停地追求,简而言之,人的存在是自由的,人因为自由才得以存在,他由此提出"存在先于本质"的基本命题,作为他行动哲学的纲领。"人的自由先于人的本质并且使人的本质成为可能,人的存在的本质就悬置在人的自由之中。因此,我们称为自由的东西是不可能区别于'人的实在'之存在(être)的。人并不是首先存在以便后来成为自由的,人的存在和他'是自由的'这两者之间没有区别。"① "存在先于本质"就是为了反驳简单化的社会历史决定论,彰显个人生存的鲜活价值和特殊意义以及作用。马克思总结的人的本质是所有社会关系的总和,并非抽象出一个本质意义上的代表性的个体存在,仍然是蕴含着无限复杂性和可能性的综合体,只不过是在后来被其他人片面理解和简单化处理了,结果被抽去了辩证法的灵魂,成为死亡的马克思主义。在理论方面也好,在生活方面也好,我们都不要被现有的规矩和习惯所束缚,在不断的探索和发现的过程中去寻找自己的本真和存在的真正意义。从这个意义上而言,萨特无疑具有很强的探索精神和把握当下存在的激进的人生态度。

作为存在主义者,萨特尽管受到诸如马克思主义、精神分析等理论的影响,而且接受了他们部分的观点,但是他的研究注意力始终没有离开过个人,终身致力于探寻个人的自由,力求全面地理解个人与历史之间的互动。萨特的存在主义以个体思维活动作为证实自身存在的依据,拒绝任何的先入为主的观点和看法,提出存在先于本质的看法,认为人的存在与人的自由是一致的,没有所谓的先验本质可以来规定人的存在。他始终要保持自己思想上的独立性,除了存在主义,他可以接受其他理论的合理观点,但是拒绝别人思路的掌控,而且要保持自己理论的原创性。他非常反感经济决定论的简单化说教,决心恢复个人在社会历史中应有的地位和

---

① (法)萨特:《存在与虚无》,陈宣良等译,北京:生活·读书·新知三联书店,2007年版,第53-54页。

作用,发掘个体的差异性以及个人发展的历时性。

　　萨特对于生活自由的不懈追求,对于人的存在的全面性的不妥协、不偏倚,对于人的现实存在社会关系多样性的高度重视,都值得我们学习和借鉴,对于指导我们把注意力转回到现实生活本身、合理谋划个人的发展无疑是大有裨益的。我们认为马克思主义主要是从阶级斗争角度解释人的存在,将社会生活最终归结为阶级斗争,但实际上矛盾的双方除了对立之外还有共存的重要方面,人与人之间的关系除了剥削与被剥削之外还有其他各种各样的关系,而且许多时候这些方面也是很重要的。阶级的对立和冲突往往在矛盾激化到严重的程度才引起大部分社会成员的关注。相比于阶级矛盾的尖锐冲突和激烈斗争,双方的协商妥协和相互依存更加符合大多数人的长期利益和心理期待。

　　他旗帜鲜明地提出"总体化"的主张,采用"向前—回溯"的综合方法,将历史决定作用与个人成长经历结合起来,坚持以个人的总体化实践活动来解释历史的发展和规律。所谓"向前",即是采用马克思主义理论,从宏观的社会发展趋势和前景着眼,考察集体的作用以及经济和社会因素对于个人的主导地位和作用;所谓"回溯",即是采用精神分析的方法,从个人的生活经历和心理成长发展着手,考察个人的独特禀性与特质,以及他对于社会和他人的介入和影响。"存在主义依然希望使用启发式的方法。它只有'双向往复'(va-et-vient)这种方法:在深入了解时代的同时逐渐确定(例如)个人经历,在深入了解个人经历的同时逐渐确定时代。它并不急于把个人经历同时代融为一体,而是将它们维护在分离状况,直至相互包含自行产生,使研究暂时告一段落。"① 他承认社会历史对于个人的决定作用,但是他更强调个人的具体生活。萨特主张将宏观把握与微观分析结合起来,既能够保证符合历史发展的潮流和方向,又能够做到深入细致地考察个体存在,实现对于人的"统摄理解"。

---

① (法)萨特:《辩证理性批判》,林骧华等译,合肥:安徽文艺出版社,1998年版,第109—110页。

他认为总体化即是辩证法,这是一种循环往复的论证过程。"存在的意识形态从使它复活的马克思主义那里继承了两种要求,即马克思主义从黑格尔学说中汲取的两种要求:如果某种真理性的内容应该能在人类学中存在,那么这种内容应该已经变异(devenue),应该对自己整体化。不言而喻,这种双重的要求确定了存在和认识(或理解)的运动,即自黑格尔以来被称为'辩证法'运动。因此,我在《方法问题》中把这种整体化看作像永恒的历史和历史真理一样。"① "我们必须清楚地区分'整体性'(totalité)和'整体化'(totalisation)的概念。整体性被确定为一种存在,这种存在由于同它各个部分的总和截然不同,所以以这种或那种形式重新完全处于每一个部分之中,它或者通过它同它的一个或好几个部分的关系或者通过它同它的所有部分或好几个部分之间保持联系的关系而同自身发生关系。但是,这种实在性由于是在假设中产生的(如果把一体化推向极端,一幅画和一支交响曲就是两个例子),所以只能存在于想象的事物之中,这就是说作为一个想象行为的关联而存在。"② 他反对静止不变的总体性,辩证法就是不断的总体化。尽管对于萨特而言,社会终究只是由互相注视的不同个体组成的,他对于认识他人、认识社会、改造社会抱有无比的热情和冲动。哲学和政治以及文学在他那里都服从于他的存在主义原则指导,都按照总体化的辩证法在不断运转。

经典马克思主义将纷繁复杂的人类历史发展过程高度概括成经济体制本身的相对自主的演变和更迭,将人的本质定义为各种社会关系的总和,而萨特提醒我们要重视人类行动的积极意义,关注现实生活当中的具体的个人为了满足自己的需要和追求自己幸福而采取的行动以及在此过程中发生的个人与社会之间的联系和交往,对于资本主义社会中盛行的物化关系予以重新审视和分析。在萨特看来,总体化是认识主体与认识对象相互影响和相互促进

---

① (法)萨特:《辩证理性批判》,林骧华等译,合肥:安徽文艺出版社,1998年版,第2页。
② (法)萨特:《辩证理性批判》,林骧华等译,合肥:安徽文艺出版社,1998年版,第179页。

的过程,就是部分与总体的辩证运动过程,从根本上来说,总体化就是一种不断循环往复的实践活动。萨特的总体化辩证法始终坚持以具体个人为出发点,而非抽象的社会关系,个人在其中充当了辩证运动的主体。对于萨特而言,辩证理性的内容就是总体化,因为辩证理性揭示的是没有人为地预设目标和臆想的固定核心的追求和探索的整个实践的过程,其中的意义和价值是由处于不断自我否定和建构过程的个体来创造和体现出来的。萨特意在吸收和借鉴马克思唯物辩证法的合理成分来包装和发展自己以个体实践和体验为内核的总体化辩证法。

萨特总结了马克思主义历史辩证法的基本观点,可以帮助我们正确认识马克思主义总体性逻辑与历史唯物主义的本质。"打开历史辩证法的钥匙就是马克思《哲学的贫困》中的一句名言:生产关系构成一个整体,那就是:无论你考察什么事情,都要把它同生产关系这个历史的整体联系起来。"[①] 萨特犀利地批评马克思主义沿着强调社会总体和生产关系的思路一直向前发展,到头来却忽略了创造历史的活生生的个人。萨特既承认马克思主义关于社会关系和历史发展规律的观点,又不放弃个人存在意义的理论基础地位,他试图将这两种方向相反的思路统一起来,成为他展开理论阐述的两极。他意识到存在主义存在着明显的先天缺陷,迫切需要马克思主义的唯物历史辩证法作为思想武器来保护和壮大自己,同时又要保持存在主义固有的理论特征和视角,按照自身的规律来拓展理论空间和得出新的结论。萨特的这种不妥协的原创精神激励和鼓舞着包括詹姆逊在内的众多学者大胆超越前人的既有观点和理论模式,反思历史的演变和进化,展望马克思主义在后现代主义理论背景下的当代化,积极探索社会改革的新途径。

正如我们在前面所提到的,詹姆逊正是通过萨特才见识到其背后巨大的马克思主义的背影。萨特的《辩证理性批判》是一部将自己的存在主义视角与马克思主义的基本理论观点结合起来的代

---

① (法)萨特:《科学与辩证法》,转引自《外国哲学资料》第 4 期,北京:商务印书馆,1978 年版,第 155 页。

表作。尽管萨特始终不放弃自己对于个体生命冲动与活力的优先关注和重点阐发,但是他仍然客观地承认马克思主义"是我们时代不可超越的哲学",而詹姆逊也提出了马克思主义是"不可逾越的视界"的口号,并且将它作为终极理论来审视和统领所有其他的各种理论。他坚持将生产关系作为理解各种理论观点和社会现实的终极解码。对于萨特在《辩证理性批判》中提出的"总体化辩证法",詹姆逊奉之为方法论的圭臬,并坚持不懈地进行总体化的实践,大胆地将众多明显意见分歧的甚至互相敌对的理论话语都包括容纳到他的独具特色的晦涩难懂的马克思主义批评文本当中,让读者自己来把握在他那具有典型的后现代特征的文本中所包含的思路和所要表达的含义,这种做法或许也是为了让读者不再处于一种很轻易被动接受现成理论观点的状态,而是要我们自己学会进行细致辨析和理智运用。我们可以看出,詹姆逊对萨特不仅是一种文字风格方面的研究,而是继承了其核心方法论的衣钵,并且加以发扬光大。

第五节　阿尔都塞的结构主义整体性

阿尔都塞(Louis Althusser,1918－1990),坚决评判共产国际的教条马克思主义和庸俗马克思主义,以及西方马克思主义阵营中以卢卡契和萨特为代表的一元决定的人本主义马克思主义,代之以多元决定的结构主义的马克思主义。通过深入挖掘黑格尔和马克思理论的根基来展开自己的论述,他坚决批评那种肤浅观点:只要剥去黑格尔辩证法的神秘外壳,将意识替换成物质,就可以顺理成章地得到马克思主义辩证法。尽管马克思自己曾经说过:"我要公开承认我是这位大思想家的学生,并且在关于价值理论的一章中,有些地方我甚至卖弄起黑格尔特有的表达方式。辩证法在黑格尔手中神秘化了,但这绝不妨碍他第一个全面地、有意识地叙述了辩证法的一般运动形式。在他那里,辩证法是倒立着的。必须把它倒过来,以便发现神秘外壳中的合理内核。"① 但是阿尔都塞则认为,即便是黑格尔的合理内核,在马克思的手中也已经发生了本质的变化,两者的逻辑结构截然不同。黑格尔承袭了他一贯的线性逻辑思维方式,自我意识在时间逻辑的演绎中来达到逐渐展开和上升,具有逻辑上的纯粹性和形式上的美感。在这种辩证法背后起决定作用的是黑格尔对于世界尤其是历史的看法,因为在他看来历史是由单一因素决定的、自发的、呈线性的发展过程。这样的辩证法很简单,但是对于实践活动却难以发挥其应有的指导作用,原因在于它脱离了现实的矛盾与关系,是在纯粹思辨的情况下对于现实生活的一种反映;阿尔都塞认为,"如果马克思的辩证法'在本质上'同黑格尔的辩证法相对立,如果马克思的辩证法是合乎理性的而不是神秘的,这种根本的不同应该在辩证法的实质中,即它的规定性和特有结构中,得到反映"②。

他认为,马克思的辩证法的内核是结构性逻辑,即关注多种因素在空间上的排列、相互作用和影响、各因素之间的不平衡以及差异。马克思则坚持自己的唯物历史观,而他关于经济基础与上层建筑之间矛盾的精辟归纳则是由他的结构逻辑所推导出来的必然结论。经济基础决定上层建筑,上层建筑又具有反作用以及相对的自主性。马克思紧密联系社会生产实际,准确把握了社会结构因素之间的矛盾运动与辩证关系,在诸多的因素当中抓住生产和再生产这个核心要素,为我们理解和把握社会的发展规律提供了至关重要的原则和方法。在这种观点的指引下,纷繁复杂的社会现象和矛盾都将能够得到最终的解释和说明,社会历史发展的总的趋势和方向也将得到正确的预测和把握。

在对于原因与结果关系的分析方面,阿尔都塞认为在他提出自己的新看法之前有机械因果观和表现因果观两种:机械因果观是呈前因后果的线性关系排列的,一个原因导致一个结果,通过单向逻辑推理即可以得出结论的简单因果关系。表现因果观则认为

---

① 《资本论》第1卷,北京:人民出版社,1975年版,第24页。
② (法)阿尔都塞:《保卫马克思》,顾良译,北京:商务印书馆,2006年版,第81页。

同一的内在的本原可以表现为诸多的结果,这是一种较为复杂的因果关系。黑格尔恰恰就认为构成整体的各个部分都是绝对精神的表现,相对于整体而言,这些部分都是隶属于整体的、单一的、从因果关系角度来说是表现观的。阿尔都塞认为第二国际的经济决定论将经济基础与上层建筑的关系看作简单的前者决定后者的关系属于机械因果观。而以卢卡契和萨特为代表的强调人的主体性的人道主义马克思主义则是坚持一个原因多个结果的表现因果观。阿尔都塞自己提出结构因果观,将结构的视角引进对于原因的思考当中,鼓励人们抛弃对于唯一本质的追寻,从结构的角度探索各个组成要素的内在规定性和相互关系,希望借此来摆脱机械主义唯物观和理性主义唯心观的拘囿。他的这种新因果观为他的多元决定的整体观打下了理论根基,为我们考察社会总体开辟了新的维度和空间。

阿尔都塞认为,黑格尔的表现性总体性"一方面使我们把它看作一种将一切表现形式包揽无余的、无所不在的本质,另一方面(其实是一回事)又使我们把它看作一个圆圈或者球体(这个隐喻使我们再次想起黑格尔),并在那里面发现一个可以作为它的本质的中心"①。我们在此都可以领会到他所说的中心就是指黑格尔的绝对理念,它的自我复归与平衡保证了结构的稳定性和单一性。马克思的结构整体观念则具有解构的特征,强调了各个因素的不平衡与差异,由此决定了结构是一个动态的、偶然性的存在方式。各因素之间的不平衡的运动和关系导致了新的结构关系不断地产生,社会生活中的偶然性现象在不断地产生,从而为各种变革和进步提供了可能性,无产阶级要想展开政治实践活动就要主动把握社会生产的形势,积极地促成各种因素的产生与相互作用,而不是坐等时机成熟,指望资本主义内在矛盾的激化,然后可以不费力气地进入共产主义社会。因此,马克思的结构整体性观点对于无产阶级运动的指导意义不言而喻。

---

① (法)阿尔都塞:《在哲学中成为马克思主义者容易吗?》,转引自陈越编:《哲学与政治:阿尔都塞读本》,长春:吉林人民出版社,2003年版,第191页。

卢卡契受到黑格尔影响,在寻找破解资本主义社会的物化魔咒,揭秘阶级意识的过程中坚持本质与现象二元对立的思想,将无产阶级的阶级意识视为本原,认为"只是随着无产阶级的出现才完成了对社会现实的认识。这是由于无产阶级的阶级观点为看到社会的整体提供了有用的出发点:只是因为对无产阶级来说彻底认识它的阶级地位是生死攸关的问题;因为只有认识整个社会,才能认识它的阶级地位;因为这种认识是它的行动的必要前提,在历史唯物主义中才同时产生了关于'无产阶级解放的条件'的学说和把现实理解为社会进化的总过程的学说。因此,理论和实践的统一只不过是无产阶级的社会历史地位的另一面。在它看来,自我认识和对总体的认识是一致的,因此无产阶级同时既是自己认识的主体,也是自己认识的客体"[①]。

在此基础上,阿尔都塞提出了偶然唯物论的观点,值得我们注意的是阿尔都塞的偶然指的是与其他因素相联系的,预示着种种可能性的,并非固定的存在物。它与马克思的唯物辩证法一样,都重视事物发展过程中的不平衡、事物发展过程中异质性因素的存在,它要求我们主动把握住当前的发展形势,促进有利历史条件的相遇,为顺利实现政治目标而努力。正如列宁所言,"奇迹在自然界和历史上都是没有的,但是历史上任何一次急剧的转折,包括任何一次革命在内,都会提供如此丰富的内容,都会使斗争形式的配合和斗争双方力量的对比出现如此料想不到的特殊情况,以致在一般人看来许多事情都仿佛是奇迹"[②]。俄国"十月革命"的成功是社会历史发展过程中各种力量因素相互配合与斗争的结果。阿尔都塞进一步认为这是现实的社会矛盾与阶级斗争内容在俄国这样一个资本主义生产发展的最薄弱环节积聚和激化的必然结局。无产阶级政治实践的条件有待各种历史矛盾的相遇,无产阶级要进行革命就要把握住形势,实现自身与条件的相遇。偶然唯物论的观点支持这种具有创造意义的相遇,以及不同的历史矛盾能够

[①] (匈)卢卡奇:《历史与阶级意识》,杜章智等译,北京:商务印书馆,1996年版,第70页。

[②] 《列宁选集》第3卷,北京:人民出版社,1995年版,第1页。

积聚在同一个时期,这些矛盾都是相互联系和彼此依存的。相比之下,在黑格尔认为的历史阶段性的线性发展过程中,不同的历史矛盾只能够依次出现,而不会积聚起来,历史发展有着固定的顺序和目的,世界的发展也不会出现不平衡的现象,简而言之,就是全世界一下子进入了共产主义社会。

正如马克思所预言的那样;"如果斗争只是在有极顺利的成功机会的条件下才着手进行,那么创造世界历史未免就太容易了。另一方面,如果'偶然性'不起任何作用的话,那么世界历史就会带有非常神秘的性质。这些偶然性本身纳入总的发展过程中,并且为其他偶然性所补偿"[1]。马克思指出,历史发展过程往往是充满困难和曲折的,偶然性是社会现实内部的组成部分,它体现了社会发展的特征,偶然性的相互作用与影响会带来意想不到的结果。世界历史的发展过程中具有诸多的不确定因素,这些偶然性的相遇和积聚有可能在资本主义社会造成社会发展不平衡的现象,而那些发展最薄弱的地方往往可能首先发生重大社会结构变动。我们对于一切事物都应该保持评判和革命的态度,不要崇拜任何东西,积极把握和创造各种有利于革命的偶然性因素,通过异质性的因素的相互影响和激化而造成社会形势的变动。

我们不难看出马克思的唯物辩证法与阿尔都塞的偶然唯物论在结构整体观方面的相通之处,阿尔都塞在前者的基础上做了进一步的发挥和创造。马克思曾经说过"辩证法,在其合理形态上,引起资产阶级及其夸夸其谈的代言人的恼怒和恐怖,因为辩证法在对现存事物的肯定的理解中同时包含对现存事物的否定的理解,即对现存事物的必然灭亡的理解;辩证法对每一种既成的形式都是从不断的运动中,因而也是从它的暂时性方面去理解;辩证法不崇拜任何东西,按其本质来说,它是批判的、革命的。"[2]他认为,暂时性方面是现实世界的异质性存在,其中包含着社会变革的可能性,整个社会结构有可能因此而发生重大的改变。正是在不断

---

[1] 《马克思恩格斯全集》第33卷,北京:人民出版社,1973年版,第210页。
[2] 《资本论》第1卷,北京:人民出版社,1975年版,第24页。

的运动变化中,新的事物不断产生,新的历史条件不断产生。由于偶然性的因素相互作用,产生了新的事件与新的形势,所以阿尔都塞认为暂时性指的就是事件与形势。它们集中反映了社会结构的症候,是社会现实的组成部分,预示了社会危机的到来。因此,暂时性暗指了结构方面的变异,即多元因素共同作用下的合力效果,关注事件和形势发展过程中的不平衡与差异。

阿尔都塞认为马克思的社会结构地形学与形式黑格尔辩证法圆圈结构相对立。前者是结构性逻辑的有效展开,而后者则是时间逻辑的自然发挥。经济基础与上层建筑之间的矛盾运动概括了社会结构因素在空间上的相互联系和影响,而非时间上的前后相继的关系。恩格斯曾经反驳对于马克思主义的经济决定论的质疑,"根据唯物史观,历史过程中的决定因素归根到底是现实生活的生产和再生产,无论马克思或我都没有肯定过比这更多的东西。如果有人在这里加以歪曲,说经济因素是唯一决定的因素,那么他就是把这个命题变成毫无内容的、抽象的、荒诞的、无稽的空话"①。阿尔都塞在承认多元因素影响前提下强调了经济的必然决定作用:"因此,提出决定作用里的这个'归根到底'就起了双重的作用:它把马克思从一切机械论的解释里截然地分离出来,同时又在决定作用内部揭示了由一些不同诉求所发挥的功能,即由辩证法勾画的那样一种现实差异所发挥的功能。"②恩格斯的这段话既揭示了不同因素的相互影响,又反映了结构内部各因素的差异,集中体现了马克思的整体与黑格尔的总体概念的本质区别。"黑格尔把社会当作一个总体来思考;马克思则认为社会是一个有主导结构的复杂整体。"③

因此,阿尔都塞提出整体的概念来代替总体。詹姆逊认为,阿尔都塞的结构主义本身就是调和性的理论:结构主义是"一种哲学

---

① 《马克思恩格斯选集》第 1 卷,北京:人民出版社,1969 年版,第 245 页。
② (法)阿尔都塞:《在哲学中成为马克思主义者容易吗?》,转引自陈越编:《哲学与政治:阿尔都塞读本》,长春:吉林人民出版社,2003 年版,第 186 页。
③ (法)阿尔都塞:《亚眠的答辩》,转引自《马克思主义研究资料》,1986 年 3—4 期,第 304 页。

上的形式主义",它汲取了语言学的成果;以阿尔都塞为代表的法国结构主义者,"就从他们再也无法忽视马克思主义传统提出的那些理论问题这一点来说,却大大得益于马克思主义。的确,他们对马克思主义了解得那么透彻,几乎到了随时都可以歪曲马克思的地步。"①詹姆逊以阿尔都塞为中介,在语言学成果中重铸总体性历史。总体性"这个术语是黑格尔式马克思主义与结构马克思主义临军对垒最富戏剧性的战场"②。"卢卡契的总体性概念以某种悖论或辩证的方式与阿尔都塞把历史或现实作为'缺场的原因'的观念不谋而合。"③阿尔都塞的思想"随时都可以与当代形形色色的后结构主义和后马克思主义的论战主题相同化"④,然而后结构主义彻底拒斥总体性,而阿尔都塞坚持认为总体性是一个有效的、必要的观念,他对历史作为缺场的原因的强调并未使他"得出那个时髦的结论,即,因为历史是文本,所以'指涉物'并不存在"⑤。詹姆逊以阿尔都塞的结构马克思主义为中介,将语言和总体在历史范畴中统一起来。他以卢卡契的马克思主义重写了结构马克思主义,形成了自己独特的历史概念。他对此做出了总结:"历史不是文本,不是叙事,无论宏大叙事与否,而作为缺场的原因,它只能以文本的形式接近我们,我们对历史和现实本身的接触必然要通过它的事先文本化(texturalization),即它在政治无意识中的叙事化(narrativization)。"⑥

---

① (美)弗雷德里克·詹姆逊:《语言的牢笼》,钱佼汝等译,南昌:百花洲文艺出版社,2010年版,第92页。
② (美)弗雷德里克·詹姆逊:《政治无意识》,王逢振、陈永国译,北京:中国社会科学出版社,1999年版,第39页。
③ (美)弗雷德里克·詹姆逊:《政治无意识》,王逢振、陈永国译,北京:中国社会科学出版社,1999年版,第44页。
④ (美)弗雷德里克·詹姆逊:《政治无意识》,王逢振、陈永国译,北京:中国社会科学出版社,1999年版,第25页。
⑤ (美)弗雷德里克·詹姆逊:《政治无意识》,王逢振、陈永国译,北京:中国社会科学出版社,1999年版,第25—26页。
⑥ (美)弗雷德里克·詹姆逊:《政治无意识》,王逢振、陈永国译,北京:中国社会科学出版社,1999年版,第26页。

第六节　詹姆逊的多元总体性

萨特明确承认马克思主义是"我们时代不可超越的哲学",詹姆逊也积极呼应萨特对于马克思主义影响力的高度评价,认为马克思主义理论的穿透力和影响力已经蔓延到了社会的各个角落,"马克思主义已充分渗透到各个学科的内部,在各个领域存在着、活动着,早已不是一种专门化的知识或思想分工了"①。正如德里达所言,在某种程度上,我们都是马克思精神的继承人。马克思主义关注的问题和分析问题采用的方法具有普遍意义,它关注的是人类社会历史的根本走向,物质与意识的本质关系和联系、人类最终获得解放的实现途径等这些关系到全人类的命运和前途的问题。它采用的总体性方法比起其他各种形形色色的方法而言更具有颠扑不破的真理性质,要想得到符合事物本来面目的答案就只有通过此种途径。他认为"马克思主义批评作为最终和不可超越的语义地平线(semantic horizon)——社会地平线——的重要性,表明所有其他阐释系统都有隐藏的封闭线。"②从而树立起马克思主义对于其他理论的绝对权威和终极批评视野,一切理论和社会现象都可以在这种理论架构中获得正确解释和恰当定位。

詹姆逊认为马克思主义的精华集中体现在《〈政治经济学批判〉序言》当中,经济基础和上层建筑之间的辩证关系的结论是一个极好的样板,为我们分析社会文化现象提供了基本的着眼点和分析思路。将历时性考察与共时性分析结合起来,从生产方式着手展开对于意识形态的分析,揭示纷繁杂芜的意识形态背后隐藏着的生产方式决定角色。他信奉萨特的指引,"打开历史辩证法的钥匙就是马克思《哲学的贫困》中的一句名言:生产关系构成一个整体,那就是:无论你考察什么事情,都要把他同生产关系这个历

---

① (美)弗雷德里克·詹明信:《晚期资本主义的文化逻辑》,陈清侨等译,北京:生活·读书·新知三联书店,1997年版,第20页。
② (美)弗雷德里克·詹明信:《晚期资本主义的文化逻辑》,陈清侨等译,北京:生活·读书·新知三联书店,1997年版,第147页。

史的整体联系起来。"①并且自觉地采用此种方法来给各种文学现象和理论观点除去笼罩其上的神秘虚幻的表象,不断地验证生产关系作为终极解码的有效性和强大威力。"马克思主义中一对关键性的对立概念是'基础'和'上层建筑';《马克思全集》中这一页便是专门论述这个问题的,而所有马克思主义理论体系便都集中在这一页中了。"②

在保持一贯的认识论和方法论的原则立场的同时,他的理论研究的视线从来没有离开过现实的文化和文学现象,对于新近出现的种种潮流和发展趋势表现出浓厚的兴趣和研究热情,他的文本体现出了强烈的时代特征和历史感。"詹姆逊终其职业生涯追求的目标一直表现为:他不是从意义、物质和历史的现实中撤离出来,而是批判性地介入后期资本主义的力量,它所提供的洞察力和理解有助于成功地实践集体的目标,并艰难地从必然中获得自由。"③

面对科学主义将资本主义制度说成是有史以来最完备、最合理的制度,并且将一直存在下去的嚣张言论,詹姆逊以确凿的证据和理性的分析来冷静地指出其理论的致命漏洞和局限,"马克思主义社会学的基本观点是综合,暗示着一种将社会当作整体考虑的模式或一幅图画。而资产阶级社会学却是分析性的,对事物分门别类地观察。"④由对于资本主义制度历史性的考察可以得知,人类历史上出现的社会制度都是特定历史条件的产物,具有一定的历史必然性,但是同时也必然要被更高级的社会制度所代替。因此,从这个角度来说,这些现存的事物是要必然灭亡的,这种必然性就孕育在其自身当中,是与生俱来的,资本主义制度也不例外。

---

① (法)萨特:《科学与辩证法》转引自《外国哲学资料》,第4期,北京:商务印书馆,1978年版,第155页。
② (美)弗雷德里克·詹姆逊:《后现代主义与文化理论》,唐小兵译,西安:陕西师范大学出版社,1987年版,第7页。
③ Kellner, Douglas. *Postmodernism, Jameson, Critique*. Washington: Maisonneuve Press, 1989, p.114.
④ (美)弗雷德里克·詹姆逊:《后现代主义与文化理论》,唐小兵译,西安:陕西师范大学出版社,1987年版,第86页。

按照马克思的分析,人类社会要经历从无阶级社会到阶级社会再到无阶级社会的辩证发展过程,与黑格尔预言的正反合的宏观过程正好契合。如果将分析的眼光纠结在生产方式的局部的合理性上面,而看不到生产力与生产关系的必然矛盾和冲突,就无法认清楚社会制度的宏观走向和必然发展规律,从而陷入历史的谜团当中而无法自拔。而上层建筑正是服务于经济基础,反映经济基础的需求的产物。

詹姆逊吸收和借鉴了欧内斯特·曼德尔关于资本主义分期的重要思想,尤其是对于晚期资本主义的深刻分析,并且受到启发提出自己的三个阶段不同的文化逻辑的观点。他贯彻马克思主义的分析方法,从生产方式出发,考察经济基础与上层建筑之间的关系,指出不同文化逻辑分别对应着资本主义发展的不同阶段,具体而言,即现实主义对应着市场资本主义、现代主义对应着垄断资本主义、后现代主义对应着晚期资本主义。

每种具体的文学样式和文化形式都是为了满足那些具体的漫漫历史长河中的人的需求和欲望的,文学样式的更迭以及文化形式的变革都与具体的社会历史条件密不可分。从民谣、史诗、格律诗、现代派诗歌,从神话故事、民间传说、传奇故事、骑士小说、现实主义小说、现代派小说到后现代小说,从口头流传的故事到搬上舞台的戏剧,以及结合了诸多艺术形式的优点以及现代化高科技的电影艺术,各种艺术形式在不断地向前发展,趋于成熟和完善,然后又被更加符合社会历史需要的艺术形式所取代。它们之间并非毫无共通之处,后者往往涵盖了前者的优点和精华部分,在更高的层次上面对于前者是一种重复。

譬如,后现代叙事有可能是讲述前人已经叙述过的事情,但是通过一种戏仿和嘲弄的手法,引发人们对于新领域和新角度的思索,从而重新激发人们接受与欣赏的兴趣和热情,而且还提醒人们所谓的还原历史真相的权威的叙事只不过是一种在无意识影响下的话语权力博弈之后的产物。而且各种艺术形式之间是一种共存的关系,现代社会的人们也同样会喜欢和接受古老的艺术形式,比如现代的中国人同样会吟诵《诗经》和《楚辞》,同样体会到当时作品中人物的喜怒哀乐,而且这也不妨碍他们接受和欣赏西方的后现代艺术形式。由此可见,产生于不同时代的艺术形式可以在同一个历史时刻并列存在,并且互相促进。

詹姆逊指出,"我的理论正是力求打破这种界限藩篱,采取辩证法的态度,证明事物之间的相互关系,对基于笛卡尔思维方式的西方理性传统进行批判。"①采用将历时分析与共时考察结合起来的方法来分析现代主义与后现代主义的文学形式与文化现象。他对于总体中包含着的同一与差异的客观事实也有着深刻的体会和认识。"辩证法最重要的哲学功能就是它能够协调我们对之缺乏充分思考的历史的两副面孔或方面:即同时出现的同一性和差异性,在这种状态下,事物既可以改变又保持统一,既能够经受令人吃惊的变化和扩张,同时仍构成一些基本和持续的结构的运转。"②矛盾双方对立统一的这种状态无论是在自然界、社会还是人的精神世界里面都是客观存在的,现代的科学发现和人们的生产与生活经历都在不断地证明其真理性。现代主义与后现代主义之间并非截然不同,而是互为存在的前提和条件,彼此包含了对方的因素,都有向对方转化的可能性。后现代主义作为对于现代主义的对立面,它克服了现代主义的部分缺陷,又包含着现代主义的成分,可以说假如没有现代主义的话后现代主义就无从谈起。它的去中心化、碎片化、非连续性、消解意义等特征正是对于现代主义的对立面而出现的,展现了总体的另一方面。

詹姆逊在坚持马克思主义的基本理论立场和原则的前提下,结合晚期资本主义社会的时代背景和理论资源,运用总体性的认识论,对于错综复杂的文化和文学现象进行了深刻的分析,揭示其背后深层次的经济决定因素,并且将众多的理论话语都拼贴和挪用到自己独特的理论建构当中,在承认它们局部有效性的同时又宣称总体性原则至高无上的地位,多种理论话语之间的冲突和隔

---

① (美)弗雷德里克·詹姆逊:《后现代主义与文化理论》,唐小兵译,西安:陕西师范大学出版社,1987年版,第6页。
② (美)弗雷德里克·詹姆逊:《文化转向》,胡亚敏等译,北京:中国社会科学出版社,2000年版,第167—168页。

阈恰好反映了后现代文化的特征和启迪意义。

这种表述方式不仅从理论上而且从事实上宣布了建构某种同一性的宏大理论叙事的努力是难以为继的,然而在这些理论话语众声喧嚣的背后还是可以清晰地看到新时代生产方式变革的巨大背影,从强调千篇一律、整齐划一的现代化大规模生产方式到对于这种扼杀人的创造力和想象力的可怕魔咒的自觉抵制和深刻反思,后现代主义将人们的注意力从对于自然和社会的征服的快感当中摆脱出来,意识到人们认识自然、征服自然的巨大能量背后蕴藏着致命的自我毁灭的威胁,宏伟的人类文明大厦内部隐藏着自我分解的因素,我们只有在不断地对前人建构工作成果的辩证地吸收和借鉴的基础上,才能够更准确地把握人的存在的本真状态和人类社会发展的大趋势和前进方向。"詹姆逊试图在对立的立场中进行调和,但是,这也提出了一个问题,是否可能把阿尔都塞与卢卡契、结构主义与黑格尔式的马克思主义、马克思主义与后结构主义结合起来?"①"也许,在一个破碎的世界上,若要保持黑格尔体系化精神的信念,唯一方式就是断然成为非体系性的。"②这也就是詹姆逊所说的反体系的体系化。

事物既有规律的方面,也有无序的方面,绝对的有序和绝对的无序都是不存在的。片面强调同的一面与片面强调异的一面都是不适宜的。建构理论体系固然是我们认识世界的有效方式,但是一味地将世界纳入我们为其建构的框架当中也是不切实际的做法。解构也有助于我们更好地认识世界,见识到世界的不可捉摸的奥妙,让我们对于世界始终保留敬畏之心,为自己在世界上找到合适的位置。人类不过是世界上无穷无尽的存在物当中的一种,不断增强的认识世界和征服世界的能力就恰恰让有些人忘记了这一点。对此我们要保持清醒的认识,唯有如此我们才能够找到人类发展的正确方向,与世界万物和平共存。

---

① Kellner, Douglas. *Postmodernism, Jameson, Critique*. Washington: Maisonneuve Press, 1989, p.41.
② (美)弗雷德里克·詹姆逊:《马克思主义与形式》,钱佼汝等译,南昌:百花洲文艺出版社,2010年版,第43页。

詹姆逊对于现代主义和后现代主义有着深刻的认识和明确的划分,他关于后现代社会特征的经典表述也被广泛征引。"实现将马克思主义和现代主义这两种批评的主题合二为一的行径是毫无成效的。这一尝试或许会引出马克思主义是不是现代主义的问题,但未必会有答案。"① 在他看来,马克思主义与现代主义和后现代主义属于不同层面的问题,而是把马克思主义作为绝对视野来评价和分析其他各种理论流派,因此不存在马克思主义是属于现代主义还是后现代主义的问题。詹姆逊密切关注时代发展的最新进展和动向,以生产方式的主导作用为主线,以文学和文化文本的政治化阐释为指向,以多元角度和文本的交互作用为表述特征,开创了自己独具一格的马克思主义批评理论体系。

---

① (美)弗雷德里克·詹姆逊:《快感:文化与政治》,王逢振等译,北京:中国社会科学出版社,1998年版,第214页。

第二章 总体性观念指导下的后现代文化批评

第一节 后现代文化的时代分期与定义

资本主义文化逻辑的不断发展日益加深了个人与社会和历史之间的分裂,后现代社会的异化导致人们处于永恒的现在之中,人们对于历史总体的把握已经变得不可能,以往文学作品当中着力表现的宏大政治主题和历史发展目的都已经变得虚幻无望。人的主体作用遭到前所未有的质疑和批判,人本身也被视为客观存在物的一种,以一种异常冷静客观的心态来看待人自身、社会以及历史。一旦人的主体性被揭穿,那么所有的文化传统、知识建构、社会规范、历史走向都会被归结为一种总体性话语暴力的产物,是将差异予以边缘化,人为制造出一个中心,强制同一的结果。

恩格斯当年就曾经严正地批评这种打着马克思主义旗号的教条式的经济决定论,在它与正统马克思主义之间划清界限,并且指出这种套用现成公式、无视事物本身复杂性与多样性的做法从根本上违背了总体性辩证法。况且马克思主义文艺理论批评家往往习惯于从发生学的角度来解释文学作品,着重研究文学作品是如何产生的,重点考察它的社会背景和历史原因,挖掘文学作品的政治思想内容,而对于作家的艺术创造力以及文学艺术形式本身的分析却往往重视不够。这种批评风气日益滋长,假若长此以往,甚至有将文学淡化为社会经济与政治附庸的危险倾向。

对于以往现实主义文学形式传统的背叛,对于传统文学作品主题的抛弃,对于人物内心活动的深入探索,对于琐碎细节不厌其烦的描写,这些都是马克思主义文艺批评理论的短板,以往很少碰到这种情况,也少有论及。各种新式的文艺理论令人眼花缭乱,很难找到理论之间的契合点,在同一个平台上展开真正的交流和互通。面对着名目繁多的文学作品和理论批评流派,马克思主义面临着失语的危险。随着现代主义和后现代主义文学作品不断涌现,马克思主义关于文学作品评论的经典论述已经显得有些落伍了,难以合理解释这些新颖的文学现象,文学理论与文学实践之间出现了脱节,以至于出现了无法展开有效对话的尴尬局面。

时代在召唤新的历史条件下与时俱进的马克思主义文艺理论。我们迫切需要恢复马克思主义文艺批评的活力,扭转这种肤浅、僵化的文学批评传统。我们所需要的是活的马克思主义灵魂,将差异和同一有机结合起来的总体性辩证法。马克思主义的总体性辩证法具有其他理论无法取代的优势,可以有效地揭示文学作品所反映的社会现实和历史变化。破译现代主义和后现代主义文学形式的神秘现象,揭示其背后隐藏着的深层文化逻辑以及现代社会高度异化的无情现实。通过积极参与现代文学批评活动来恢复马克思主义的活力,发挥其改造人们文化实践的作用。

詹姆逊引用马克思主义的认识论和方法论对于现实主义、现代主义和后现代主义做了深入的分析和探索,揭示了它们之间相互依存、互为启发的密切关系。道格拉斯·凯尔纳说:"詹姆逊关于后现代主义的著作既保护了马克思主义,又试图重构马克思主义,它能够提供最具综合性和穿透力的后现代主义理论。"[1]他明确指出,"现实主义由于它表现上的要求和本体论的要求已不成其为一种观念;现代主义虽然在西方有某种意义,但我们却不能使用它,因为对线性历史的全盘攻击造成文学史上时代和运动的概念已经变得不可信。因此,即便现代主义这一概念是存在的,我们也不能使用那种历史的概括,而只能说某些特殊的、不一般的作家如

---

[1] Kellner, Douglas. *Postmodernism*, *Jameson*, *Critique*. Washington: Maisonneuve Press, 1989, p.2.

乔伊斯、庞德、里尔克等是'现代的',在这种情形下,显而易见,现代主义理论是不可能获得发展的,因为它包括了一种怀疑、综合的野心和非历史的思维,而历史的思维是始终被排除的。"①

在他看来,所谓现实主义和现代主义的概念都是难以成立的,文学史上传统的分期和明确的运动流派的划分也是不符合历史真实的。现实主义追求历史真实、竭力还原历史本来面目的创作要求与它无法满足所有人的要求和欲望的现实相背离,结果只能是一种幻想或幻象;而所谓的现代主义风格只是在有些作家的典型作品当中体现得更加突出和具体。我们不能使用现代主义来概括那个历史阶段,因为实际情况只是某些作家表现出这种创作倾向而已,其他还有很多作家表现出不同的风格和倾向性,我们不能无视他们的存在,也不能以此作为一种理论获得发展的根据和理由。若是硬要说现代主义得到了发展,就是将其他作家的作用和角色都排除在外,遮蔽了历史的真实。

线性的历史观已经被打破,历史是异质并存的丰富现实,要人为地给文学历史划分阶段和流派是将历史真实情况排除在理论考虑范围之外的做法。他以此作为理论的出发点,进而认为现实主义和现代主义是相互关联的,不可分割开来,同时他认为"现代主义是一个特定的历史阶段,它自身是一个完整的、全面的文化逻辑体系。因此,从现代主义中抽出某部分或者'技巧'来借鉴是没有意义的,仿佛现代主义的'技巧'是中性的、没有价值问题的,可以不考虑别的因素如思想和形式上的和谐与功能而加以借鉴"②。相对于文学历史整体而言,尽管现实主义和现代主义只是部分而已,但是它们又都是相对独立的阶段,各自拥有完整、全面的文化逻辑体系,是自主运行的有机结构,看似独立的技巧其实与它的思想倾向和形式特征密不可分,是构成具体风格特征的必需元素和有机成分。

---

① (美)弗雷德里克·詹明信:《晚期资本主义的文化逻辑》,陈清侨等译,北京:生活·读书·新知三联书店,1997年版,第276页。
② (美)弗雷德里克·詹明信:《晚期资本主义的文化逻辑》,陈清侨等译,北京:生活·读书·新知三联书店,1997年版,第277页。

他从辩证的角度来看待现实主义和现代主义的关系,尝试以颠倒常规的视角来剖析这两个术语,以求得理论上的启迪和突破。"譬如,我们把现实主义看成一个主动的过程,看成一种形式的创新,看成一种对现实具有某种创造能力的过程"①;"如果采用完全颠倒的思考方式,我们同样也得强调现代主义的被动接受的特点。例如,强调它作为一种记录工具所具有的功能,探索并记录它的时代的社会和历史的演变的作用;把它形式上的特征,特别是它的抽象性,看作对具体内容的抽象,同时这种抽象要受到历史的制约;把它的价值看作一种'现实主义'的价值,而另一方面却把现实主义看作一种形式上的创造。"②他注意到了形式与内容之间可以互相转化和彼此包含着对方的成分,不能把它们截然分开。我们惯常认为的现实主义就是注重内容、现代主义就是注重形式这样简单化的区分,在詹姆逊这里就需要重新审视和反复思考了,这样就把我们带到了对于形式和内容的更深层次理论探讨当中。

他接下来展开进一步的推论,认为"关于现实主义、现代主义和后现代主义的一种新理论在形式上的基本要求至少应该是把这三种现象辩证地看作同一过程中可以任意交换位置加以排列的阶段;换言之,应该把它们置于一个更大的、更抽象的、统一的模式中,从它们的相互联系和对照中加以界定"③。詹姆逊为此提出一种新的辩证联系的理论观点,他认为这三种现象并没有时间上的规定,并没有必然的前后顺序,它们统一在一个整体当中,通过彼此之间的比较和对照才能够确定自己和对方,也就是在确定另一方的过程中才能够确定自己,没有矛盾的另一方就没有自己这一方,这三者是以共生共存的方式存在的。

詹姆逊援引了德路兹和瓜塔里关于原始的异质流动的神话叙述模式,借鉴他们的理论分期方式来运用到自己的文学分期理论

---

① (美)弗雷德里克·詹明信:《晚期资本主义的文化逻辑》,陈清侨等译,北京:生活·读书·新知三联书店,1997年版,第278页。
② (美)弗雷德里克·詹明信:《晚期资本主义的文化逻辑》,陈清侨等译,北京:生活·读书·新知三联书店,1997年版,第278—279页。
③ (美)弗雷德里克·詹明信:《晚期资本主义的文化逻辑》,陈清侨等译,北京:生活·读书·新知三联书店,1997年版,第279页。

建构当中。"它为我提供了我一直在寻找的东西,即能够把各个文学时期辩证地联系起来的在结构上有所变化的叙述形式,可以采用某种语言的尺度来加以判断,同时又指明了其特定的社会和历史发展的叙述形式。"德路兹和瓜塔里认为世界的本原是异质的单向流动,而且不存在任何的形式。"当这种原始的流开始被组织起来的时候,出现了人的生命和人类社会。这就是德路兹和瓜塔里所谓的'规范形成'(coding)时期,其含义和列维·斯特劳斯所谓的'野蛮思维'或者感性思维十分相似。"① 这个时期对应着人类的部落社会或原始共产主义社会,此时人类开始形成"物质的、形象的、感性的"观念。接下来进入大帝国建立的阶段,"这个时期形成了神圣的官僚体系、神圣的法典、巨大的财富、剩余物资和国家权力。我们自然应该把这第二个时期称为'过量规范形成'(overcoding)时期:在原始社会的规范上又加了大量的规范,把原始的规范重新组织成一套等级森严的体系。德路兹和瓜塔里愉快地把这套体系称作'专制的指符'(despotic signifiers)。"② 根据历史知识,我们知道这里实际上应该包括奴隶社会时期和封建社会时期。这个时期的特征可以用神圣和专制来进行简明扼要的概括,统治阶级借用各种理论学说和社会教化来竭力使自己的统治显得合乎神圣的规范,任何人都不得违抗神圣的意志,实际上则是赤裸裸的专制和残暴的强权,好比在人的头上套上了沉重的枷锁。"与原始时代的'规范形成'和神圣帝国时代的'过量规范形成'相对应,资本主义时代应该是什么呢?按照逻辑的推理,它显然应是'规范解体(decoding),即摧毁一切神圣的残余,把世界从错误和迷信中解放出来,使它成为一个可以被科学说明与衡量,能挣脱一切旧式的、神秘的、神圣的价值的客体。'"③ 他在此赞扬了资本主义的历史进步价值和促进人类解放的积极意义,克服迷信和盲从,

---

① (美)弗雷德里克·詹明信:《晚期资本主义的文化逻辑》,陈清侨等译,北京:生活·读书·新知三联书店,1997年版,第280页。
② (美)弗雷德里克·詹明信:《晚期资本主义的文化逻辑》,陈清侨等译,北京:生活·读书·新知三联书店,1997年版,第280页。
③ (美)弗雷德里克·詹明信:《晚期资本主义的文化逻辑》,陈清侨等译,北京:生活·读书·新知三联书店,1997年版,第281页。

提倡科学和非神秘化,以科学理性将世界作为客体来认识的启蒙意识和开拓精神。与此同时,詹姆逊也点明了它可怕的同化倾向和压制力量,"把一个较早的、充满神秘的、异质的宇宙归纳为一个同质的、不断延伸的、可以衡量的、可见的暴政。"① 资本主义的统治实际上则更加直接、广泛和有效,掀掉了笼罩在统治者头上的温情脉脉的神秘面纱,面对的是赤裸裸的拜金主义和金钱政治,人与人之间只剩下冷冰冰的物质交换的关系。

但是毕竟谁也不愿意看到生活如此残酷、人际关系如此冷漠,人们不禁开始怀念过去那种神圣的、诗意的、体现个人价值和人际意义的生存方式。资本主义社会主张个人的价值和追求,家庭是社会生活的基本单位,他们追求的生活乐趣和生存意义也就在家庭中去寻找和实现。但是从社会总体的角度来观察的话,他们之间仍然像原子般相互孤立,缺乏联系。"因此,他们开始寻求一种新的、补偿的途径,但他们只能从个人的角度去努力,这就仿佛是规范解体的宇宙中一个小小的飞地或岛屿:他们力图使那个宇宙家庭化,在其中建造可以家居的庭院,恢复那一小片神奇的、圣洁的、具有鲜明个人性质和主观色彩的领地。换句话说,他们力图重新创造那古老的规范。但是因为他们无法返回到过去的整个社会体制中,他们的再创造只能是局部的。德路兹和瓜塔里把这种再创造阶段称作'规范重建'(recoding)时期。"②

这是人们积极建构适宜人类居住的栖息地的努力,还有些人则进行解构性质的彻底批判。"倘若有一些人极为强悍,极为不幸,他们要采取一种极端的反叛形式,即不仅抨击那个死亡的、具体化的、规范解体的宇宙,而且进一步抨击那些早已被废弃的、神圣的、奇妙的规范和过量规范本身,那会出现怎样的结果呢?倘若有些个人立意要消灭所有的规范,再次恢复一切规范和科学产生之前的那个原始流的时代,那会怎么样呢?德路兹和瓜塔里把这

---

① (美)弗雷德里克·詹明信:《晚期资本主义的文化逻辑》,陈清侨等译,北京:生活·读书·新知三联书店,1997年版,第281页。
② (美)弗雷德里克·詹明信:《晚期资本主义的文化逻辑》,陈清侨等译,北京:生活·读书·新知三联书店,1997年版,第281—282页。

些人称作患精神分裂症的人、'欲望的真正的英雄'、反叛一切社会形态的极端分子、否定一切的人。他们确实是我们这个时代的尼采式的超人。"① 詹姆逊认为这些人的精神是可嘉的、命运是可悲的、做法是可笑的、结局是讽刺的。我们要勇于反思和审视以往的一切历史和规范,本着客观公正的态度来看待人类社会历史的发展过程和各种规范的形成和制定以及沿袭情况,这是值得嘉奖和鼓励的科学态度和求实精神。但是由于他们执意要否定人类文明史上的积累过程和取得的成就,返回到神话式的原始流当中,这种逆历史潮流而动的努力只能以失败告终,他们的命运也必然是个悲剧。他们抨击的社会是已经过去的,统治者早已经被从神圣的宝座上拉下来了,那些规范也是早已过时的,不再具有神秘色彩和鼓惑价值了,他们是在错误的时间选择了错误的对象,攻击的行为脱离了历史的语境,成为盲目的出击和没有具体实效性的理论游戏,沉迷于形而上学理论的迷宫当中而不能自省。他们打着恢复人的本真存在的理论旗号,玩弄着文字的游戏,号称反叛一切的社会形态,却忘记了自己只是历史过程当中的一个环节而已,脱离历史,脱离人类社会群体,自身则早已失去了存在的基础和价值,更何谈人的本真存在与意义,因此他们的结局也就必然具有深刻的讽刺意味。

从原始社会的规范形成,到帝国时期的过量规范形成、资本主义时代的规范解体,直至规范重建,恰好体现了正反合的过程。规范的肯定性当中包含着否定性,建构性当中包含着解构的因素,通过否定之否定,我们对于规范有了更深刻的认识和更加全面的理解。这也符合事物螺旋上升的发展规律,即在更高的基础上对于原来的重复是前进性与重复性结合的产物,看似重复的问题,经过我们不懈的探索和反思,逐步提高对于它们思考的理论水平,在更高的层次上来看待它们,使自己与真理之间的距离越来越接近。规范重建的过程也就是要恢复原始的共产主义社会的规范,但是

---

① (美)弗雷德里克·詹明信:《晚期资本主义的文化逻辑》,陈清侨等译,北京:生活·读书·新知三联书店,1997年版,第282页。

经过了过量规范和规范解体的过程之后,早已不是原始规范的重复,而是在原来基础之上的更高层次的发展和延续,是在人类文明高度发展之后重新追求人类本真存在状态的活动和要求,与原始的规范有着本质的区别,人类的生存状态也是在生产力高度发达的物质基础之上从而更能够体现个人价值和满足个人欲望的,人类精神文明高度发展之后使人们能够充分地感受到各种艺术形式带来的内心美学体验、道德升华和心灵慰藉。

紧接着詹姆逊提出自己的观点,他认为"规范解体的时代是现实主义,规范重建(或者各种规范重建)的时代是现代主义,而患精神分裂症要求回归到原始流时代的理想正恰如其分地代表了后现代主义一切新的特点。"①他只是借用了德路兹和瓜塔里的规范分期观点,并且结合资本主义的当代状况做了进一步的发展,使它们分别与资本主义的三个阶段相对应,统一在资本主义的范围之内,描述了它们的进一步明确的发展方向,并且把它们上升到理论高度来加以总结。社会规范是人类社会保持正常发展的必要条件,它规定人们的行为准则,树立人生道德观念和人生努力目标,为人们寻找和追求自己的人生价值和生存意义提供依据和方法论指导。对于社会规范的反思和批判实质上也就是对于人类生存的目的、价值和意义进行严肃的理论探讨和科学的考察,希望能够以客观的视角对人类的历史发展和未来方向做出正确的评判和科学的预测。联系到詹姆逊对于资本主义文化分期的科学判断,我们不难想象得到后现代主义之后将会是什么样的文化主导,尽管要想现在下结论毕竟还为时过早,但是只要我们知道了后现代主义在整个资本主义文化发展过程中的历史地位和作用,就不难对它有个较为科学和全面的认识,对于在它之后的文化发展走向也能够有个大概的预测和初步的估计。

他然后又借鉴了索绪尔的符号系统理论,自己作了改造和发挥,使之成为一套与原来不同的模式,并且把它用在对资本主义文

---

① (美)弗雷德里克·詹明信:《晚期资本主义的文化逻辑》,陈清侨等译,北京:生活·读书·新知三联书店,1997年版,第283页。

化分期的研究方面,从语言学角度出发来为自己的观点寻找理论支撑和跨学科的方法启示。相比于上面的带有神话起源色彩的规范分期理论,在这里他坚持物质决定意识的基本立场和辩证的方法原则,把停留在抽象理论范畴的符号理论重新拉回到了活生生的现实世界当中来,并且密切结合物化的理论视角,揭示了资本主义文化的发展趋势和阶段特征,丰富和发展了马克思主义文化理论。

詹姆逊认为,符号理论具有普遍适用性,可以用来分析和解释各种模式的产生和发展,当然也就可以用到资本主义文化分期的研究方面。"在语言科学中形成的那套符号系统的模式一般被公认为具有普遍的、非时间性的适用性和真实性的模式'证实'或取代的假设。"但是他同时又坚持了物质决定意识,意识具有能动作用的马克思主义唯物辩证法的基本立场和观点,重新引入了在符号理论当中被淡化的关于客观世界的观念,并且为他接下来分析后现代主义埋下了伏笔和坚实的理论基础。后现代主义主要就是围绕着意符和指符之间的关系和区分而展开攻讦,忘掉或者说故意忽视我们生活在其中的活生生的历史现实和社会生活,切断它们同我们语言之间的联系,进而走向偏执的纯粹文字游戏和概念的迷宫,试图颠覆我们以往的文化经验、历史体验以及社会规范和理论建构。语言文字和语言艺术乃至各种文化现象都属于意识的范畴,是客观物质世界在人们头脑当中的作用和反映,是人们对此做出积极能动的反作用,从而达到认识世界和改造世界的目的。我们若纠结在概念及其对应的语言之间相互指涉的关系,必然会陷入无法解释其来源和根基的尴尬境地,不能正确地说明符号本身在整个社会总体当中确立认知的地位和确定所指功能的地位和作用,为各种针对符号的敌对理论的建构留下了方便之门。

詹姆逊简明地定义了符号的三个序列:"意符(signified)即一个字的观念意义,物质的'指符(signifier)'往往是一种可以听到的声音……'参符'(referent),也即由上述指符和意符指明的外在的物体,或者说客观现实中的序列,它与语言学显然关系不大,但显

第二章 总体性观念指导下的后现代文化批评 ‖ 069

然是任何有意义的语言行为中不可或缺的一部分。"①他特地强调了客观外在世界在实际语言行为中的重要性,尽管在语言学中它被排挤到了一个很弱化的地位,甚至在许多情况下处于被忽略的边缘地位,而语言学在无形之中也就与现实的社会和语言行为有了一定的分化和脱离。

他通过符号本身及其结构变化在世俗世界的"冒险经历"的方式来说明现实主义、现代主义和后现代主义的演变历史。他认为这也是一种神话,但是他的这个神话的起源时间与德路兹不同,不是从宇宙形成初始的那个异质流发端,而是与资本主义同时起源的。

"我的神话从完整的符号的产生开始,完整的符号产生于现代的、世俗的、非神圣化的资本主义社会形成时期。就是说,我假定在前资本主义具有神圣组织结构的各种社会形态中,语言具有一种完全不同的结构和作用,后来历史上第一次出现了新的观念和经验,那就是一个外在的、真实的世界,一个向外不断延伸的、可以衡量的世界,一个在一定程度上排斥人类规划和神话同化的世界。在这样的社会形态中,语言和过去有了很大的差别。这样一个开创的时代正是我前面提到的:符号中三个部分形成的时代,参符产生的时代,语言参照系统中新的行为产生的时代。这个时代投射出一个存在于符号和语言之外的、存在于它本身之外的参照物的外在客体世界。文学语言和科学描述中产生说明性语汇的时代我称之为'现实主义'时代;尽管我们那些后现代主义的同代人,如罗兰·巴特之辈,坚持认为参照物和现实主义不过是一种幻想,是一种语言的幻象。不管他们怎么说,我认为至关重要的是,它让人们感到它的产生是一个历史的真实。"②

我们可以这样反过来理解詹姆逊的陈述:在资本主义的规范解体时期之前,社会一直处于神圣和专制的统治之下,服从于人为

---

① (美)弗雷德里克·詹明信:《晚期资本主义的文化逻辑》,陈清侨等译,北京:生活·读书·新知三联书店,1997年版,第283页。
② (美)弗雷德里克·詹明信:《晚期资本主义的文化逻辑》,陈清侨等译,北京:生活·读书·新知三联书店,1997年版,第284页。

的主观想象和规划，不知不觉当中已经接受了神话的同化作用，人们生活在虚幻的世界当中，人们对于语言也抱有神秘的态度和盲目的崇拜。在社会规范解体运动的影响下，人们开始以理性的思维和客观的视角来反思自己所处的世界和所使用的语言，使用可以科学化的手段来具体地衡量和分析语言现象及其规律。把语言从神圣的宝座上拉了下来，透过它头上原本笼罩着的神秘的光环，看到了其背后隐藏着的三个非神秘的部分：符号、语言以及参照物。人们虽然在使用语言却无法说清楚它的来源，也无法解释世界上为什么会有如此之多的千变万化的语言现象，也无法表述它的本质到底为何。在前资本主义的过量规范时期，人们只能够相信神的魔力，相信这是上帝创造出来的，就好像人类的诞生一样，都是上帝的杰作，人类既不能设想更不能试图解释其本质及其来源，而唯有服从于神话起源的思想灌输和所谓权威的思想禁锢。统治阶级提供了供人们膜拜和沿袭的学术正统和行为规范，任何敢于对此提出异议和质疑的人都被无情地划为异端分子，给以残酷的镇压和坚决的清除，以此来保证其专制统治的稳固。它貌似开明公允的政权背后其实是伪善的谎言和欺骗世人的说教。通过树立神的权威来达到统治世人，为自己的统治寻找神化的支配力和约束力。它的理论探讨和思想阐释都围绕着如何进一步发挥这种君权神授的观念，而对于广大人民处于水深火热之中的社会现实却熟视无睹，人们也由于长期的思想麻痹和禁锢而对此习以为常了，转而投向封建迷信和宗教幻想，妄想在来世能够摆脱生活的苦难，以今生的赎罪来换取来生的安宁和永生。他们的社会生活和思维活动都蒙上了神秘化的色彩，都已经被强大的思想统治给同化了，从而脱离了具体现实的历史条件和情境，无法认识到自己的阶级属性、生活苦难的真正来源，更无法找到改变现实，实现理想社会的具体解决方案。人们的语言观念也是如此，语言早已经被赋予了神秘的魔力，是生来就有的，是神教会我们使用语言的。如果有人胆敢对此提出质疑，要分析语言的来源和本质，则是对神圣权威的亵渎和挑战，是违反强制规范的越轨行为。在这种神秘化和同化作用的交互影响之下，人们无法认识到语言与劳动的密切关系、语言活动的物质基础和基本原理。只有在资本主义的规范解体运动的引领之下,人们才可能逐步具备科学的思维方法和客观的认识视角,以思想启蒙的原则来破除语言的神秘特征和神话传说,意识到语言是人类劳动生活的产物,这是人类历史发展到一定阶段才出现的历史现象,是人类的大脑和发音器官在长期的劳动过程当中逐步进化和演变的结果,是外部刺激和内部反应交互作用的产物,由此才解开一直以来套在人们头上的沉重的思想枷锁和神秘化的镣铐。

人们以往研究语言往往集中在它的符号和语言表述方面,而忘记了它们与外界客观世界的密切联系,符号和语言的诞生与演变都是以外界世界作为参照和依据的,都是对于客体世界的积极能动的反映。意符作为观念存在于我们的思维当中,而指符作为声音,可以直接感知到物理现象。参符作为客体存在于历史现实当中,是语言的外在参照物。由于社会的非神圣化,人们认识到语言之外的参照物世界。现实主义作为对现象的说明性描述存在于文学作品或者科学文本当中。詹姆逊认为,产生参符和产生说明性语汇分别开创了语言学和文学的新时代,具有重要的理论意义和实践价值。后现代主义则拒绝承认参符和现实主义的存在,否认它们的客观实在性,认为它们是人主观臆造的产物,从而试图割断语言与客体世界的联系,否认客观世界对于语言的决定作用,继续徜徉在封闭的文本世界里,进行着互相指涉的符号游戏。

詹姆逊将产生这三个部分符号体系的力量归结为现实的物质性的推动力,那种消解神话世界经验并且还要继续不断地消解下去的持久推进力。在他看来,规范解体的说法已经不足以描述和概括这种不断导致分裂和瓦解的强大而且难以控制的力量。"这种力量可以简单地用金钱和市场体系对那个古老的、有机的群体社会中瓦解和在新的系统性的科学实验中所产生的怀疑来说明,我把这种力量简单地称作'物化的力量'(forces of reification)。"[1]

---

[1] (美)弗雷德里克·詹明信:《晚期资本主义的文化逻辑》,陈清侨等译,北京:生活·读书·新知三联书店,1997年版,第285页。

这种力量在他看来可以分为两个源头,即市场和经济的发展导致了神圣化的专制社会的解体,以及科学技术的发展使人们大胆质疑以往不敢加以评论和分析的各种神秘现象。这实际上也就是生产力的发展促使社会不断向前进步,社会内部的成分不断发生变化,人们对于社会和历史的看法也在不断地反思和逐步趋于科学化、理性化、总体化。"起初,这种物化的力量驱逐了那个古老的、象征的、前资本主义的世界,使语言和文化的经验中出现了新的关于外在的参照物的观念。"①生产力的发展使人类逐渐步入科学理性的社会,人们对于语言和文化的认识也逐步趋向客体化,以外在的社会历史现实来作为考察文化和语言演变的客观参照物,将视角从符号本身延伸到外界的客观存在物,通过对于社会历史变化的追溯来考察它们在文化和语言现象当中的反映和体现。较之以往的神圣化解释和权威思想的专制以及强制同化的倾向,物化的力量确实是带领人们向科学和自由迈进了一大步。

但是这种力量在自我肯定的同时又在不断地自我否定和自我克服,从而保持继续前进的动力。当其中否定性的因素占了主导地位的时候,它就会转到自己的对立面,就要对社会和文化现象产生批判和分解的作用,通过对于现实主义的反动来促使新的文学流派的诞生。"这样,在第二个时期,即市场资本主义转变为新生的垄断资本主义的世界体系(帝国主义)时,物化的力量开始消解现实主义的模式本身,开始把参符与符号中的另外两部分分离,开始把曾经为现实主义提供了客体的参符的经验弃置一旁,从而导入一种新的历史经验,即符号本身和文化仿佛有一种流动的半自主性(floating semiautonomy)。这一阶段我称之为现代主义阶段。这一时期的符号和语言让人感到几乎是自动的成分或范畴;参照物的世界、现实、日常生活仍然存在于地平线上,像一团已经收缩了的白矮星,但却被从语言的生活中排除了出去。现代主义正是以不同的形式存在于对这一新的、奇特的领域的探索之中。在这

---

① (美)弗雷德里克・詹明信:《晚期资本主义的文化逻辑》,陈清侨等译,北京:生活・读书・新知三联书店,1997年版,第285页。

第二章　总体性观念指导下的后现代文化批评 ‖ 073

一领域中,符号只剩下了指符和意符的结合,似乎有它自己的一套有机的逻辑。"① 此时,符号和文化似乎具有了自主发展的能力,文学作品的创作也似乎是自发的过程,而脱离了现实生活的制约和影响,文学的形式与内容逐步开始脱节,指符和意符的互动与结合构成了文学创作与欣赏的主要维度,文学创作的目的不再是为了忠实地记录和反映客观现实,而是为了追求语言艺术自身的独立价值。现实社会和作家的艺术创造能力在这里都不再是决定性的要素,语言具有自动产生的功能,文化作品也在意符和指符的相互对立和联系当中自动产生。这表明人们开始质疑和批判社会历史现实的决定地位和作用,更加重视文化和语言的相对独立的发展规律,仅仅依靠意符和指符即可以构成文化艺术作品本身。艺术作品的创造是符号的两个部分自发互动的结果,其规律也是相对独立的,不再被视为是社会现实的反映。作家的使命也不再是像摄像机一般忠实地记录生活的点滴,而是要顺应符号系统的自主运动,以艺术的形式把它表达出来。

　　物化的力量要继续发挥作用,将参符搁置一旁,并且进而分离意符和它所指的意义本身。"在后现代主义阶段,意符或者说语言的意义已经被搁置一旁。我们在这个辩证的第三阶段看到的只是单纯的指符本身所具有的一种新奇的、自动的逻辑:文本、文字、精神分裂症患者的语言,和前两个阶段完全不同的文化,作为其历史基础的语言这时只剩下了自动的指符,而第二阶段还有自动的符号,第一阶段还有指明参照的参符。"② 他沿用了德路兹提及的精神分裂症的说法,认为经济的发展和科学技术的进步促使人们进一步反思语言的本质,指符本身的自动化发展使它脱离了与意义的关联,成为极端的个体化存在,纯粹文本的充分发展使之成为独立的文化现象并且引领社会历史的思想潮流。人们对于历史、文化和语言自身的怀疑和批判已经达到了极度客体化的程度,作为

---

① (美)弗雷德里克·詹明信:《晚期资本主义的文化逻辑》,陈清侨等译,北京:生活·读书·新知三联书店,1997年版,第285页。
② (美)弗雷德里克·詹明信:《晚期资本主义的文化逻辑》,陈清侨等译,北京:生活·读书·新知三联书店,1997年版,第286页。

与人的主观相对立的一方接受最彻底的质疑和审查,关于还原历史真实面貌的神话早已被揭穿,关于寻找意义确定性的神话也已经宣告破产,剩下的只有直观呈现的文本符号,以为世界只存在于文本当中,人们沉迷在符号的自我指涉游戏当中,获得了极大的满足和愉悦,忘却了外在的客观现实。

詹姆逊始终坚持社会内容决定文学和文化采取何种具体形式的基本原则和立场,明确地通过对于不同历史时期形势的分析来判断其主导的文化逻辑。詹姆逊认为后现代主义是历史化的产物,"我要提出一种辩证的观点,依据这一观点,我们并不因为后现代主义缺乏高度的意识而视之为邪恶的、轻浮的或应该加以谴责,也不在某种令人迷惑的新乌托邦出现的麦克鲁恩式的赞颂意义上把后现代主义视为好现象。这两种特征并存……总而言之,后现代主义的这些发展必须作为一种历史情境而不是在道德上痛恨或简单赞扬的事来考虑。"① 他以辩证总体性的视角来观察文学形式的变化与社会经济发展新形势之间的相互联系与影响,以生产方式的变化作为主导因素,文学形式的创新是为了解决不断更新的社会历史现实矛盾和问题,并且集中反映了特定的时代主题和关注焦点,从而揭示了看似独立的文学现象背后深层次的生产方式决定因素。资本主义不同发展阶段具有不同的历史主题和时代特征,作为意识形态具体表现的文学形式正是在时代和历史的召唤下应运而生的产物,也就必然蕴含了这样的特点和变化。"历史变革和与历史性接触的新形势决定了现代主义时间性的主题;偏离中心的高度技术化的世界体系的新形势决定了后现代主义形式上的创新。也许我们可以做这样的总结:现实主义的叙述性作品把解决金钱与市场体系消失带来的矛盾与困境作为最基本的经验;现代主义的叙述性作品提出了一个不同的问题,即一个关于时间的新的历史经验;而后现代主义在一个困境与矛盾都消失的情况下似乎找到了自己的新的形势、新的美学及其形式上的困境,那就

---

① 周宪:《20世纪西方美学》,南京:南京大学出版社,1996年版,第247页。

是空间本身的问题。"①

道格拉斯·凯尔纳在评价詹姆逊的论文《后现代主义,或晚期资本主义文化逻辑》的地位和作用的时候曾给予高度赞扬和肯定:"一系列历史和理论研究的最高成就,这些研究为当代社会理论提供了部分必不可少的方法、框架和理论分析,詹姆逊把当代社会界定为特定历史变化的结果:从国家/垄断资本主义的具体的民族体系向多国资本主义连锁体系的转变。"②詹姆逊将现实主义与市场资本主义对应起来,现代主义与扩展了的世界资本主义或者说帝国主义对应起来,后现代主义则与跨国资本主义或者说失去了中心的世界资本主义对应起来。他很明确地将文化逻辑与生产方式对应起来,不同的文化逻辑则对应着不同的生产方式,坚持了马克思主义的以生产方式为主导,通过纵观社会历史发展总体来考察和解释文化现象的基本思路,以及物质资料的生产决定意识形态的原则和立场。为我们分析和理解后现代主义在历史上的地位和作用,对于文化发展所带来的积极推动作用奠定了坚实的马克思主义理论基础和提供了合理有效的分析范式。

第二节 后现代文化的特征

詹姆逊认为后现代主义文化所缺乏的一系列性质正是现代主义阶段中最基本、最有意义的。也就是说,后现代主义丢弃了现代主义的基本属性和本质特征,是以对于现代主义的反动的面目出现的,站到了现代主义的对立面。"后现代性不是一个新的时代,而是对现代性自称拥有的一些特征的重写,首先是对现代性将其合法性建立在通过科学和技术解放整个人类的事业基础之上的宣言的重写。但正如我已经说过的,这种重写在现代性本身里面已

---

① (美)弗雷德里克·詹明信:《晚期资本主义的文化逻辑》,陈清侨等译,北京:生活·读书·新知三联书店,1997年版,第300页。
② Kellner, Douglas. *Postmodernism*, *Jameson*, *Critique*. Washington: Maisonneuve Press, 1989, p.2.

经进行很长时间了。"① 在克服现代主义的缺陷和历史局限性的同时,自己也顺势登上历史的舞台,担当了新时代社会历史的主导文化逻辑,给我们带来了全新的文化体验和历史观察角度。因此,后现代主义的出现是社会历史的必然现象,在一定程度上促进了社会文化的发展和进步,有利于我们以更加全面客观的角度来看待自身处境和社会发展变革。"我们必须正视后现代主义的文化规范,并尝试去分析和了解其价值系统的生产及再生产过程。有了这样的理解,我们才能在设计积极进步的文化政治策略时,掌握最有效的实践形式。"② 根据詹姆逊的总结,后现代主义在其发展过程当中表现了如下的基本特征:深度的削平、历史感的断裂、主体的消逝以及情感的丧失。下面我们将分别对此四个方面进行讨论。

一、深度的削平

无论是绘画、建筑还是文学作品,深度的消失成了最明显的特点。以往的现代主义作品往往极力展现作家是如何将深刻的哲理和道德说教寓于精巧复杂的创作技巧和精密构思的叙事情节当中,现代主义对于深层含义的挖掘在后现代主义作品当中则变得无所适从,分析对象的缺席从而导致了分析方法的转变和分析维度的切换。后现代主义要求绘画或者艺术品与周围的环境融为一体,也就抽去了艺术品与普通环境之间的本质差异和区分,拒绝给绘画赋予所谓的深层意蕴和解释的空间。画作所要表现的内容都已经呈现在其表象当中,我们再也无须听从那些所谓的掌握理论话语权威的专家给我们指点迷津和评判高下了,因为我们自己就可以直观地认识和体验到画家的意图和感受了。我们所需要的只是尽情地体验和感受绘画作品本身,而无须去细想和琢磨它到底想要表达什么主题和思想观点,使我们的注意力又回归到了绘画

---

① (法)让·弗朗索瓦·利奥塔:《后现代性与公正游戏》,谈瀛洲译,上海:上海人民出版社,1997年版,第165页。
② (美)弗雷德里克·詹明信:《晚期资本主义的文化逻辑》,陈清侨等译,北京:生活·读书·新知三联书店,1997年版,第432页。

本身上面。文学作品也是如此。"后现代主义的作品似乎不再提供任何现代主义经典作品以不同方式在人们心中激起的意义和经验。"①现代主义作家极力营造的多重化意义表达效果和广阔的理解阐释空间,在后现代主义那里都不复存在了,读者的想象和阐释空间被极度地压缩,只剩下平面化的阅读体验,在时间的流逝当中体会到文字阅读所带来的直觉体验和感官愉悦。我们的阅读注意力也回归到了文学作品本身,不再追问深奥的主题意义和抽象的道德寓意。在这种浅表化的阅读体验当中达到与作家前所未有的感受高度一致和心灵感应契合,读者与作家之间的距离变得异常贴近,读者掌握了极大的主动权和话语权,从而得到最纯粹和最大限度的阅读快感。由于杜绝了对于意义的解释,我们的阅读过程也就在缺少互相联系和接触的状态下不断地重复着自身,我们阅读得到的体验不再是统一恢宏的整体叙事,而是碎片化的直观体验和浅表感受。历史对于我们而言也不再是有着本质规律制约的、向着既定方向和目标前进的总体化的运动,而是片段式的生活体验和直观感受,其中并没有必然的规律联系和目标设定。人们总是生活在当下的语境当中,充分地感受生活的乐趣,而不必去探寻人的本质和追求人为设定的人生目标,这已经成为我们寻找生活意义的根本和支柱。

"后现代主义的经验不再是一种焦虑,而是一种心理上的分裂。无疑,后现代主义也有它独特的感情调子,但那最好用吸毒者的语言来说明,那是一种幻觉,一种异常的欣快的恐惧,而不是老的意义上异化所产生的那种极端的孤独感、沉沦感、焦虑感、颓废感、存在到死亡的感觉等。"②马克思基于对资本主义生产过程的分析指出,无产者和资本家都受到异化的影响,个人在资本主义生产方式条件下与自己的群体、社会之间的关系变得不再和谐,变成了彼此对立的、孤立的个人。无产阶级与他们自己的劳动产品相

---

① (美)弗雷德里克·詹明信:《晚期资本主义的文化逻辑》,陈清侨等译,北京:生活·读书·新知三联书店,1997年版,第288页。
② (美)弗雷德里克·詹明信:《晚期资本主义的文化逻辑》,陈清侨等译,北京:生活·读书·新知三联书店,1997年版,第289页。

分离,这些产品被放到市场上进行出售,成为独立于他而存在的、异己的敌对力量。工人沦为资本主义生产大机器上面的一个零件,劳动成了用于交换的商品,人与人之间的社会关系演变成了物与物的交换关系,金钱成为衡量人的价值的唯一标准。工人无法实现自我的人生价值,只能以个体的方式来存在,工人的劳动行为变成异己的活动,工人无法在劳动过程当中获得成就感与满足感。资本主义生产方式必然导致异化,由此而产生了负面的、消极的心理影响。反映在文学作品当中,则是对于资本主义异化导致的强大破坏力的恐惧和对于自己生存空间被压缩和排挤的焦虑。随着资本主义发展到了晚期的时候,科学技术高度发达,人们早已生活在非真实的世界当中,被各式的视像图形及文本所包围,迷失在了指符的世界当中而无法自拔,没有了现实的意符和参符的参照,阶级斗争和阶级矛盾愈加隐秘而复杂,人们通过对于指符的支配和运用而获得自身的存在感和历史定位,不禁感到自己可以掌控历史的变化和节奏,参符彻底从人们的视线当中消失了,意符也已经与指符相脱离,文本的阅读成为纯粹指符的游戏,文本之间的相互参照与指涉成为人们关注的焦点,传统意义上的内容决定形式,作家创作文学作品的观点已经不再适用,文本的诞生成为自发的指涉运动,人们不禁为自己脱离历史现实和指涉意义而感到莫名的恐惧和担忧,但是同时又无法抑制住自己内心的喜悦和狂热激情。

  资本主义商品化的高度发展使得艺术与商业之间的界限不再像以前那么清晰,艺术对于真实、美好、崇高、和谐、原创精神等的追求已经淹没在浮躁喧嚣的商业大潮的猛烈冲击之中,艺术家与普通人之间的差异也被无情地抹杀,安迪·沃霍尔甚至大胆地主张,"艺术家是任何一个可以把事情做好的人,像如果你可以把饭做好"。[1] 这无异于把艺术家的独特的个性化的创造工作视同于普通人的日常性简单机械重复劳动。这就从根本上取消了艺术与普通劳动的本质差异,把艺术欣赏与日常生活混为一谈,彻底打破

---

[1] (美)肯尼思·戈德史密斯编:《我将是你的镜子:安迪·沃霍尔访谈精选》,任云琨译,北京:生活·读书·新知三联书店,2007年版,第442页。

了艺术的高尚形象,把艺术从少数的精英的手里解放出来,使之成为每个社会成员的权利和拥有对象,让我们重新思考艺术诞生初期所谓的艺术品与日常生活用具的密切联系、艺术家与普通劳动者的细微差别、艺术创作活动与普通劳动之间在分工上的难分彼此。时尚潮流如同我们食用的快餐一般,不断地推陈出新。我们面对着像生产流水线一般制造出来的时尚潮人和新品不禁感到目眩神迷,不由地沉浸在消费商品过剩的喜悦之中,最新时尚的服装、最新鲜的信息报道、最新潮的艺术商品让我们无法停止自己追随的脚步。尽管为此付出了巨大的精力和物质代价,到头来却发现消费的对象原来是我们自己,海量的商品当中没有多少是自己确实需要的。我们就这样生活在不知疲倦的追求物质享受和感官刺激当中,尽管筋疲力尽却又极度地亢奋和满足。人与人之间的隔阂愈发加深,科技的高度发达使人际交往沦为各种虚拟技术的运用,大家都生活在虚拟的世界当中,把注意力放在我们触摸不到的虚幻场所,对于发生自己周围的事件却无动于衷。时代潮流变化如此之快,以至于每个人都有可能创造出艺术大作,甚至会被推上时尚潮流的顶峰,但是往往又会很快落下来,又被其他的人物和事件所取代,正如沃霍尔所言,每个人都有可能当 15 分钟的名人。

詹姆逊列举了后现代主义排斥的传统的四种深层模式,或者说二元对立的认识模式。首先是最基本的关于本质与现象之间的区分,这是黑格尔和马克思认识世界客观规律的基本思路和方法,是辩证总体性思想的合理推论和必然延伸,也是传统辩证思维方式的集中体现。人们对于现象的认识是直观的、具体的,而对于事物内在本质尤其是其规律的把握则是需要展开抽象思维和不断实践、反复总结的。人们在对于客观世界以及自我内心的长期的认识过程当中逐步形成了理性的思维方式,积累了丰富的经验。不可否认的是,我们也存在着过于强调事物同一性、规律性的偏颇倾向,把复杂的现象归结为简洁单一的本质的外在演绎,在理论演绎方面显得整齐划一、层次分明。但是一旦要把理论运用到解决现实的问题和矛盾的时候,则可能出现无法提供切合实际的解决方案的情况,甚至与现实格格不入,从而丧失了应有的效用和针对性。联系到文学作品分析方面,对于内容的过度强调则有可能将文学作品视为社会、经济关系和矛盾的直接表达物,将作家与其阶级出身和社会地位简单规约为直接对应的关系,从而忽略掉作家的个体差异、个性心理特征,忽视文学作品创作规律的内在约定性和相对独立性。

詹姆逊在此给我们提供了一个很好的范例,他在坚持内容决定形式、形式对于内容具有反作用的基本原则的前提下,从生产方式变革的角度来解释文体演变的客观规律,强调了内在形式的决定作用和地位。他对于文学的内容甚至以内在形式的说法来为之进行分析和说明,拓展了我们对于形式地位和作用的认识。后现代主义在对于现代主义的分拨过程当中则过于强调形式的作用和影响,甚至否定内容的存在,直接满足于刻画形象,进而否认它们之间的联系,以感官的直接感受来取代对于所谓终极真理和唯一本质的追求,使人们的注意力重新回到了切身体验和自我感受的层面上来。对于内容和规律的追求是人们思维活动的本能要求和必然趋势,面对纷繁复杂的自然、社会和心理现象,人们力求掌握其运动变化的原因和规律,从而在认识世界、改造世界的活动当中能够占据主动。人们只能透过具体现象来掌握内容和规律,甚至有人认为现象也是无法确证和切实把握的,唯一能够证实的存在就是我们正在进行着的思维活动本身,因此对于现象的描述和表现就成为他们认识世界的唯一活动和表现方式。事物之间的联系和内在决定因素已经被他们排除到了注意力范围之外,不考虑事物背后的决定因素、不同部分之间的相互影响与联系、变化发展的历史传承和总体趋势、不同事物在本质上的区别,他们唯一所要做的就是描述那些孤立的现象,将事物直观的面貌呈现给我们,排除了宏大叙事、历史发展的总体趋向和内在决定因素,从根本上反对理性的作用和存在价值,从而陷入了肆意表现直接感受,随意捏合文本,摆脱理性束缚,否认主体的创造作用和地位,欢呼主体的消解与死亡,彻底反叛线性发展的历史传统,贬斥精英的领导地位,使我们生活在平面化的、消除了意义和价值的、完全客体化了的永远的当下之中。

后现代主义文学文本摒弃了内容与形式的二分模式,作品所要表达的内容全部在形式当中直接呈现,并没有给挖掘内部深层含义留下阐释的空间,阅读成了平面化的体验。历史的维度从文本中消失,起决定作用的内容不见了,主体的创造地位与作用被淡化了,文本的诞生成为其自身的自在自为的运动。文本的创造变成了对于其他文本的随意拼贴和挪用,作家的崇高艺术地位也被降格为谈不上创造性与独特性的简单劳动,只是按照文本自身的要求将它们付诸笔端罢了。随着文本的意义被消解,阐释自然也就被从文本的平面化阅读当中排除出去了,作者想要表达的东西已经全部在其文本的表面浮现出来,颠覆了我们对于写作的传统观念以及以往一切的阅读传统和习惯。由此我们不仅注意到文学形式对于表达具体内容的必要性,而且开始认识到不同文本之间相互吸收和借鉴以及相互催生和激发的潜在效果,无形之中拓展了我们对于形式重要地位和作用的进一步认识和探索。

第二种模式是弗洛伊德的关于心理表层与深层之间的区分和剖析。个体意识被分为表层意识和深层的潜意识,人格结构被划分为本我、自我和超我三个部分。我们可以认为人在不受压制和约束状态下的最自由和直接心理表现为本我,即自我保护、趋利避害、满足生理需求、享受快乐、繁衍后代等本能的欲望和要求。它属于人的潜意识范畴,是个体生存和发展的原始驱动力和人格结构之基础,自我和超我的存在都有赖于本我的充分发展。本我的发展遵循的原则就是满足自己的快乐欲望,这是外界刺激与个体心理反应的最直接和最有效的关联模式。从生理性的需求,如满足口舌之欲、御寒之需、繁衍后代的本能冲动,到较为高级的心理需求,如寻求安全感追求舒适的生活条件对羞辱产生愤怒的情绪并且要进行报复的冲动。这些心理冲动都是为了解决外界给人造成的以及人体自身的生理和心理方面的不舒适感,缓解那种痛苦和紧张的状态。自我是人的意识的自觉化的产物,认识到了在个人之外还存在着社会集体,个体的心理欲望必须要在社会规范和文化传统的允许范围内才能够实现。个人的欲望必须要同外界的思想进行妥协,个人要逐步学会调节自己的心理状态和心理需求,以适应社会集体的规范要求,才能够顺利地生存和发展下去。它是个体在经过社会化和历史化之后的产物,是具体社会历史和文化环境当中现实存在着和生活着的个体的心理结构部分,是人的社会性在心理结构当中的集中体现,是具体行使和实现本我需求的执行者。个体试图缓解紧张和痛苦状态,追求愉悦和快乐享受的原则在此时则遇到了来自现实方面的限制和挑战,被迫让位于服从现实条件和规范的原则,在历史条件创造的物质和精神条件允许的前提下积极追求个体欲望的达成。也就是说,原本占据优势的、起主导作用的人的先天自然性让位于人的后天社会性,人的自然性的需求是其社会性需求产生的前提和基础,具体的社会和历史以及文化环境为人实现自己的自然性需求提供了必要的条件和准备,人只有在具体的社会历史和文化环境当中才能够顺利地实现自己的需求,成功地达到人生的理想追求。本我是具有自觉的社会意识、历史意识和文化意识的成熟的心理结构,是作为生物个体的人经过长期的社会规范化、历史传承影响和文化教育熏陶之后的产物。

超我是人的心理结构当中对于具体行为和心理冲动起约束和引导作用的掌控者,是道德规范在个体心理模式当中的具体落实和体现,遵循着克制本我的肆意张扬、崇尚和谐共存的完美原则,是以追求完美崇高的精神境界为指向的心理结构。它是对于个人实现自身欲望所采取的手段和所带有的行为动机的自觉内省和反思,是社会道德规范在个人心理当中内化之后的产物,是人的道德意识的主动提醒和自觉审查。个人在社会生活当中经过长期的潜移默化的道德教育灌输和来自周围的道德模范影响,逐渐产生了对于崇高完美人格的主动追求,形成了克制本我私欲,造福社会集体的道德理想。它是人的社会性对于人的自然性的挑战和超越,使人的自然欲望满足逐步让位于人的道德欲望的满足,以精神方面的愉悦来取代肉体方面的快感。为自我实现欲望的不断追求以及来自现实环境的限制和集体利益与个体私欲之间的冲突和矛盾寻找精神上的寄托与缓和,以道德理想和精神追求来克制和引导人的不断膨胀的本我的享乐需求。

本我建立在人的自然性的基础之上，自我建立在人的社会性的基础之上，而超我则建立在人的道德性的基础之上。人首先是作为有生命的生物个体才能够存在，其必然要有一系列的生理需求和心理冲动，才能够维系自身生理体系的正常运作和心理活动的正常发展。作为生活在具体社会历史条件和文化环境当中的个人，社会和历史为其满足本我需要的活动提供了必要的条件和基础，同时本我欲望的满足也必然要受到这些具体条件的限制和约束，从而迫使个人采取合乎社会规范的行为方式来满足本我的欲望和要求，这是自我形成的过程，也是本我的社会化过程。满足自我欲望活动的进一步发展使人们意识到精神欲望满足带来的愉悦不同于肉体满足的快乐，于是人们开始追求这种更加持久和高级的快乐境界，从事这种更加自觉和更加复杂的心理活动，从而使个体的本我欲望与社会历史文化环境能够和谐共存、共同发展。

人的自觉的表层意识是人的社会化的结果，往往对于人的不自觉的深层意识起到压制和掩饰作用。人的无意识是维系个体生存和发展的原始推动力和根本基础，是满足本我需求的本能欲望及其在无法实现条件下产生的替代物。譬如，在现实生活当中无法实现的欲望在睡梦当中会不自觉地浮现出来，其中的场面和情节很有可能不符合逻辑，不符合道德伦理要求，不符合集体利益要求，甚至让我们感到羞愧和不安。潜意识通过个体对于快乐的追求让人们感受到它的存在。这种自发的心理活动处于个体心理活动的最基础的层面，是不受社会规范控制和制约的生理需要和心理冲动。我们平时感受不到潜意识的存在和作用，只有在潜意识放松警惕、受到潜意识伪装的欺骗或者当这种潜意识过于强烈的情况下我们才可能感受到它的存在。有时候我们会无法解释自己的不合乎常理的行为和念头，口误或者笔误，或者进入了看似荒诞滑稽的梦境，那其实往往是我们的潜意识在作祟。

个人在长期的社会环境影响和文化教育作用之下逐步形成了自觉的意识，认识到自己满足生理需要和心理欲望的行动前提是必须要合乎公共道德伦理以及法律规范的制约。本能的欲望冲动和心理需求必须要在符合社会规范的条件下才能够顺利地实现，无意识的心理活动必须经过自觉社会意识的反省和审查才能够取得合法的地位,进而采取合理的手段来得到满足。深层的潜意识要想进入意识的领域就必须要经过筛选和审查,那些能够被我们回忆起来的欲望和要求被称为"前意识",它是联系潜意识与意识之间的纽带和桥梁。在通常情况下潜意识并不能直接进入人们的意识当中,只有那些符合道德伦理和法律规范的冲动和欲望才能够为人们所认识和感觉到。人们的社会生活经验告诉我们自己或者他人的某项行动将会产生什么样的发展态势和后果,从而引起我们的注意和警觉,对产生这种行为的心理欲望和冲动进行审查和评估,从而剔除那些将会对自己或者他人产生负面影响的观念和冲动,并且把它们压抑到深层的潜意识领域当中,以保证自己能够安全地存在于社会集体当中,保障自己的合法权益和既得利益,顺利地实现自己的人生目标和理想追求。人的意识是对于行动的自觉认识和主动规划,是由目的和理性支配的心理活动,是社会规范和文化氛围影响的内在体现。它处于人的心理活动的表层,是指导人们具体行为的思想指南和行动纲领,是人自觉进行社会化活动的心理动因。我们可以时刻感觉到意识的存在和所起到的作用。

以上这种心理分析对于表层意识和潜意识以及本我、自我和超我的严格和细致区分是建立在理性主义和二元对立认识论的基础之上的,是关于形式与内容辩证关系理论在心理学领域的延伸和发展,其核心是要探索那些影响个体心理发展过程的确定性因素和内在本质规定。

詹姆逊借鉴了弗洛伊德个体无意识学说,建构起自己独特的政治无意识学说,旨在说明社会集体意识形态的遮蔽功能和压抑作用,为揭示文本当中被掩盖的历史真实和生产方式的决定作用和因素提供理论支持和方法论指导。他同样承认表层意识与深层意识之间的隔阂和压制的关系,我们所看到的文本是表层意识形态的叙事化的表达,是对于历史真实和生产方式的演变进行扭曲、遮蔽之后的结果。文学历史的长期发展为文本的诞生提供了客观历史条件,我们可以借鉴多种多样的文学体裁和丰富多变的文本内容。但凡一个文本的诞生总是要受到社会历史和文化因素的制约和影响,只有符合社会规范要求和文学创作形式方面规定的文本才能够为读者所接收和欣赏。文学作为一种语言艺术化表达方式构成了意识形态领域的一个重要的艺术门类,集中体现了不同阶级地位、不同社会处境的人们思想的交锋和斗争。其中表达的思想观点必然要经过统治阶级国家机器的审查和检验,不能违背国家利益和集体利益,而其所采取的文学形式尽管往往是求新求变,追求突破传统文学形式的束缚和羁绊,最终还是受到内在的潜意识所决定和制约,表达出被压抑和改写的历史真实和被掩盖和扭曲的生产方式决定作用。从文学历史发展宏观角度来说,神话传说、诗歌、小说、戏剧等这些不同的文学形式门类在不同的历史阶段流行,而且与当时占主导地位的生产方式相对应。詹姆逊的政治无意识学说为我们理解和分析当今形形色色的文学形式和文化现象提供了终极的解码,为我们消化和吸收层出不穷的理论流派提供了总体性的理论框架和阐释维度。

后现代主义文化作为对于现代主义文化传统的一种彻底的反拨和内省,打破了既往的理性主义传统,抛弃了二元论的认识方法,否定了表层意识与深层意识之间的压制和遮蔽的关系。这种观点在文学理论当中即表现为摒弃了对于深层意识形态的探究和揭示,将文本视为意识形态的直接表达,已然排斥对于历史真实和生产方式的考虑,将文本视为脱离社会历史条件和文化传统影响和制约的,假借作家之手而实现的文本自身的增殖。它消解了文本的深层意义,使文本的诞生成为无意义的复制和拼贴,部分段落的有意义与整体文本的无意义之间形成了巨大的反差,宏观的整体的意识形态被打破,剩下的只是单个的彼此隔绝的个体心理意识活动,呈现出碎片化的历史观和纯粹客体化的文本观,从而打破深层意识形态与表层意识形态的对立,以及否定前者对于后者的决定地位和作用。

根据詹姆逊的政治无意识的理论观点来分析,这种跟传统决裂的意识形态姿态和文化理论其实也是晚期资本主义历史条件下生产方式变化发展所带来的影响在人们的意识形态领域的体现。

后现代主义作为晚期资本主义的文化逻辑,它质疑和反思人类历史上既往的思想观念和文化传统,具有深刻的批判性和颠覆性,同时对于我们在新的历史条件下建构新的理论观点也具有积极的启发意义和警示作用。它对于二元对立的意识观念持批判态度,否认历史发展的连贯性和生产方式的决定作用,轻视意识形态的抑制和遮蔽功能,否认文本表面之下还有所谓的深层意识形态。文本表层意识形态的压制和遮蔽作用也就无从谈起,对于文本深层意识形态的挖掘和阐释也就失去了存在的空间,文学成为无视政治审查和脱离意识形态遏制的自由化的文本增殖与繁衍。没有了历史真实的现实依据,丧失了历史方位坐标的参照,摆脱了历史阶级意识的束缚,就连文本和针对文本的批评理论自身都是处于一种自发的不断增殖和繁衍的状态,文本的制造者也因此处于类似精神分裂症的状态之中。

  后现代主义对于文学文本的这种态度和观点有助于我们在文本范围内进一步认识文本之间互相激发和催生的作用,认识到文学文本相对于历史和文化传统,尤其是意识形态的相对独立性和自身的发展演变规律,提醒我们反思那种将文学直接视为政治斗争工具的观点,把评论的注意力重新放到文本形式方面来,关注文学文本之间的相互影响和联系,即关注文学本身的发展和演变。我们将后现代主义对于表层意识与深层意识的理论观点放到詹姆逊的总体性理论框架当中来进行考察,就会发现这是文学文本观方面的创新和发展。后现代主义对于文学文本表层和深层意识形态区分的否定体现了资本全球化发展带来的生产方式变革已经渗透到了文学创作的理论和实践当中,高度的机械化和普及的信息化使得文学文本的诞生也成为工业生产流程的一部分,个人主体的意识已经流散在后现代的壮观景象当中,历史发展面临着断裂和破碎的命运,生产方式经历了信息化时代的重大变革,不同阶级意识之间的斗争形态和方式已经变得更加复杂和隐秘,文本所表现的意识形态也更加隐晦和难以界定。

  作为资本主义发展最高阶段的文化逻辑,后现代主义对于之前的意识形态理论观点进行了彻底的反思,为将来的理论重构做了理论上的铺垫和准备。从辩证总体观的正反合角度来看，我们从既往对于理性的充分肯定到后来的彻底批判理性直至将来的把这两种对立的观点综合起来，形成对于理性的辩证全面的认识是完全有可能的。我们从过去对于意识形态祛魅的高度重视到现代主义对于文本形式的强调和后现代主义对历史真实和意识形态的彻底放逐，直到将来对文学的文本形式与意识形态之间的关系形成较为辩证客观的认识也是完全有可能的。后现代主义将深层意义从文本当中驱逐了出去，使得文学批评研究的对象变得更加集中，将文学作品视为直接表露的意识形态的文本化，试图以完全客体化的视角来审视文本的诞生以及它与其他文本之间的关联。

第三种模式是存在主义的模式以及真实与非真实、异化和非异化的观念。存在主义把个人的直观思维感受作为自己真实存在的证据和基础，注重个人的自由意志和非理性思维，强调个人的个性与自由，主张人要摆脱任何先验的道德观念和宗教信仰的束缚，在存在的基础上创造自己的人生意义，活出属于自己的那份独特的精彩。存在主义把自己置于传统理性主义的对立面上，以传统反叛者的面目出现，追求极致自由的个人生存体验和全新的人生意义。它以个体存在为基础来区分真实与非真实以及异化与非异化，认为除了人自身的存在之外其他一切都是非真实的，都要接受最挑剔的审视和批判，真实的存在状态以及人生意义都有待于人自己的创造；人的异化是先验的、必然的，人们对于非异化的期待违背了存在主义的个体生存逻辑，是无法实现的理论空想。存在主义强调的是个人的真实以及异化，至于社会和历史的真实性以及非异化都是它要进行严苛审视和彻底批判的对象。它力图建立自己最真实、最自由的个体化的存在形式，追求一种自在自为的存在方式，个体经验成为证明人生存在的依据以及衡量存在意义的标准，自由意志成为人生规划的驱动力。

关于异化的概念在黑格尔之前一直是作为一个人本主义的哲学命题而引起理论家们的关注和探讨兴趣的，只有到了黑格尔那里才被第一次提升到了关于现实生活当中人在世界当中所处地位以及人与人之间本质关系的高度，被看作关于人的存在根本性质和状态的问题。马克思从资本主义生产关系的角度出发,分析论证了分工和私有制对于异化产生的决定作用,指出异化只是私有制社会的特定现象和产物,并且在资本主义社会阶段得到了充分的发展和体现,并且指明了克服异化的途径和方法,那就是大力发展生产力,废除私有制,只有在共产主义社会中才能够彻底消除异化产生的根基。马克思通过对于异化的分析把批判的矛头对准了资本主义的私有制和社会分工,为人们的生活辛劳和精神迷茫寻找到了最终的制度根源,并且为人类最终的解放和幸福设定了建立在现实经济基础和历史发展总体规划之上的终极理想。

马克思通过对于私有财产的关系、它与劳动的关系的分析,揭示了私有财产运动掩盖之下的劳动异化的运动,将理论视角由创造使用价值的具体劳动提升到创造交换价值的抽象劳动层面,从理论思维从劳动的自然性维度跨越到社会性维度。他从根本上扭转了黑格尔理论体系中由于其实证主义和唯心主义的弊端而未能切中资本主义社会制度要害的局面,使自己关于资本主义私有制的总体化分析带上了尖锐的理论批判锋芒,具有了现实的革命指导价值,做出了关于社会历史发展终极走向的科学预判。他将理论研究的重心从探讨脱离现实历史环境和生产关系约束的抽象的人的本性转移到了现实生活当中处于具体生产关系当中的从事具体生产劳动的个体及其与社会之间所发生的商品交换关系;从劳动创造使用价值的表面现象深入其背后隐藏着的交换价值的本质,科学地解释了为何人人都想要逃避劳动,却又不得不努力劳动。他彻底纠正了以往理论家们种种鼓吹人性善恶和浮于道德说教的做法,揭示了潜在的社会约束力和客观经济规律的作用,指出私有制以及商品交换所产生的强大推动经济发展动力和对于人的异化作用。

马克思将人的异化原因归结为劳动的异化,从劳动异化的角度出发来解释人的异化,为资本主义社会当中人的社会关系的孤立和变异找到现实的经济基础和制度根源。劳动者创造的产品能够满足人们的需要,因此具有使用价值;而同时产品当中又凝聚着无差别的一般人类劳动,这是商品进行交换的筹码和尺度。在私有制经济制度的前提条件下，商品生产者各自生产出来的商品当中凝聚着无差别的人类劳动，它们之间的让渡和交换遵循着等价交换的原则，唯有如此才能够保证市场正常运转下去。

个人要得到其他人的产品使用价值就必须相应地出让自己的产品交换价值，要想满足自己的物质和精神欲望，就必须拥有相应的交换价值储备。反过来说，自己拥有的交换价值越丰富，就越能够体验到更多的物质和精神享受。这就成为推动每个人积极努力工作，不断创造和积累尽可能多的商品交换价值的经济原始推动力，同时也促使商品经济不断地向前发展。可以说经济生活是由追求着自己欲望的具体个人所组成的，但是他们都要受到商品交换规律的约束，而且他们之间相互作用的合力构成了经济向前发展的源源不断的推动力。个人要与其他人发生交换关系就必须要通过商品才能够实现，因此人与人之间原本直接接触的关系就演变成为商品交换的关系，人对于物质和精神方面的自然本能欲望在私有制经济条件下则转变为对于商品的崇拜和渴望。"人自己的活动，人自己的劳动，作为某种客观的东西，某种不依赖于人的东西，某种通过异于人的自律性来控制人的东西，同人相对立。"① 人与人之间的联系和交往也愈加演变成为纯粹交换和索取的经济行为，个人的情感被抛置一旁，人际关系变得愈加地冷漠和残酷，金钱成为衡量一个人成功与否的直接的甚至是唯一的标准。从劳动过程当中人与劳动行为以及劳动成果之间的关系来分析，外部世界已经俨然变成了一个与人的总体性存在相背离的分裂体，充斥着作为个体欲望对象的客体与商品，劳动过程退化为纯粹的手段，与人的总体性的发展目标背道而驰；从人自身的劳动力商品化来分析，人的原本自发自觉的改造世界和改造自我的活动逐步演化为追求片面和高度分化的极端化过程，人丧失了对于劳动过程和目标的总体性把握，就连自己的劳动力也经由商品化过程之后脱离人的总体性存在方式，变成了遵照商品交换价值规律运作的

---

① （匈）卢卡奇：《历史与阶级意识》，杜章智等译，北京：商务印书馆1996年版，第147页。

可以衡量和估价并且自由交换的新型商品。大家都在为金钱这个一般等价物而奔波劳碌,并且不知疲倦,真正信奉的是商品拜物教这个具有无上统治力和绝对权威的劳动异化过程的最终化身。

劳动产品既然作为市场上的交换物而存在,也就与其创造者相分离,甚至与其构成了对立的关系,每个劳动者都想让渡尽可能少的交换价值来得到尽可能多的使用价值,也就是想用尽可能少的自己的劳动产品来交换尽可能多的别人的劳动产品,正是在这种相互博弈和对抗运动中商品交换才达到总体上的公平和理性。劳动本身也从注重创造使用价值而逐渐向积累交换价值转移,人们关注的重点不在于生产出来的商品是否能够满足人们的实际需求,而是为了尽可能多地创造出交换价值,从而更好地满足自身的需求。因此,商品生产者都需要尽可能地扩大市场、刺激消费,为交换价值的增殖创造空间。这种累积效应必然造成商品生产的饱和以及生产者之间的优胜劣汰,在资本主义经济制度下则进一步演变为资本家不遗余力地盘剥工人的剩余劳动,追求剩余价值的最大化。人与人之间也是相互利用和相互竞争的关系,原本是为了满足自己和社会需求的非功利性质的劳动蜕变成为满足一己私欲的功利性质的劳动。商品交换活动从最初的自发形成,到后来的人们自觉从事此类活动,直至最终成为统治人们生活和理想追求的首要和基本的活动形式,异化劳动在人们的生活当中扮演着越来越重要的角色。

马克思将异化划分为四种类型:

(一)工人与劳动产品的异化

在资本主义社会中工人不占有生产资料,他们的劳动力成为商品在市场上出售,尽管有挑选具体雇主的自由,但是却不得不受雇于整个资产阶级。资本家对于工人的要求就是不断地提高生产效率,在单位时间内生产出更多的产品使用价值,经由销售来从市场上换取更多的交换价值。市场上的产品越多,工人的劳动力商品的价值就越低,生产效率的提高与工人自身的劳动力价值成反比,也就是经济的蓬勃发展与工人阶级的日益贫困相伴随,而在这当中增加的剩余价值无疑都进了资本家的口袋。我们也就不难理解为什么一方面是商品的过剩,另一方面是工人阶级日益贫困无力购买。资本主义的经济危机成为其自身无法克服的障碍,生产力的发展将最终导致其制度本身的毁灭,从而为人类进入共产主义社会做好物质生产资料和生产力的准备。工人同产品的对立在其中起到了重要的作用,这是资本主义生产方式中物的异化。

(二)劳动者与劳动本身的异化

劳动者将自己的劳动力作为商品出售给资本家之后,资本家就必然要充分地压榨工人的劳动力使用价值,尽量提高他的劳动效率,延长他的劳动时间,尽可能从他身上盘剥更多的剩余价值。他在资本家的监督和强制下从事劳动,他的体力和脑力被消耗殆尽,他的劳动成果被拿到市场上出售,而等待他的是无休止的重复劳动,他在整个劳动过程当中感受不到幸福和成就感。劳动对他来说是外在的强制要求,并非他的内在需求,劳动正在日益吞噬他的想象力和创造力,他的劳动力也在日复一日的劳作当中逐渐萎缩,劳动成为与劳动者对立的活动过程,这就是劳动的异化。

(三)劳动者与他的类本质的异化

人的生命活动是自由自主的、有意识的,这种活动的总体特性就是人的类本质。自然界原本被视作人的无机身体,人通过自己的劳动来改造自然,创造使用价值,以求满足自己的生产和生活需要,这是一个对象化的过程,劳动的结果成为劳动产品。但是在异化劳动的条件下,劳动产品变成商品,自然成为与人相对立的存在,人的自由自主的活动蜕变成了为了维持生计而不得不出卖自己的平等和自由的强制劳作。人的原来那种自由自在的类生活结果变成了现实当中处于禁锢和压制之下的个人生活,劳动者丧失了他原本的自由自主的类本质,而沦为资本主义生产方式大机器上面的一个零部件。人的劳动也就背离了他原来的自由自主的活动的形式,人的生活也就背离了他原来的自由平等的生活状态,人的本质也就离他原来的追求个性自由发展的目标渐行渐远了,而沦为资本主义生产方式的牺牲品。

(四)人与人之间的异化

人的实践活动都有明确的对象,人作为实践的主体在实践对象当中留下自己活动的印记和证明。人实践的多重性决定了人是一个多重性的主体，而且他对应着多重性的客体。这个多重性的客体就构成了我们的对象世界。我们可以通过其对象世界来判断他的存在状态，譬如可以根据他的实践对象来确定他所处的宏观历史阶段，比如他是原始社会的人还是封建社会的人或者晚期资本主义时期的人；他所从事的具体职业，比如工人、教师、艺术家等。人对于自己的任何关系都要通过人与其他人的关系来得到实现和表现。人同自己的劳动产品、劳动过程以及类本质的异化就直接导致了人同其他人的异化。人的本质是一切社会关系的总和，是由具体的社会、经济和历史条件决定的，不存在超越经济和社会发展水平制约的抽象的人的本质。个人在生产关系当中的地位和作用在很大程度上决定了他的阶级立场、政治觉悟和人生理想。资本主义社会中人与人相异化的、最典型的表现就是工人与资本家之间的关系。工人和资本家的阶级立场是对立的，他们对于资本主义制度的态度也是对立的：一个是要推翻这个人剥削人的罪恶制度，一个是要拥护这个给他们带来福祉的经济制度；一个是要推翻资产阶级的统治，建立共产主义社会，一个是要维持资本主义社会制度，希望这个制度能够永远存在下去。一个是依靠出卖自己的劳动力来维持生计，一个是依靠剥削利用劳动力来积累巨额的财富；一个是身处社会的最底层，具有彻底的革命性，一个是高居社会的顶层，具有顽固的保守性。资本家在这种异化的关系当中感受到的是物质和精神方面的极大满足和成就感，而工人感受到的则只有痛苦、挫折以及失落感。他们之间的矛盾和冲突关系是无法化解和消除的，随着资本主义生产力的进一步发展，贫富悬殊日益扩大，工人被榨取的剩余价值在整个劳动过程中的比重越来越大，他们之间的异化也逐步走向极端。

马克思认为社会分工是劳动异化的外在表现，是造成人的异化的直接原因。社会分工是生产力发展到一定水平之后才出现的现象，是提高生产效率的重要手段，也是生产社会化的要求使然。个人只能从事单一的劳动项目，充当生产流程当中的某一个环节，而且随着社会生产规模的逐渐扩大，社会分工也愈加细化，个人的生产知识仅仅局限于自己所从事的那个部分,对于整个生产流程的了解也就愈加片面和单一。在资本主义生产方式条件下,工人只能按照资本家的分配从事某项单一的劳动,成为整个资本主义生产机器上面的一个零件。社会分工对于他而言就是一种使他同整个生产过程以及他自身相对立的一种强制力量,驱使他挤出每一滴血汗,把它们凝聚到产品当中去。

私有制是出现社会分工的必要条件,因为只有在私有制生产关系当中,劳动者才与其劳动产品相分离,个人可以通过商品交换来维持自己的生存和发展,个人的生产活动才得以局限于某个生产环节,商品的交换价值才有存在的意义和必要,平等交换的基本原则才得以逐步建立起来,社会经济秩序才得以逐步趋向理性和公平,生产力也才得以更快地向前发展。马克思认为分工和私有制是一回事情,一个是指生产活动的组织方式,一个是指生产活动成果的分配方式。分工从生产力发展的角度来揭示异化产生的根源,私有制则从生产资料所有制的角度来说明异化存在于特定的生产方式之中。马克思由此为愈演愈烈的异化浪潮找到了现实根源,那就是资本主义的私有制生产关系。物质匮乏是人剥削人的产物,在生产资料归资产阶级所有的情况下,资本家必然要想方设法压榨工人的剩余劳动,尽量将工人的生活水准压制在最低的水平,唯有如此,工人阶级才只能依靠出卖自己的劳动力来维持生计,他们才能够保证自己可以维持资本主义生产方式正常运作。可以说私有制是剥削制度产生和发展的前提条件和经济基础,社会分工是私有制所带来的必然产物也是维持私有制的必要条件。

既然异化是伴随着私有制而诞生的,也就必然随着私有制的灭亡而消失;它是生产关系发展到资本主义阶段出现的特定现象,也必然随着资本主义制度的消灭而从人类历史上消失。资本主义生产方式内部包含着扬弃异化的因素,自我异化的过程也就是自我异化扬弃逐步酝酿和储备力量的过程。随着社会生产力的高度发展,物质资料将极大地丰富,作为异化的经济基础的私有制将失去其存在的基础和必要性,从而被人们扬弃,生产资料所有制将发生本质的变化,由原来的私人所有改归集体所有,劳动产品将按照个人的需要进行公平合理的分配，一般等价物也将取消，劳动成为人的内在需要，而不是像以前那样是外界强制的命令。人们的思想觉悟也将产生本质的提高和升华，人们不再只顾追求金钱和物质享受，甘心做金钱和物欲的奴隶，而是怀揣着共产主义理想，追求个人以及集体的自由全面的发展，真正找到个人存在的价值，那就是为集体做出属于自己的那份贡献，人人都是自己和集体的主人，个人与社会和自然的和谐共存、共同发展，彼此之间不再是竞争和敌对的关系。既往社会文明的成果得到了全面的保存和继承，人们的物质和精神需求将得到充分的满足。人的存在恢复了自己的本质，自然、社会和人之间恢复了和谐与统一，人的存在与本质达到了统一，人的劳动实践的对象化与人的本质力量的自我确证得到了统一，人的自由发展和客观世界的必然规律得到了统一，个体之间的斗争和冲突得到了化解，真正实现人类期盼已久的大同世界。到了共产主义社会阶段，共产主义、人道主义和自然主义将成为三个同义词组，它们分别从不同的角度对于同一个理想社会做出了不同方面的描述，到那个时候整个社会制度、人的本质以及自然环境将得到妥善的处理和一致的发展。马克思采用辩证总体化的社会发展理论思路，为我们规划了令人振奋的未来理想世界的图景，将其建立在物质资料生产高度发达的基础之上，个人欲望与自然资源之间的矛盾得到真正彻底地解决，为人类最终克服异化提供了科学的解答和令人信服的说明。

　　萨特的总体化理论以个人的思维以及自我感受为出发点论证人的存在，他拒绝参与集体的活动，始终坚持思想的自由以及人格的独立，与现实的政治斗争环境保持着紧张的关系，他的存在主义理论的着眼点始终关注人的存在本身。他批驳马克思从社会关系的角度揭示人的本质的观点，他从人的现实存在角度展开自己的有关人的本质的理论阐述，把人的本质界定为完全自由的、不受任何先验设定限制的状态。

　　他从自然资源匮乏的角度来阐述人类异化的根源，认为人与自然之间以及人与人之间的关系始终保持紧张和对抗的状态，这种异化对于人类的劳动实践而言是先验的和必然的，是无法解决的困境,因此他对于人类最终能否克服异化状态是完全抱着一种否定的、悲观的态度。

相对于具体的个人和集体而言,其所需要的产品和自然资源总是处于一种缺乏的状态,他们总是要为此不断地努力劳动。人们的劳动实践一方面是要按照自己的需求和愿望来改造自然界对象,赋予外部事物以意义,使之符合自己的需求,产生使用价值,这就是外在的内在化,即世界接受人的改造,成为自己的一部分,成为人化的自然。另一方面,自然世界自身的自然属性和客观规律又要求人们必须按照其客观规律来从事劳动实践,只有在符合自然规律的前提条件下,人们的劳动实践才能够取得预期的成果。人们只有在不断的劳动实践过程当中才能够逐步认识和掌握这些规律,这就是内在的外在化,即人能够认识和掌握客观世界的规律和变化,使自己的实践目的与外界的客观规律以及现实状况能够保持协调一致。

萨特认为,人与世界之间的关系是一种被动的、无力的统一,人只能够被动地接受客观的规律,人永远无法完全认识和掌握自然界的所有规律,人的实践活动无法化解人的无穷无尽的欲望和需求与有限的自然资源之间的矛盾和冲突,人原本自由的实践活动只能处于异化的状态,因此这种异化是先验的、必然的。人类为了自身的繁衍和物质生活水平的提高,就要不断地从自然环境当中获取资源,为己所用;人类对于精神文明的追求也要求占用过多的自然资源,创造出更多更高级的精神文化产品以供自己享用。人类的无尽的需求与有限的资源之间处于恶性的循环之中,而且正在朝着越来越糟糕的方向发展。

正是因为资源匮乏,人类才必须劳动,而且匮乏把人类紧紧地凝聚到了一起,他们正是因为匮乏才相互交换产品,对于物质资源的争夺使他们之间处于竞争和敌对的状态,他们彼此戒备和敌视,是处于一种异化的关系。物质资料的匮乏使人们不顾平等互利的人性原则而相互倾轧,变得自私自利、冷酷无情,使这个世界成为异化的、非人的世界。萨特把异化的根源归结为物质资源的匮乏,他看重的是人与自然之间的矛盾和冲突,并没有顾及社会生产关系的矛盾,在他看来社会产生异化的根源是人与自然之间的对立,而非生产关系,即关键是生产资料归谁所有、劳动产品如何进行分配。

萨特认为异化可以分为人与物的异化以及人与人的异化这两种类型:人与物之间的异化是以人为中介的,这种异化发生在人的实践过程当中,人的实践对于人具有反作用力,它成为与人对立和异化的方式。人对于物质世界的改造是被动的、无力的活动,它要受制于客观世界的规律、物质资源的丰富程度、人类实践活动能力的范围等众多因素。人无法满足的欲望与有限的物质资源之间存在着天然的鸿沟。人的实践就必然不能够与人的主观愿望和心理期待重合,人类不断提高的实践能力反而成为危害人类与自然和谐关系的罪魁祸首。人与人之间的异化是以物为中介的,在物质资源匮乏的情况下,人与人之间是竞争的关系,各人在彼此的眼中只是敌对的一方,为了争夺有限的资源而钩心斗角、相互欺诈。原本应该和谐共存的人际关系演变成彼此否定、相互贬抑,无视对方存在价值和人格尊严的异化关系。萨特认为人被人否定其实质说到底还是人被物否定,即物质的匮乏是造成人与人的关系以及人与物的关系异化的元凶。他把人的实践活动的对象化与人的异化视为一体,即只要有人的对象性活动存在,就无法避免异化的现象。异化是先验的、必然的、永恒的,人的本质力量的外化与人的异化是同步进行的,是人的实践必然会产生的后果。

萨特把人的生物本能简单地视为与自然以及社会相敌对的力量,把物质的匮乏笼统地视为异化之根源,把异化当作贯穿整个人类生产劳动历史的先验规律,使人类的对象化劳动带上原罪的色彩。人的异化产生于人为了克服异化和超越异化而进行的生产劳动以及社会革命过程之中。但是在他看来,人的生产实践的总体化以及社会革命并不能够解决人异化问题,相反只能处于一种异化—反异化—再异化的恶性循环之中。人的需要跟外界的资源匮乏是一种水涨船高的关系,人们发展生产力原本只是为了满足基本的生活和生产需要,克服异化的状态,然而生产力的进一步发展只能催生人们更加强烈的欲望,从自然界当中索取更多的资源,从而进一步加剧资源的匮乏,导致更加深刻的异化。个人在匮乏的环境当中首先失去人性,处于异化的状态,因此他们组织起来进行反抗以求得人性的恢复和异化的克服,然而一旦建立起所谓的革命组织,个人又会在这种压制个性的惰性政治制度当中丧失自己的人性本质和自由意志,重新处于更深层次的异化状态。社会革命组织也就失去了其所应有的解放人格,争取自由,消除异化的积极意义,而沦为导致新的异化的制度工具。人类生产力的发展抑或社会革命都不能够顺利地消除异化,而只能导致异化向更高的层次发展。人的本质力量的外化必然与自然资源产生冲突,必然导致人与人的异化。可以说萨特只关注作为生物个体的人,看到的是人的欲望的无法满足,而忽略了作为生产关系总和的人,更忽略了私有制和社会分工对于人的影响,以及社会集体对于克服异化所具有的潜在能量,他拒斥集体性的活动,更看不到生产力极大发展情况下人们相互分享劳动成果,平等互利,与自然环境和谐共处的最终可能性。对于他而言,人类的劳动实践是一种消极的、被动的、注定要走向崩溃和决裂的异化过程。萨特坚持自己的存在主义的社会发展观,从个人存在的角度出发把异化视为人的先验的、普遍的必然生存状态,人的克服异化的活动只会导致异化的进一步加深和人与自然、社会之间矛盾进一步升级和激化。因此,存在主义在异化问题上持悲观的态度,无法提出合理有效的解决方法,人与自然和社会处于永恒的异化和对立之中,人的生产力的发展导致最终的个人与社会及自然的决裂,乃至人类的自我毁灭。

尽管萨特和马克思都提出了自己关于异化的理论观点,但是他们的理论基础、逻辑思路、解决方案都是截然不同的。萨特尽管声称要反对总体性,坚持要通过不断的、否定性的总体化来保持理论的革命性,却在论及人类异化劳动的时候忽略了人类生产劳动历史的复杂性和阶段性,完全将个人置于与社会和自然的对立面上来展开论述,将人的自然欲望视为人的本质,而忽略了社会关系对于人的本质的形成和塑造作用,尽管他宣称要关注实实在在的人,却实际上把处于社会历史环境当中具体的人抽象概括成为脱离历史实际的纯粹作为生物个体的人,违背了自己所主张的总体化的认识方法,因而也就失去了作为一种社会批判理论本该拥有的现实针对性和未来前瞻性。

存在主义主张以个人为中心,围绕着个人的自由意志而展开理论建构,将个人的思维作为真实存在的依据,外在的客观世界及其规律对于他们而言都是值得怀疑的,不能不假思索地接受,并且人的异化无法克服。无论是关于真实还是异化的理论探讨,他们的着眼点始终是生物个体的人及其与社会和自然的关系,对于社会关系总体以及社会分工所起的作用几乎是视而不见。从现象与本质的角度而言,他们认为人的存在是本质,外在的世界和社会规范都只不过是现象而已,人的异化是本质,克服和超越异化的努力都只不过是现象而已。他们依然坚持了表层与深层、现象与本质的二分结构,真实和异化是处于深层次的、本质性的一方。后现代主义则打破了这种深层模式,走向了彻底的非理性主义,拒绝现象与本质的二分法,认为本质是人主观臆造的产物,根本不存在所谓的深层结构。反映到真实与异化的方面而言,则将真实与非真实、异化与非异化相提并论,弥合了它们之间的区别。在后现代文化当中,真实与非真实之间的界限不再清晰,一切都是真实的同时又是非真实的,我们看到的都只是表象,而在其表层之下并不存在所谓的深层的本质与意义。我们的感官感受到的既是现象又是本质,而彻底放弃理性思维对于本质和真实的追求和思考。所谓事实的真相,确定性和内在本质规定都成为过时的术语而被后现代文化所排斥。个人的思维和感受成为衡量一切真实与意义的标准,可以说我们就生活在现象的世界当中,这就是我们存在的家园。我们时刻都处于异化的状态之中,个人与社会和自然界的关系是敌对的、无法统一的。人与人之间的关系更是异常紧张,彼此疏远。资本主义生产力的高度发展使得人的异化走向进一步深化,人与人之间的关系完全演变成为物与物的关系,就连人自身也成为客体世界的一部分。人们活着的目的就是满足自己不断膨胀的需要,不断地向别人索取,向自然界掠夺资源,成为欲壑难平的危险动物。自我欲望的极度膨胀将导致人的彻底异化,而沦为异化的奴隶和牺牲品。异化将导致人最终将自己的一切都视为商品,用来进行交换。

詹姆逊深刻批判了后现代社会的非真实性和异化现象,认为我们都生活在类像的世界当中,科学技术的高度发达使我们将周围的虚拟世界误认为就是现实的世界,从而脱离了与社会历史环境的联系,在不知不觉当中沉溺于文本的世界。我们满足于感官刺激所带来的快感,误将周围的符号文本世界当作真实的世界,在资本化浪潮侵袭下原本独立自主的个人主体自身连同文化一起都沦为商品,服从于市场经济规律的指挥和调配。个人与社会和自然彻底异化,成为彼此孤立的、异己的存在。至于如何克服非真实的、异化的存在状态,詹姆逊建议我们考虑第三世界的文化模式,以此作为第一世界的资本主义国家的有益补充和借鉴。可以说他是站在文化互补的角度来提出方案以解决资本全球化所带来的弊端。在詹姆逊的论述当中则不曾提及马克思提出的大力发展生产力、废除私有制等主张。他既深刻指出后现代主义造成人的异化,人与人之间相互疏离,人们生活在非真实的状态之中,越来越偏离人的本质,科学技术越来越多地侵入人们的思想和生活领域,使人丧失了自主性,日益变成工具理性的奴仆。他着眼于意识形态领域的变革,试图以处于边缘地位的文化来作为主流文化的有益补充。换言之,在他看来,处于第三世界的人们生活在真实的世界当中,他们的生存状态是非异化的。他作为身处西方资本主义世界核心位置的文化批评理论家,高度重视文化对于社会的引领和塑造作用,能够站在全球化的高度来审视文化现象当中存在的弊端,并且能够主动将目光转向第三世界国家的文学和文化形式,这体现了他强烈的社会危机意识和历史责任感、敏锐的政治觉悟、兼容并蓄的理论胸襟以及开阔的学术视野。

第四种模式是索绪尔开创的能指与所指的区分。索绪尔将语言符号划分为能指和所指两个部分:能指是口头表达的特定的声音形象或者书面当中特定的符号标志,所指是与特定能指相关的观念,它存在于人的心理当中而并非实物。索绪尔的语言观切断与外界的联系,将语言视为自足的封闭空间来进行研究。这种研究方法的优点是保持语言的相对独立性和作为符号的本质特征。

他强调能指与所指之间的关系是任意的,而且是约定俗成的。特定的所指用什么样的能指来表示,这是任意的、随机的,并没有什么特殊的规定和约束,无法用逻辑和理性来解释;然而一旦这种对应关系确立下来之后,就成为在一定的语言环境当中的成员们共同遵守的习惯和规定,以保证意义表达的清晰明白以及语言交流的顺畅进行。既然索绪尔的研究范围局限于符号的所指与能指这两者,那么语言的意义只能由符号之间的差异所决定,符号之间的差异成为意义赖以产生的根源。符号之间的差异可以指不同的声音形象或者书写记号,也可以指互为存在前提的、不同的观念,概括起来说也就是不同的能指以及不同的所指之间的差异。观念或者声音并不是先于语言系统而诞生,观念之间的差别以及声音形象之间的差别构成了语言系统,而且恰恰这种差别才是意义得以产生的前提条件。正是在这种彼此区分的二元对立之中,语言的意义才得以确立。语言符号系统是由单个的声音形象和观念所组成,它们彼此相异,所以才能够彼此区分开来,成为相互对立的单项;与此同时,它们又是相互联系的、不可分割的,彼此互为存在的前提和参照,从而组成了一个有机统一的语言系统。"语言系统是一系列声音差别和一系列观念差别的结合,但是把一定数目的音响符号和同样多的思想片段相配合就会产生一个价值系统,在每个符号里构成声音要素和心理要素间的有效联系的正是这个系统。"①差异性和任意性是语言系统当中相互联系、互为表里的两个特征。任意性隐含在差异性当中,而任意性又意味着差别性。这些符号和观念彼此相异,各自独立,差异性是它们存在的前提条件;符号与观念的对应是任意性的、约定俗成的,是符号与观念之间关系的本质特征。符号的差异性可以解释符号的任意性原则。语言系统是由差异性的符号和观念所组成,它们依据任意性的原则进行组合排列,形成一定的序列和秩序,然后逐渐形成一套语言规范,被人们当作传统和规则保留下来,深深印入我们的头脑当

---

① (瑞士)费尔迪南·德·索绪尔:《普通语言学教程》,高名凯译,北京:商务印书馆,1980年版,第167页。

中,一代一代继承和发展。符号以及观念的关系只有在整个语言系统当中才能够得到确认和界定。要是脱离了这个依据差异性所组织起来的语言网络,符号和观念都无法得到有效地说明和解释。系统是由差异性的符号和观念构成的,它们依据任意性的原则进行组合排列,从而产生了意义。差异性原则又在很大程度上启发和催生了二元对立原则,对于我们建构关于语言系统的认知起到了方法论的重要作用。在二元对立原则思想的启发下,我们对于语言系统可以开展一系列的、定性的系统研究,比如语言符号的能指与所指、作为规范的语言以及具体的言语活动、共时性研究以及历时性研究、语言的形式与内容的区分、符号与观念的价值与意义的联系、语言的对象化与主观性特征、语言的内部结构与外部结构的比较研究等。大大深化和拓展了我们对于语言符号系统的认知,取得了一系列的语言学突破和进展。语言是一个有机的整体系统,其内部的组成部分之间的差异与联系构成了语言系统性的特征,符号与观念的价值与差异决定了语言的意义,也决定了语言系统的存在状态。语言不是一种先验客观的存在物,也不是独立于人而存在的实体,它是一种价值与差异的综合体,它是人为制定出来的一套规范系统。语言任意性和差异性是不可分割的,它们共同规定和决定着语言系统的存在和运作方式。索绪尔确立了上面提及的任意性原则以及这里的二元对立原则,从而将语言视作一个相对独立、封闭自足的、在其内部相互联系的符号系统。索绪尔建构的这样一个符号系统撇清了与历史和文化的千丝万缕的联系,这样我们就可以对语言内部进行系统的、定性的符号学研究。意义诞生于语言符号之间的相互对比与参照,断绝了与外部世界的关联,成为符号运动的产物。因此,语言被视为先于世界而存在,它赋予世界以意义,语言的世界产生了物质的世界。

　　索绪尔的语言观强调了符号的任意性和约定俗成特征,还原了语言的本来面目,反抗了那种逻各斯和理性中心主义的传统,具有革命性的意义,开创了结构主义语言学研究方法的先河。尽管索绪尔本人关注的只是语言学问题,但是他所开创的结构主义研究方法却远远超出了狭隘的语言学范畴,扩展到了哲学范围,以及更规范的人文学科乃至自然学科,成为具有普遍价值和意义的研究范式。结构主义方法论以强调整体性、系统性和二元对立为特征,在人们的实际研究过程当中卓有成效,向人们呈现了一个秩序井然的对立统一的世界。这种研究思想甚至发展壮大,终于形成了结构主义潮流,在人文和自然科学的众多领域都取得了令人瞩目的成就。

传统语言观念习惯于将语言视为单纯的表达思想观念的工具,思想意义被视为语言的内容,而符号则理所当然地被视为语言的形式。形而上的内容在先,形而下的形式在后,内容决定形式,这是形而上学语言观的基本原则立场。语言的内容与形式是相互对立的,而且相互联系着的,它们共同构成语言的表层结构与深层结构。由于受到基督教思想的影响,人们往往将语言看作来自于逻各斯的语言。逻各斯代表着毋庸置疑的真理。正是神的语言引领人们开启智慧之门,逐渐走上文明的道路。语言赋予世界以名字,语言的世界等同于上帝创造出来的世界。一直到中世纪这种宗教神学的语言观都牢牢地占据着人们的头脑,掌控着人们的思想。尽管人们一直在使用着语言,却不敢冒着亵渎神灵的罪名对其提出质疑,反思语言的本质,以及它与我们生产劳动的关联。后来随着文艺复兴运动日益高涨以及人文主义的兴起,人们的理性思维逐渐开始占据思想战线的上风,以理性思索代替了对于上帝的崇拜,逐步开辟了科学主义、理性主义的时代。人们把理论关注焦点从先验的上帝转移到了现实存在的人自身,以对于科学理性的崇拜来取代对于全知全能上帝的膜拜,使文明朝着科学的方向跨出了具有历史决定意义的一步。古希腊哲学的研究主题是关于世界的本原到底是什么,这属于本体论方面的问题。近代哲学的研究主题转移到了人的思考能力和认识方法本身,这属于认识论方面的问题。"现代哲学之父"笛卡尔着重探讨具有先验理性的人是如何进行思考和逻辑推理的,提出人的批判性思维活动本身是关于人存在的唯一确证。他以此理性思维为基础,证实了独立的精神实体存在,接着论证了物质实体的存在,并且将这两个有限的实体存在并列起来,作为形而上学的基本出发点。他在此基础上

第二章 总体性观念指导下的后现代文化批评

逐步推演出上帝的存在、完美的存在、真理和真实的存在，以及数学逻辑的真理性，等等。他将物质世界视为受同一性的机械规律作用的机器，包括人的肉体在内。他认为"我"是一个独立于肉体的、思维着的存在。他把物质世界和精神世界并列起来，这两者的本体都是来自于上帝这个单独的存在。这种二元对立的认识方法为近代西方的哲学思想奠定了理性中心主义的基调。笛卡尔认为我们可以怀疑一切事物的存在，然而唯一不能怀疑的就是我们正在怀疑着的"我"这个存在。这个正在进行怀疑的"我"是指我们那个脱离肉体而独立存在的心灵。既然"我"这个思想主体的存在是不能被怀疑的，那么能够使"我"存在的更高的"存在者"也是不能被怀疑的，至于能够使"我"和外界事物都存在的存在物，唯有上帝。人先天具有理性思维能力，语言是人的内在自我进行推理和演绎的结果。人们在自我的心理空间当中建构起语言表征结构，而且自我在这种赋予世界以意义的活动过程当中充当创造者的角色，居于主宰地位。笛卡尔以自我作为支点，以理性思维作为杠杆，试图撬起包含着上帝、世界、自我以及真理的整个形而上学宇宙。

自柏拉图以来的传统观念倾向于认为语言是人们表达思想的工具，是作为主体的自我意识对外界和自我内心的描摹和表征，语言的表达可以做到清晰明了，语言是来源于上帝和绝对神性的言语，逻各斯和理性是指导语言生成的核心。他们坚信自己可以掌握宏观世界的终极真理，为自己的封闭的总体性系统预设了作为中心的绝对存在物。例如，在宇宙观方面，他们认定上帝就是宇宙的中心和本原；在历史观方面则认为历史的发展有着既定的目标和方向，历史是遵循着既定的规律呈线性的发展态势，历史的真相可以为人们所认识；在语言观方面则认为语言的所指都取决于一个超验所指，它是确定的、在场的、本原的。它不同于任何的能指或者所指，它不受到能指与所指自身规律的限制，它自身即具备意义，并不需要通过符号之间的差异或者观念之间的差异来确定其意义。它统率着能指与所指，是所有能指确定各自意义的标准和指向。它并不是诞生在符号或观念的差异当中，而是独立于语言之外、先于语言就已经产生了。语言的功能只不过是将这现成的意义通过合乎规则的方式表达出来而已，充当的是一个传声筒的角色。这种语言意义观预设了一个静止的、固定的、在场的形而上学中心，诱使人们相信口头的言语可以直接表达出本原意义，而书写的文字则因为是对于口头言语的记录和转码，从而被认为离逻各斯又隔了一层，当然处于语音的掌控之下。因此，逻各斯主义必然会导致语音中心主义的产生，这是顺着在场的形而上学方向进行逻辑推理的必然结果。这种形而上学的体系是一种人为构造出来的层次分明、秩序井然的等级体系，中心的地位不容置疑和颠覆，处于上层的一方统治着其下属的一方。这种结构主义的等级机制在政治和学术领域当中遭到了来自边缘和底层的知识分子的尖锐批评和激烈反驳。

索绪尔的研究模式提醒我们要想深入地研究语言，就要撇开语言现象之外的民族、文化、政治、历史变化等因素，集中于语言的内部现象与规律的挖掘，研究在语言使用者当中共同具有的、相对稳定的特征。研究对象从传统的名称与实物的对应转变为观念与音响形象的二元对立关系。索绪尔在纯粹符号的世界当中展开了共时性的研究，暂时搁置了对于符号世界之外因素的考虑，如文化习俗、历史变迁以及语言使用者的阶级出身和个人差异。索绪尔关于能指和所指的论述确实是开拓性的，有助于我们把握和认识语言作为一种约定俗成符号体系的任意性特征和互相指涉的规律。

德里达充分肯定了索绪尔创建结构语言学的历史贡献，认为这成为所有人文学科的认识模式，当然也影响了他自己的哲学研究方向。德里达在这条道路上走得更远，为自己找到理论观点的佐证，提出文本之外无他物的主张，从而徜徉在能指的世界里面进行颠覆性的解读。他肯定了索绪尔提出能指与所指区分的积极意义，认为这是反传统的，当然也具有历史进步性。但是与此同时，他也凭借解构主义理论家独特而敏锐的目光发现了索绪尔思想体系当中的悖论和局限之处。

德里达认为语言学只是一般符号学的一部分，任意性的规律结果发展成为等级化的目的论,也就是说索绪尔发现的规律并不能够代表符号学的所有规律,我们不能把局部的规律人为地拔高到普遍规律的层面。索绪尔主张语言是一个稳定而且封闭的结构,能指与所指之间的关系是固定的,语言能够准确地表达意义。但是根据他提出的差异性原则,一个符号只有在与相邻的符号对立关系当中才有价值,所指的意义只有在能指与其他能指的关系当中才能确定,当同一个符号放进不同的符号关系当中,应该形成不同的关系、产生不同的意义。而且索绪尔为自己的能指预设了一个先验的绝对所指,以此为基准点来保证能指与所指之间稳定的关系,这与他自己提出的意义根据不同符号关系而产生差异的原则也是相悖的。因此,德里达说:"保持能指与所指之间的严格区分(这是一种本质的和合法的区分),所指和概念的相等,直接提示了思考一个所指概念本身的可能性,这一概念对思想来说是简单的、在场的,它独立于语言,亦即独立于一个能指系统的关系……他同意被我称为'先验所指'的古典要求,这一先验所指在其本质上不指涉任何能指,并且超出符号链之外,它自身在一定时候不再作为能指起作用。相反,一旦有人对这样的一个先验所指的可能性提出疑问,而且认识到任何所指都是处在能指的位置上,那么所指和能指之间的区分——符号——在其根基处就变得可疑了。"①他从根本上质疑了索绪尔关于能指与所指之间的区分,提出任何所指都是能指,而且指出索绪尔预设的先验所指是在场的形而上学的理论残余,是索绪尔结构主义语言学理论反抗传统的逻各斯中心主义不彻底的表现。

在索绪尔的理论体系当中,先验所指处于绝对中心的位置,它统率能指和所指,决定着能指与所指的关系。它本身不属于符号系统,不受符号关系的影响,然而又决定着符号的意义。这种不存在于系统内部然而又扮演中心角色的先验存在引发了德里达的尖锐批评,指出这个所谓的中心是人为设定的,它应该是一种缺席的

---

① (法)雅克·德里达:《多重立场》,佘碧平译,北京:生活·读书·新知三联书店,2004年版,第23—24页。

在场。先验的所指实际上是索绪尔依据逻各斯中心主义传统而做出的形而上学假设,他由于受到先验在场的逻辑影响,以此作为建构宏伟的结构主义理论系统的本原和基始,对其寄予殷切的希望,认为它可以保证语言系统的稳定性和确定性。中心是唯一的、不可对换的一个点,围绕中心建立起理论体系已经成为人们关于哲学和科学认识的前提。

德里达指出中心既能够主宰结构而且自身又不受结构的限制,既处于结构的中心位置又游离于结构之外,这种悖论式的推理暴露了逻各斯在场逻辑的根本缺陷和错误前提。如果我们假设了结构的中心,那么我们就不能将它置于结构之内,否则我们就要证明它主宰地位的合法性,它何以能够凌驾于其他成分之上;既然中心已经游离于结构之外了,它就不属于结构的一部分,结构就应该有另外的中心,要想成为结构的中心就必须得回到结构当中去。简而言之,就是中心的合法地位与结构从属关系不能并存的矛盾。德里达从根本上反对关于中心的提法,他主张系统的开放性和不确定性,否定存在先验的、确定的、合法的中心,并且他不满足于语言学领域的去中心化运动,而是将这种批判逻各斯中心主义的矛头伸到了哲学、政治和历史的领域,颠覆文化和政治批评领域的中心逻辑和等级制度。

索绪尔坚持语音对于文字的绝对主导地位,"语言有一种不依赖于文字的口耳相传的传统,这种传统并且是很稳固的,不过书写形式的威望使我们看不见罢了。早期的语言学家,也像他们以前的人文主义者一样,在这一点上上了当。"①因为文字是记录我们口头语言的符号,隔着一层符号的屏障,相当于将原本属于口头的内容转述成为书面表达形式,比当面口述要更加远离逻各斯和神谕,况且由于书写方式的演变以及有可能造成的错误拼写和笔误等弊端,所以他认为口语比文字更加可靠而且高效,想要恢复语音在语言当中的重要地位和历史价值。而且"语言是不断发展的,而

---

① (瑞士)费尔迪南·德·索绪尔:《普通语言学教程》,高名凯译,北京:商务印书馆,1980年版,第49页。

文字却有停滞不前的倾向,后来写法终于变成了不符合它所应该表现的东西"①。口语表达具有方便快捷的特点和及时反映时代潮流变化的能力,这是不言而喻的,而书面文字往往有可能滞后于语言的发展变化,不能及时准确地表达出新的思想内容。因为语音一直处于不断的演进和变化当中,不同的历史阶段以及不同的地域之间语音的差异有可能非常明显,文字的表音功能是很有限的,结果有可能"掩盖住了语言的面貌,文字不是一件衣服,而是一种假装"②。文字掩盖了语音方面的演变和差异,让我们误以为语音并没有发生多大的改变,看似平静的文字下面有可能隐藏着波澜起伏的语音方面的变动和更迭。语音的变化往往不会在文字当中反映出来,但是因为文字本身具有的相对稳定的特征,使人们更愿意相信文字而不是语音,结果出现了这种悖论:"文字越是不表示它所应该表现的语言,人们把它当作基础的倾向就越增强;语法学家老是要大家注意书写的形式。"③索绪尔呼吁我们扭转这种过于依赖书面文字的错误倾向,而要把研究的重心转移到语音上面来。

德里达通过梳理西方哲学史上一贯重视口传声授的传统,认为口语优于文字的观点是逻各斯中心主义在作祟。这种以语音为中心来研究能指与所指之间关系的方法,其本质是沿袭语言研究当中的等级制度。苏格拉底和柏拉图都对文字的作用持贬抑的态度,认为文字尽管方便人们阅读和使用,但是会使人对它产生依赖性,会在无形当中削弱人的记忆力,而且文字还容易引起人们的曲解和误读。德里达对这种观点进行了解构和批评,认为传统学者这么做的目的主要为了维护和强化意义的在场,强调意义清晰明了而且不可更改,说到底是为了维护道德秩序、心理控制和社会统治。这些传统的学术权威占据着思想界的中心地位,竭力维护现有的思想统一秩序,尽力压制异质多元的思想观点和文字阐释。

---

① (瑞士)费尔迪南·德·索绪尔:《普通语言学教程》,高名凯译,北京:商务印书馆,1980年版,第52页。
② (瑞士)费尔迪南·德·索绪尔:《普通语言学教程》,高名凯译,北京:商务印书馆,1980年版,第56页。
③ (瑞士)费尔迪南·德·索绪尔:《普通语言学教程》,高名凯译,北京:商务印书馆,1980年版,第56页。

而德里达则认为，我们正好可以利用文字多样化解释的特征来对抗和解构传统的话语暴力和形而上学。文字与意义之间的间隔为我们提供了一条蹊径，可以借来突破思想权威的层层压制和重重包围。

索绪尔将表音文字当作语言学的基本研究对象，排除了表意文字的对照研究。德里达认为他无视表意文字在整个世界语种当中占据相当大的比重，这是一种以偏概全的做法，甚至称之为西方人种中心主义、前数学的蒙昧主义、预成论的直觉主义。我们认为在选取研究对象时表现出来的倾向性和人为干涉研究结果的做法确实与研究者公开标榜的语言学研究的客观公正性宗旨不太一致。我们要勇于承认自己研究的局限性，尽量避免将自己局部的研究成果说成是一个超越时间和空间地域限制的放之四海而皆准的公理。因此，德里达认为语音中心主义下面还隐藏着人种中心主义，这与西方哲学传统思维方式是一脉相承的。人们早就已经习惯于逻各斯中心主义和语音中心主义的思维方式，并且将这种哲学传统视为正统，将符合这种理论思路的观点视为真理。这种研究思路所带来的后果就是以自我为中心，往往忽略了其他民族文化和哲学范式的异质性，无形之中以西方传统哲学的模式来套用到其他哲学体系头上，将异己的文化和哲学体系视为非正统和非主流的次要成分，压制和削弱了其他哲学体系在世界哲学整体当中的影响力和发展潜力。因此，我们要以公正的态度和整体性的视角来看待其他民族的文化传统和哲学体系，为人种学和民族学的诞生铺平道路。"可以说作为科学的人种学/民族学只有在某种去中心运动可以运行的时候才能诞生：这是一个欧洲文化——因此也是形而上学及其概念的历史——遭到解体，被逐出其领地，不得不因此停止以参照性文化自居的时刻。"[1]德里达所强调去中心的整体概念对于我们全面客观地了解、吸收和借鉴世界上异彩纷呈的文化现象和哲学观点具有深刻的理论指导价值和现实

---

[1] （法）雅克·德里达：《书写与差异》，张宁译，北京：生活·读书·新知三联书店，2001年版，第507—508页。

意义。

　　德里达认为,口语表达必然是按照前后相继的顺序展开,要说的各个要素在时间轴上按照一定的次序出场,这些音响形象在我们的大脑记忆当中形成一个链条,代表着一定的含义。文字在书面当中以平面的方式展开,而且可以同时向几个方向延伸。文字符号在我们的视觉当中形成了网络化的开放式系统。这个多维网络系统面向所有可能的意义解释敞开了路径,身处其中的能指才有可能具备完整的意义,并且与其他的文字以及口头能指发生关联。只有文字的系统才有可能被赋予完整的意义,我们只有借助于文字符号才能够成功突破传统的哲学理论体系。我们只有在文字符号的解读过程当中才能够真正体会到什么是差异以及差异化的运动。德里达为此创造了一个著名的生词,différance,希望借此来说明文字与语音的差异,以及此种差异与一般理解的差异的区别。他举例声称 Différence 和 différance 这两个单词读音相同却代表着不同的书写符号以及意义,以此证明口语表达也有可能会导致误解和不能反映全部真相,希望人们了解文字符号的存在必要性和重要性,以及对于语音中心地位的颠覆作用和解构价值。而且他所提出的差异系指产生差异的差异,是一种运动性的概念。

　　索绪尔从语音的时间化特点出发来展开语言学理论建构,而德里达则从文字的空间化特点出发来分析和研究语言,并且将这种思路一直推广到一切的符号以及哲学范围。差异在德里达的哲学理论当中就占据着基点的位置,他围绕着差异展开了自己的理论阐述,旨在坚持理论系统的开放性、去中心、批判性等一系列特征。文字和文本当中的差异可以表现在时间和空间这两个维度上：同一个文字和文本由同一个人在不同时间会有不同的解读,产生不同的意义；而同一个时间内不同的人也会有不同的解读,产生不同的意义。德里达由此认为文字和文本并没有一个终极意义,有的只是不断添加进来的新意,所指范围的无限扩大,旧有意义不断地留下踪迹,所见到的只是能指的网格。文字和文本的意义并不能自我指涉,而只能通过其他的文字和文本来作为参照,这是德里达从索绪尔的差异性思想那里继承下来并且进一步推向极致的观点。在系统当中只能通过部分之间的差异来相互区分和定义,这是索绪尔的基本观点。索绪尔与德里达不同之处在于前者设定了一个封闭自足的等级系统,并且预设了一个终极所指,一劳永逸地解决了能指与所指之间的关系问题,将它们说成是固定不变的、互为表里的、犹如一张纸的正反两面。而德里达则打破了系统的封闭自足性和等级制度,消解了一个先验的所指,文字和文本借其他的文字和文本来标志和参照自己,意义并不存在于文字和文本之内,而是永远地不在场,游离于文字和文本之外,在永不停歇的差异运动当中我们永远也把握不住一个明确的意义,能指颠覆了所指的统率和压制,文本的解读成为能指不断滋生增殖的过程,单一透明的意义永远不可能在场,有的只是复数的模糊意义的无限增长和能指链的无限延长。每一个语音素或者文字素都是符号链或者系统当中其他要素的变化结果,通过相互参照来辨别彼此,差异运动的踪迹给予它们存在的空间。意义就存在于符号与所指之间的关系当中,但又以差异运动的方式不断推延自己的在场。在场和不在场这两种看似对立的状态在语言的要素和系统当中同时呈现,不可分离。我们所能够把握的只有不断延伸的差异以及踪迹的踪迹。文字作为一种文化符号积淀能够以一种相对稳定的方式存在,人们的阅读不断地赋予它新的意义。作者和读者的共同作用使文字获得生命,而且其意义在阅读和阐释过程当中不断地累积和拓展。

人们一直以来认为口语能够直接说出心中所想,口语与思想能够保持一致,但是德里达指出这其实只不过是一种主观臆测罢了。口语与思想的距离不见得就比文字要近,它同样也需要中介的作用才能够表达思想观念,但是它自身的同步性、暂留性等特征会让人们觉得从大脑到口的距离要比大脑到手的距离要更直接、也更近一些。语言符号的一般特点在口语当中更加隐蔽,不容易被人们注意到。思想必须要借助语言符号才能够得到表达,我们不能指望它可以不采取任何具体的形式而直接实现自我呈现,它的在场是以不在场作为前提的,思想本身永远不可能直接在场,而它尽管不在场却能通过符号的方式来实现在场。思想的表达要遵

第二章 总体性观念指导下的后现代文化批评

循符号自身的规律和特点,由于符号自身无法避免诸多特征的限制,在此过程当中思想必然要发生适应性的变形甚至扭曲,犹如将水倒入杯子当中,或者从鱼缸里面往外面观察一般。思想不可能像货物一样可以被原封不动地从 A 点转移到 B 点。而且思想本身也不可能保持一成不变,而是随着外界以及主体心理的变化而不断地进行适应和调整,不同主体之间的个体差异在思想方面的表现也是很明显的。传统观念认为思想是口语的中心,口语是文字的中心,它们之间是一种上下级的统帅关系,后者是对于前者的模仿和表达,处于从属和被决定的地位。由此说明,不仅在同一种符号的内部不存在意义的中心,而且在不同符号之间也不存在中心的关系,形而上学的等级制度被彻底打破,剩下的只有解构主义的去中心的、平面化的、不断延异的、无法最终确定的指代关系。口语在表达思想以及文字在表达口语的时候既包含了原来的内容,又添加了新的内涵,使意义在不断的增殖之中向四周扩散和蔓延,文本的世界逐渐遮蔽和取代了现实的世界。

尽管逻各斯中心主义具有上述的明显的弊端和致命的弱点,但是我们并不能因此而全盘否定它的二元对立认识论价值和中心等级化理论体系的建构意义。德里达提醒我们要对符号以及文本进行解构的必要前提是首先必须要透彻地理解符号、文本的基本逻辑以及事实。他强调说我们往往未必意识到古典哲学对立当中所包含的暴力性话语以及形而上的等级制的本来面目。我们颠覆和解构所谓的崇高和结构中心,从全新的解构主义的视角来反思和考察既往的观点和理论建构,从而发现以往未曾意识到的问题和被隐藏着的真相。任何一种系统都不可能是包罗万象、无懈可击的,它的自身总是带有先天的缺陷和无法用逻辑合理解释的领域,这样也为它的多元化解释以及理论重构留下了方便之门。任何的系统都不应当是封闭自足的,我们总能够找到它的适用局限性以及不符合这种理论框架结构的特殊案例。但是,正如能指与所指之间并非泾渭分明的关系,结构主义与解构主义之间也不是纯粹对立的,而是相互依存和转化的。德里达明确承认它们之间相互启发的密切联系和逻辑互补,他是这样评价解构这个概念的:

"我甚至说它是结构概念,因为没有延异,就没有结构,只要不把这一概念理解为古典形而上学的结构,那么它就是结构的最一般的结构。"①也就是说我们要从最一般的结构意义上来理解解构主义,把它看作结构主义的最一般的形态,即那种抛弃了主观先见和人为设限以及盲目接受和罔顾反思等诸多弊端的结构主义。可以说,结构主义的理论空白成为解构主义萌发的起点,结构主义的单向思维激活了解构主义的逆向思维,结构主义的理论遗产成为解构主义滋生的温床。

索绪尔的结构主义拘囿在语言学的框架范围内,并未将这种理论模式扩展到人类文明的其他领域,也没有详细阐释语言与社会之间的互动关系。而德里达的研究目光则从纯粹象牙塔内的语言学研究拓展到了对于现实的话语权利的批判,索绪尔在语言学研究当中的新发现帮助德里达成功地引爆了深藏在传统哲学体系和当今政治体制内部的定时炸弹。德里达借由对于结构主义语言学的批评,将批判的矛头对准了建构这种理论体系的方法本身,并且将建立在这种认识论基础之上的整个人类的文明体系都逼到了历史的墙角,用最严苛挑剔的目光来逐一审视,不带有任何的偏见和迷信,力图还原历史和哲学的本来面貌。结构主义容易产生话语权威以及强权政治,从这个意义上而言,"解构一直都是对非正当的教条、权威与霸权的对抗"②。

索绪尔为了追求结构语言学的确定性和同一性而切断了符号世界跟现实世界的关联,德里达在这条路上走得更远,他彻底放弃考虑有关客观现实对于语言发生发展的影响和决定意义指涉的作用,而只专注于能指自身的研究,在意义的无休止的延异当中去中心、去边界、消解二元对立,寻求意义的不断更新与增值。

巴特认为语言的存在要早于人的存在,因为在作者诞生之前语言就已经产生了,所以作者只能接受这种现成的语言系统。就

---

① (法)雅克·德里达:《多重立场》,佘碧平译,北京:生活·读书·新知三联书店,2004年版,第10页。

② (法)雅克·德里达:《书写与差异》,张宁译,北京:生活·读书·新知三联书店,2001年版,第15—16页。

作者的创作活动而言,是已经存在的作品影响了作者现在的生活,而不是现在的生活影响作品的产生。生活不再是作品的创作来源,作品也不再是对于生活的模仿和表现。作品并不是作者的个性化产物,而应当归结为语言自身的演变和运作。作者的匠心独运和苦心孤诣被解读为互文性的自发作用,他只不过是在名义上创作了文本,实际上真正的幕后推手是不断自我繁衍的文本自身。作者的主体性地位被消解,其创造性的中心地位被能指的无限增殖所取代,作者以及作品脱离了具体的社会、文化和历史环境,文本的创作成为语言自身的游戏。

他将解构主义理论主要运用于文本分析,指出了以静止状态存在的作品与以运动状态存在的文本之间的本质差异。他认为作品是指有着固定意义的实物,那些经由作家之手创造出来的提供给我们阅读的作品实际上应该称之为文本。在他看来,作品是指一个有着既定的形式、具有单一而且确定意义的独立自主的存在物,是已经完成了的产品;而文本则属于方法论的领域,它以不断运动的方式存在于我们的阅读过程当中,它的意义在不断地增殖,而且互相干涉和对抗,包括它的叙事结构也是处于不断的运动变化之中。他指出,作品接近所指,而文本是对符号的接近和体验。作品是自行呈现固定意义的单纯客观存在物,而文本是经由阅读实践活动才能够体会得到的感受和经验。文学作品的能指与所指之间的关系并非完全确定,它们之间并不是一一对应的关系。能指之间可以自由地相互指涉。我们如果说作品接近所指,意即人们假设有一个固定的所指隐藏在作品背后,我们所要做的就是将这个所指发掘出来。如果说文本是我们对于符号的接近和体验,意即在我们阅读文本的过程当中,文本的所指在无限地往后延迟,它的能指也在向四周无限地增殖,我们无法找到确定的真理和意义,文本没有固定的结构,也没有既定的中心,我们在体验符号能指自身的绝对运动和变化。

他还特意用编织物的例子来说明文本意义的生成过程。以往我们习惯于将文本视作一幅已经编织成功的面纱,在其背后隐藏着意义。而如今,我们借用织物的不断编织过程来象征文本意义的不断生成,而在此过程当中,主体则消融到文本当中,难以寻觅其踪迹了。"文(texte)的意思是织物(tissu);不过,迄今为止我们总是将此织物视作产品,视作已然织就的面纱,在其背后忽隐忽露地闪现着意义(真理)。如今我们以这织物来强调生成的观念,也就是说,在不停的编织之中,文被织就,被加工出来;主体隐没于这织物——这纹理内,自我消融了,一如蜘蛛叠化于蛛网这极富创造性的分泌物内。"① 传统意义上的作者主体地位被动摇,以至于消解,作者的创作意图被不断增殖的意义所淹没,没有人再去关注作者当时想要表达的意义到底是什么,而只是专注于意义的自我繁衍和读者的创造性阐释。不存在所谓的完成、静止状态的文本以及意义,它们都处于不断的运动变化之中,作者的作用已经在读者的作用之下隐没在文本当中,成为其中一部分,难以保持其原来面目,与周围的其他成分混成一体,作者以及原本意义的权威和中心地位都被消解了,剩下的只有无止境的文本重新解读和新的意义不断产生。文本犹如一张不断扩张的大网,读者参与文本的制造。

文本由此成为能指游戏的乐园,能指不再拘泥于抽象空洞的概念,而是永无休止的相互指涉和增殖。我们在阅读文本时,不再受制于特定的目的和企图,也不需要在文本当中挖掘出所谓的中心思想和主题意义。阅读的过程就是参与文本游戏的过程,带有特定使命和目的的阐释活动停止的时候,真正自由的文本游戏才开始。传统意义上的作品追求所谓的确定意义,是一个封闭静止的实际存在物,而文本则是永远无法确定其中心、本质和意义的无限开放的能指游戏过程。

传统文学作品肩负着传播真理和树立正确的意识形态价值观念的使命,追求的是真善美,即要求符合真理、满足道德规范、思想政治、美学鉴赏等方面的要求。文本能够表达真理的神话被揭穿了,文本所宣扬的价值观念被指责为欺世盗名的行径,隐藏在其背后的是赤裸裸的物质利益和政治宣传。唯有悉心体会在阅读文本

---

① (法)罗兰·巴特:《文之悦》,屠友祥译,上海:上海人民出版社,2009年版,第79页。

时候产生的愉悦感觉,方能真正地接近文本,摆脱功利主义的束缚。在阅读的时候要沉浸在文字的游戏当中,细细地体会文本的组织结构以及能指的无限增值所带来的异常欣快的感觉。"文本的快感……可以适切地去漂移这一形式。无论何时,我不关注整体了,漂移便出现了。无论何时,我仿佛被言语的幻觉、引诱和威胁带到了各处——犹如波浪上的浮子,这时,我是不动的,我围绕着将我与文本(世界)联系在一起的、没有商量余地的享乐旋转。此际,漂移便出现了。无论何时,当我不具有社会语言、社会言语方式,漂移便出现了。如此,漂移的另一个名称该是:难御(intraitable)——甚或是:轻浮。"① 只有当我们不再受制于社会语言方式的限制,放弃文本整体观念,不再挂念那个所谓的固定所指,随着文本能指无限增殖运动的波浪而上下起伏、盘旋漂荡,尽情地享受着文本游戏所带来的无穷乐趣。我无须主动追寻,而是像一个浮子一般任由新生的意义带动我在文本能指的世界当中徜徉。我并不能驾驭文本,能指自发的无限增殖运动剧烈而且无法抗拒,它的意义并不固定,它的结构也没有既定的模式。

关于能指与所指的关系,巴特认为它们之间并非是一一对应的,我们无法确定能指的意指究竟为何,因为这是一个无尽的意义生成过程。在能指确定其所指之前,就已经有其他的能指介入进来,每一个意指过程都演变成为能指的增殖环节,意义在能指的不断增殖当中渐行渐远,逐渐迷失在能指的一片汪洋之中。能指始终无法确立与所指的关系,而只能够浮在所指的表面不断地滑动和漂移。文本是一个开放的网络,为后续的编写和阅读留下了无尽的想象空间和创作可能。文本只是我们在每一次的阅读和创造活动当中所体验到的一种话语存在方式。文本中不存在叙事逻辑,文本之外并无他物,它只是一片能指的天地。我们无法确定叙事的起点,也无从限定其终点;我们无法明确叙事目的为何,也无法判断叙事的结果究竟为何。文本呈现给我们眼前的是一些不连

---

① (法)罗兰·巴特:《文之悦》,屠友祥译,上海:上海人民出版社,2009年版,第25页。

续的片段,缺乏内在联系的章节拼接在一起,没有统一固定的模式能够把它们归纳分类,而通往文本内部的路径也并非只有一条。"网络系统触目皆是,且交互作用,每一系统均无等级;这类文乃是能指的银河系,而非所指的结构;无始;可逆;门道纵横,随处可入,无一能昂然而言:此处大门;流通的种种符码(codes)蔓衍繁生,幽远恍惚,无以确定(确定法则从来不支配过意义,掷骰子的偶然倒是可以);诸意义系统可接受此类绝对复数的文,然其数目,永无结算之时,这是因为它所依据的群体语言无穷尽的缘故。"① 文本成为能指的不断延伸的开放系统,没有意指的中心,也没有固定的所指结构。我们没有确定构成文本的诸多符码,但是它们都有可能成为进入文本内部的路径,而且它们之间并没有所谓的主次之分。这些文本可以通过这些路径来瞄准那些源自其他文本、符码的碎片、声音的透视远景,但是因为它们的汇聚点都游移不定,所以文本都是这些差异的无穷重现和无限再生,而且这些文本都没有固定的形式、结构与意义。特定的文本成为有着众多门路的网状系统的入口,而不是通往总模式的途径。

文本都是已经被书写过了的文本的引文。文本都会成为其他文本的引文,也会从无数已经写过的文本当中吸取引文。那些引文是已经为人们所熟知的、已经被书写过的文本,它们丧失了其原来的个性和独立性,不留征兆地融入文本当中。文本以复数的状态存在,它是先前以及周围文化的文本交互编织和吸收,是新文本对于现有文本的无意识运用,也是文本的自动生成。我们原本习惯于认为文本当中反映了作者的独特个性和充沛的艺术创造力,其所有权归作者拥有,而在后现代主义的文本观看来,作者的主观想象和艺术创造力早已被消解,一切文本都被归结为引文,而且毫无个性特征以及艺术创新,令人感到兴味索然。

德里达认为我们若要确定一个能指的所指就只有通过了解与之相关的能指,而这样就意味着更多的能指牵涉进来。所指与能指之间是不断转化的关系,此处的所指如果换了个语境就会变成

---

① (法)罗兰·巴特:《S/Z》,屠友祥译,上海:上海人民出版社,2009年版,第62页。

第二章　总体性观念指导下的后现代文化批评 ‖ 117

另外一个所指的能指,这种转化是永无休止的过程。我们无法找到一个不充当能指的终极所指。也就是说,所有的能指都是所指,而所有的所指也都是能指。当我们接触到某一能指的时候,它的意义需要有更多的能指来加以限定和描述,意义不是固定不变的,而恰恰相反,它处于不断的位移当中,一直在逃避人们的捕捉。某个能指在我们面前出现的时候,所指并不会立刻浮现,而是不断地推延其出现的场合,甚至我们永远也无法得知,因此所指是无法触摸得到的不在场之物。在我们阅读文本的过程当中就会发现,能指不断地增殖,而意义则永远不出场,我们追求意义的活动被无限期地往后推延,文本变成了开放性的、去中心化的、没有固定意义的,为我们留下无穷的解读空间。

人们日常生活当中的"言语"属于表层结构,而人们通过学习语言所掌握的"语言"是一个系统的整体。意义产生于符号之间的组合关系当中,而非符号本身。在人们面前呈现的是能指与所指互相指涉关系的巨型网络,每个要素的意义和本质只有通过其他的要素才能够进行限定和解释。对能指和所指进行的区分开创了结构主义的本体论、认识论和方法论。它将所指视为本质,能指视为现象;所指是居于深层次的,起决定作用的;所指是居于表层的,被决定的对象。但是这也为后结构主义者否定意义的确定性进而否定结构系统的封闭性和自足性留下了后门。在后现代文化中只剩下能指,所指已经全然消失了,深层次的决定因素被表层的符号取代了。

语言脱离了现实的生产劳动,成为封闭自足的空间,而且反过来决定客观世界。不是劳动创造了人类和语言,而是语言创造了世界。如果我们面对一门完全陌生的语言,要想知道其中某个词的语言,仅仅依靠该语言的符号的相互指涉是无法得知其究竟是什么意思的。如果想要真正体会到能指的无限延异、意义的无法确定,唯有当我们通过翻译或者其他的种种线索将其与现实世界能够关联起来,才会明白它的所指到底是什么。

以上这四种深度模式都是主体和客体二元对立思维的结果,都是借助于理性思维对于事物和现象背后的本质、意义、规律的探索,力图揭示在表层下面掩盖着的深层次的决定事物发生、发展与变化的决定性因素,从而把握事物未来的发展趋势和走向,在认识和改造世界的实践活动当中处于主动地位,取得积极有效的成果。这种思维模式在实践当中已经证明了它可以非常有效地帮助我们达到自己的主观企图和实践目的,然而它自身所固有的弊端也逐渐凸显了出来,并且为人们意识到,成为后现代批评家们批判的重点。这其中就包括苏珊·桑塔格的"反对阐释"主张。

科学启蒙思想使人们质疑那些古代留存的譬如《圣经》之类的经典文本的真伪和权威性,于是阐释学便进入人们的视线,通过赋予那些古代文本以时代的新意来延续它们的正典统治地位。古典阐释学首先假设古代文本的意思与后来的阅读者的理解之间有所龃龉,然后便由专家学者借此从中斡旋,依据文本解读出新意来,并且对读者声称这就是原文的本来意义,大家应该据此来理解古典文本。它坚持以原文为依据,承认其传播真理、揭示真相的价值,在尊重原文的基础上对其进行建构性的阐释发挥,使其适应时代的变化和人们认识水平的提高。"传统风格的阐释是固执的,但也充满敬意;它在字面意思之上建立起了另外一层意义。现代风格的阐释却是在挖掘,而一旦挖掘,就是在破坏;它在文本'后面'挖掘,以发现作为真实文本的潜文本。"[①] 现代风格的阐释是一种颠覆性的破坏行为,它期望在文本的背后挖掘出潜在的文本,认为这才是真正的文本,而原来的文本则被废弃一旁,阐释者取代了作者成为意义的根据和来源,从而僭越了权威与核心的地位,潜在文本取代了原文成为人们阐释活动关注的对象,原文本遭到了破坏和解体,对原作的崇敬心态被现代阐释者的急切破解欲望所代替,对文本的艺术鉴赏与体验被科学化的理性分析所取代,感性的生活经历和内心历程被压缩为简约的归纳推理。"我这里所说的阐释是一种阐明某种阐释符码、某些'规则'的有意的心理行为。谈到艺术,阐释指的是从作品整体中抽取一系列的因素(X、Y、Z

---

① (美)苏珊·桑塔格:《反对阐释》,程巍译,上海:上海译文出版社,2003年版,第8页。

等)。阐释的工作实际成了转换的工作。"①桑塔格反对这种看似严谨科学实则背离了艺术的本质与核心的阐释方法,人对于生命的体验和感悟、对于他人的遭遇和命运所产生的深切同情和情感熏陶才是艺术作品的精髓。这种阐释的泛滥将会堵塞人们对于艺术的感受通道,游离于艺术之外,只对其做毫无感情介入的抽象批评和分析,而不敢深入作品内部与人物角色同呼吸共命运,刻意与鲜活的人物和艺术作品保持距离,以一种令人厌恶的态度来维持所谓理论体系的完备性和自足性。人们对于理性智力的过分强调导致了它在艺术领域的过度扩张和过分阐释。这种过分的阐释行为正在危害人们的阅读习惯和感受,甚至使有些人可以不顾原文的意义而任意发挥。科学理性的过分张扬导致了人们艺术感受能力的萎缩和退化。艺术作品的创作成为某一阐释符码的重复演绎、某一叙事框架的填充物。长此以往,人们将会逐渐丧失对于艺术的新鲜感受和敏锐的生存体验,而变得麻木和机械,就连自我主体也沦为科学理性的产物和奴仆。无休止的阐释行为取代了人们的阅读行为本身,对于作品的深度客观理性揭示取代了人们对艺术的永远新鲜的感受,人们把注意力从鲜活的作品本身转移到了理论家精心炮制的长篇大论当中。阐释成为理性智力对于艺术的报复手段,而文本则不幸成为科学理性的牺牲品。艺术家们面对科学理性的全面侵袭当然也不甘心坐以待毙,他们奋起反击,以极端而戏谑的手段来对抗此种极端思维方式的霸权。他们喊出"逃避阐释"的口号以唤起人们的警醒,并且宣布一种全新的创作方式的诞生。艺术可以演变为戏仿,变得抽象,沦为装饰品,直至蜕变为非艺术。抽象绘画直接回避了内容,使阐释活动失去了分析对象,消解了阐释活动得以展开的前提条件,呈现给人们一个让人无语的而且带有嘲讽意味的作品,以一种决绝的艺术态度来作为对现代阐释者话语暴力侵犯的回应。或者像波普艺术那样以非常直白浅显的方式将内容呈现在人们眼前,让任何的阐释都成为多余,

---

① (美)苏珊·桑塔格:《反对阐释》,程巍译,上海:上海译文出版社,2003年版,第6页。

同样可以让阐释者无语而且产生戏谑的效果。又或者像庞德创作的那些晦涩难懂的作品,其意义模糊且难以界定,为深度模式的阐释行为设置了障碍,以期达到逃避阐释的目的。桑塔格还提议道,"原则上,可以通过另一种方式,即创作一些其外表如此统一和明晰,其来势如此快疾、其所指如此直截了当以致只能是……其自身的艺术作品,来躲开阐释者"①。电影无疑是符合这一创作要求的最新而且最受欢迎的艺术形式。它呈现给人们以直观的影像,通过不间断的镜头切换来完成故事叙述。电影画面转瞬即逝,因此人们只有专注于画面才能够在头脑当中形成快速直接的表象记忆,人们的体会和感受紧紧地跟随着画面的变换,直觉思维在一直发挥着作用,而深度的理性思维只有在看完电影之后才有可能被重新唤起。人们在欣赏电影过程当中处于被动接受者的地位,跟随电影镜头而开始思维活动,而无暇做出理性反思和观点辩驳,只有在电影结束以后凭借停留在头脑当中的印象来做出积极主动的阐释。桑塔格反对的是现代风格的深度阐释模式,她强调我们要更多地关注艺术的形式方面特征,以此来克服以往对于内容的过分挖掘和发挥,从源头上遏制阐释的过分张扬和侵占。而且提倡我们进行描述性的批评,以对于自己内心感受的描述来对抗纯粹思辨的理性分析,将注意力的重心从潜文本转移到读者主体的内部心理世界,使批评活动回归到艺术欣赏本身。深度模式当中蕴含着的理性经过人们的阐释得以为公众所知,然而这种阐释模式其实是工具理性作用之下的产物。工具理性在人们认识和改造世界的过程中扮演了极其重要的角色,但是它的泛滥也会造成人及其实践活动的完全理性化和工具化,忽略了人类生存的诗意和趣味。与深度模式相对的平面阐释模式借此获得了合法身份和地位,感性、无意识、欲望等非理性的情感因素重新进入人们的批评视野,并且构成后现代文化的主要表现对象。"可以说,一种崭新的平面而无深度的感觉正是后现代文化第一个、最明显的特征。

---

① (美)苏珊·桑塔格:《反对阐释》,程巍译,上海:上海译文出版社,2003年版,第12页。

说穿了这种全新的表面感,也就给人那样的感觉——表面、缺乏内涵、无深度。这几乎可说是一切后现代主义文化形式最基本的特征。"①"踏入后现代境况以后,文化病态的全面转变可以用一句话来概括说明:主体的疏离和异化已经由主体的分裂和瓦解所取代。"②

二、历史感的断裂

人们对于历史的记忆保存在个体以及集体当中,通常以现在作为时间轴的基点,以此来区分过去和未来。人们通过确定自己在时间轴上的位置来把握历史的发展历程以及未来趋向。时间是连续不断的单向推进过程,它与空间共同构成事物存在与发展的方式。在事物不断的运动变化过程当中,人们逐步获得对于时间的认知和形成相应的观念,是人的思维对于连续性运动变化的整体性的归纳和概括。如果排除了对于时间维度的考虑,那么事物的存在和发展也就失去了赖以存在的基础。当我们指向现在的那一个时刻,它已经一闪而过,湮没到过去当中了。对于过去的追寻与对于自我意识存在的求证一样,都是力图抓住那转瞬即逝的真理瞬间。要凭借一己之力阻止滚滚向前的历史车轮哪怕一个瞬间,在永恒的运动当中想要保留一个真切的静止的瞬间感受,都是无从下手、无能为力的。现在这个观念其实存在于人们的头脑当中,它在一刻不停地向过去移动,人们以现在为出发点来以动态的方式把握过去和未来。现在在不断地转变为过去,未来也将要变成过去。人们通过在头脑当中设定一个称为"现在"的相对静止的时间点来获得事物发展所对应的时间轴上的相对固定的刻度,以此来保证相对确切的时间概念。

历史意识是人类对于自我和历史事件的发展过程的记忆和认识。历史意识保留在个人记忆当中,成为个性化的私人情感体验

---

① (美)弗雷德里克·詹明信:《晚期资本主义的文化逻辑》,陈清侨等译,北京:生活·读书·新知三联书店,1997年版,第440页。
② (美)弗雷德里克·詹明信:《晚期资本主义的文化逻辑》,陈清侨等译,北京:生活·读书·新知三联书店,1997年版,第447页。

和经验储备。历史意识在集体当中则表现为公共情感体验和群体性的生活记忆。人们的历史意识反映了人们对于历史的整体性把握。人们通过历史意识来确认自己在整个历史发展过程中的位置和肩负的历史责任。现代主义努力追寻过去,并且为永远无法抓住过去、无从获得清晰明确的关于过去的记忆而感到无奈和沮丧。詹姆逊认为后现代主义在时间维度上同样也缺乏深度,这种浅薄就体现为历史性在当代文化系统中的缺失。"历史性这里可以作两种理解:一是我个人对人类时间一种存在的意识;二是对过去和历史上的兴衰变革的更一般的意识。我认为,这两种对历史的意识在后现代文化的普遍的平淡和浅薄中已经消失了。老的现代主义对历史的感觉(我们将在后文提及)是一种对时间性或者说对往昔的一种怅然若失、痛苦回忆的感觉。在当代,时间性和存在主义的过去是最'老式'不过的主题了。那种深深的怀旧的个人情绪在后现代主义中完全转变成一种新的永远是现在时的异常欣快和精神分裂的生活。我认为,这与当代人们对历史的态度有很深刻的相似之处。"①过去和未来在现在这个时间节点上发生了断裂和分离,它们不再是连续的时间轴上必不可少的环节,不断移动的现在取代了它们的位置,占据了时间轴的全部。过去不再被视为同现在一样的存在,而只不过是自己的主观臆造和虚幻的图像而已;未来也同样不可捉摸,人们不可能预计未来的发生和走向,能够把握的就只剩下了现在。永恒的现在成为我们的存在方式。传统意义上的过去和未来被抛弃到人们的视野之外,人们原本对时间的整体性把握演变为对于不断流动的现在的执着。过去只不过是人为主观臆想的产物,残留下来的图片和文字并不能够代表什么深层意义,所谓的历史规律和未来构想也只不过是人们理性思维的结果,是在意识形态控制下的权力话语,是关于时间和历史发展的总体性思维观念推理出来的产物。自我意识即存在于现在当中,我们对于自我意识的切身体验和我们对于现在的把握是同步进行

---

① (美)弗雷德里克·詹明信:《晚期资本主义的文化逻辑》,陈清侨等译,北京:生活·读书·新知三联书店,1997年版,第290—291页。

的。人们以对于永恒现在的直观体验和真切感受来取代对于宏观历史及其内在规律的理性思索和总体性把握。"历史感的消失,那是这样一种状态,我们整个当代社会系统开始渐渐丧失保留它本身的过去的能力,开始生存在一个永恒的当下和一个永恒的转变之中,而这把从前各种社会构成曾经需要去保存的传统抹掉。"①历史不再是一个连贯的有深层意义的整体,而是一个个孤立的偶然性事件片段和个体存在,是能指的无限延续,以永恒现在的方式并列存在的平面化的事件和个体。对于可见未来的希望、对于确切真实历史的记忆都已经从人们的历史意识当中消失殆尽,主体成为一个带有戏谑意味的不断变化着的平面化的存在。"后现代给人一种愈趋浅薄微弱的历史感,一方面我们跟公众'历史'之间的关系越来越少,而另一方面,我们个人对'时间'的体验也因历史感的消退而有所变化。"②世界只剩下无限增殖的能指,意义永远躲藏在其背后,所指已然消失不见了,而且能指与能指之间也发生了断裂和分离,孤立的能指彼此之间的指涉关系进一步松动,意义也愈加远离我们的现实生活和心理体验。"后现代主义是指符和意符的分离和意符的消失。现在我们可以用时间的术语和观念来理解这个过程,即精神分裂症患者的头脑中只有纯粹的、孤立的现在,过去和未来的时间观念已经失踪了,只剩下永久的现在或纯的现在和纯的指符的连续。"③过去的能指与我们脱离了关系,现在的能指又彼此分离,我们无从找到意义的归属和时间的基点,一切都处于不断的运动和变化之中。面对不断推延其出场的意义、无限增殖的能指以及永恒的现在,人们与现实、真理、历史的关联被彻底隔绝。时间轴的断裂导致个人以及社会与历史隔绝,个人的时间感也被悬置起来,在这种浅表的生存体验当中感受着游离于外界世界以及历史时空之外所带来的欣喜若狂的愉悦和自我陶

---

① (美)弗雷德里克·詹明信:《晚期资本主义的文化逻辑》,陈清侨等译,北京:生活·读书·新知三联书店,1997年版,第418页。
② (美)弗雷德里克·詹明信:《晚期资本主义的文化逻辑》,陈清侨等译,北京:生活·读书·新知三联书店,1997年版,第433页。
③ (美)弗雷德里克·詹明信:《晚期资本主义的文化逻辑》,陈清侨等译,北京:生活·读书·新知三联书店,1997年版,第292页。

醉。"精神分裂的感受是这样一种有关孤立的、隔断的、非连续的物质能指的感受,它们不能扣连一个连续的序列。"①"它是'符号链条的断裂'(拉康语),是纯指符的逻辑,因为在精神分裂症者的头脑中,句法和时间性的组织完全消失了,只剩下纯粹的指符。"②时间轴的断裂还导致了后现代文学叙事结构的解体,以往按照时间先后顺序组织起来的事件和文本变成了零散的、偶然的拼凑组合,原本连贯一致的意义变得互不相干甚至自相矛盾,精心构建的叙事情节和美好宏伟的愿景被拆散瓦解,呈现给我们的是一些直观感性的生存体验和浅露直白的文本。"在当代总的历史和风格的折中主义中(特别是在建筑和其他艺术中),过去变成了一个纯粹死亡的仓库,里面储满了你可以随便借用或者拆卸装配的风格零件。"③直接的感性体验取代间接的理性思维,平行排列的现时生存经验片段被任意地组合到一起,人为的意识形态压制遭到颠覆,生存的无意识状态由原来的幕后转换到前台,虽然现代主义把不相关的材料和片段并列与组合,但是可以用一种连贯的逻辑把它们贯穿起来,产生新的关联和意义,仍然可以形成新的理想形式;而后现代主义的分离与破裂的经验不可能形成新的形式,也拒绝逻辑和理性的阐释与说明。现代主义的作品有着深层的结构和意义,阐释者可以发挥其积极的作用;而后现代主义的作品则是平面化的文本,阐释者已经无从着手去深入其内部与核心,因为它们根本早就不存在了。"我们可以归纳说,从现代主义到后现代主义的这种转变,就是从'蒙太奇(montage)'到东拼西凑的大杂烩(collage)的过渡。"④

---

① (美)弗雷德里克·詹明信:《晚期资本主义的文化逻辑》,陈清侨等译,北京:生活·读书·新知三联书店,1997年版,第410页。
② (美)弗雷德里克·詹明信:《晚期资本主义的文化逻辑》,陈清侨等译,北京:生活·读书·新知三联书店,1997年版,第291页。
③ (美)弗雷德里克·詹明信:《晚期资本主义的文化逻辑》,陈清侨等译,北京:生活·读书·新知三联书店,1997年版,第291页。
④ (美)弗雷德里克·詹明信:《晚期资本主义的文化逻辑》,陈清侨等译,北京:生活·读书·新知三联书店,1997年版,第440页。

三、主体的灭亡和情感的消逝

"主体的灭亡——也就是指不假外求、自信自足的资产阶级独立个体的结束。这也意味着'自我'作为单元体的灭亡。在主体解体以后,再不能成为万事的中心,个人的心灵也不再处于生命中当然的重点。这正是'去中心'论所坚持的,无论目的是建立一个崭新的道德理想,或是提供一种客观的经验描述。"[1]个人不再是万事万物的中心,不能使自己凌驾于其他生命的尊严和权利之上,也不再是衡量自然界的其他生物存在价值和意义的标准,人只不过是众多生命形式当中的一种,因此回归到了人类生命的原初地位。启蒙意识的增强以及科学技术的发展使得人类认识世界和改造世界的能力获得了极大的提升,认识世界的范围和深度也得到了极大的拓展。在科学理性和工具理性思维的作用下,个人的主体地位不断提高,在现代主义阶段无限膨胀的个人主体一度占据了宇宙万物的中心,成为衡量万物存在价值和意义的尺度,从是否有利于人的利益的角度出发来看待其他的存在物,世界只是人类征服和利用的对象,无限膨胀的物质欲望驱使人类不断地向自然界索取资源,并且造成越来越严重的污染和破坏。独一无二的个体及其个性化的风格造就了现代主义的辉煌。资本主义官僚统治机构进一步封锁和禁锢人们的思想,异化和孤立的主体走向了分裂和瓦解,个体与他人之间、个人与社会和历史之间的联系彻底断裂,沦为完全孤立的原子,丧失了历史与时间的意识。"踏入后现代境况以后,文化病态的全面转变可以用一句话来概括说明:主体的疏离和异化已经被主体的分裂和瓦解取代。"[2]在个体的瓦解和分裂的大潮当中,社会中出现普遍的麻木和精神分裂症状,陷于后现代的狂欢和欣喜情绪之中而无法自拔。后现代主义则认为所谓的主体根本就不曾存在过,这只是人为制造出来的虚幻的意识形态方

---

[1] (美)弗雷德里克·詹明信:《晚期资本主义的文化逻辑》,陈清侨等译,北京:生活·读书·新知三联书店,1997年版,第447—448页。
[2] (美)弗雷德里克·詹明信:《晚期资本主义的文化逻辑》,陈清侨等译,北京:生活·读书·新知三联书店,1997年版,第447页。

面的愿景,是政治话语权力统治之下的产物,已经不知不觉地在人们头脑中扎根下来,现在需要将它连根拔起,揭露它的本来面目。詹姆逊针对后现代主义的这种论调做出回应,强调指出既然已经出现了去中心的主体这个观点,这种观点本身就构成了一种客观存在的现象,他称之为"现象的现实"观(reality of the appearance)。至少在这一点上,后现代主义针对主体的强烈抨击是要留有余地的。或许后现代主义的雄辩让詹姆逊也多多少少感到有些无奈和力不从心,只能以此作为反击策略。这就有些类似于辩驳说,既然你已经提到了上帝,不管你是否信仰上帝,都已经有一个上帝在你的内心当中。

既然主体已经不可挽回地灭亡和去中心化了,那么接下来现代主义的主体表现观和独特风格观也受到了颠覆和挑战。"作为盛载个人单元体的外壳,主体的功能在于把壳中所载的内容表现出来,投射于外。"①这种文艺理论传统中一直承袭的主客体二分的表现观现在随着主体的消亡也就自然而然地破产了。内容与形式的二分法遭到了遗弃,对于内容和形式的传统界定现在都必须接受后现代主义最苛刻和严厉的审查和质疑,既然这些都是人为制造出来的意识形态幻觉,那么我们对基于内容与形式二分法的文艺表现观也就必须要重新思考了。既然主体已经消亡,主体的独特个性也就成了无本之木,在无形之中遭到了消解。艺术和政治上面的前卫主义也因为主体的灭亡而黯然退场,关于集体的观念已然不复存在。艺术成为无主体、无内容、无意义的文本拼凑。一切都是对于已经被写过文本的挪用和复制,人们也就失去了对于艺术创造的兴趣和进行理论革新的热情。既然一切都是别人已经说过的,那么自己也就没有必要再去发表所谓表现自己独特个性的观点和言论了;政治方面的个体主张和权利诉求也由于主体观念的颠覆而遭遇到危机。对于现有的权力统治和秩序体系需要进行全面而且彻底的反思,个人主体在整个政治体系中的位置被

---

① (美)弗雷德里克·詹明信:《晚期资本主义的文化逻辑》,陈清侨等译,北京:生活·读书·新知三联书店,1997年版,第448页。

消解了，那么对于个体欲望和利益进行平衡和压制的种种努力也就失去了存在的前提，现存的社会体系就要考虑其存在的合理性和必要性了。主体这个传统理论的基础一旦遭到解构，它必然引起一连串的连锁反应，建构于其上的理论框架也就摇摇欲坠，让人担心有轰然垮塌的可能。"正、反、合"的黑格尔式整体思维是否可以在主体的这种辩证运动过程中给我们以启发，我们需要时间来论证。主体意识的萌发、极度的扩张和膨胀危及世界和人自身的生存和安全，以至于现在的瓦解和灭亡带给我们的不应该只是心理震撼和颓废情绪，而更多的是辩证思维启发和重构之勇气。这是否也预示着我们有可能会在更高的文明层次上返回到人类当初的无主体的、无社会分工、无私有产品的、无阶级的群体社会状态，这是一个值得我们进行深入思考的问题。

詹姆逊指出，现代主义的文艺表现观念的展开有一个重要的理论预设前提，那就是单元个体概念必须要首先成立。这是它后来的逻辑思维顺利进行的一个至关重要的条件。我们要维持基于表现观的文艺理论宏大体系建构，就必须要首先保证不去质疑"自我"这个独立主体的存在方式。"正当大家埋首于进行自我建构、创造个人主体，务使个体单元发展成为自足自立的独立范畴之际，大家同时发现，建构中的自我日益脱离了社会，不假外求的个体也自然而然地跟外界断绝了关系。"[1]我们将个人主体建构得愈加自足和完善，却发现它越来越脱离我们的现实世界和生存体验，成为纯粹形而上学的玄思之物，在不知不觉中淘空了理论架构的基础，使之成为华而不实的理性思维演绎和盲目的理论体系增殖，尽管思路严谨、体系完备、结构宏伟，却缺乏应有的实践指导意义。自我被封闭在独立自主的单元个体当中，自此与世界脱离了关系，体系完备而且排除了一切不确定性和不和谐的异质成分。但是此举也就断绝了通往现实世界的道路，陶醉在自我营造的封闭空间当中而浑然不觉。封闭自足的主体建构给现代主义带来了自身无法

---

[1] （美）弗雷德里克·詹明信：《晚期资本主义的文化逻辑》，陈清侨等译，北京：生活·读书·新知三联书店，1997年版，第449页。

克服的危机。要想破解这种看似无解的困局,只有打破既往的传统观念和思维方式。后现代主义则在此时代背景下横空出世,以一种类似于冷眼旁观者的彻底批判的目光来审视主体的诞生过程及其逻辑演绎漏洞。

以往的哲学理论主要是基于主客二分的认识方法,作为主体的人和作为客体的世界是一种对立而且相互依存的关系。此种方法由来已久,在我们的认识和实践活动当中也证明了确实非常有效。这种思维方式早就深入人心,潜移默化地进入我们的集体意识深处,成为我们不加批判就继承下来的思想传统的一部分。但是这种认识方法的弊端也是很明显而且致命的,那就是我们往往将世界视作征服和利用的对象,将自己凌驾于世界万物之上,以自己作为世间万物的主宰和尺度,导致人与世界的敌对,以及造成生存环境不断恶化,自己与他人以及自然的关系日益紧张,矛盾日益突出。归根结底,这一切都与主体的自我膨胀和无限扩张有着密切的关系。后现代主义揭穿了主体的神话,消解了主客体的二元对立,受到科学理性和工具理性挟持的主体性思维由此得到了解放,人们也终于可以不用一直纠结于主体的认识方法和利益关联,放眼于取消二元对立与等级统治的崭新世界,将差异、模糊性和开放性再次纳入自己的视域范围,重新看待自己以及与世界的关系,得到一个更加贴近实际情况的关于自己和世界的图景。

主体的灭亡导致了个人风格不复存在,代之以毫无感情色彩的工业化复制技术的盛行。似乎无所不能的机器取代了思维着的个体而成为艺术创作活动的主角,艺术家的独特身份和个性创意随着主体的消解而被视为不过是对于社会文本和文化文本的引用和拼接。主体性的消失直接导致了艺术家的个性和创造性遭到解构,艺术创作活动也由现代主义时期的热衷于表达艺术家的内心感受转变为在艺术家不在场的情况下各种风格的杂糅。而在个人的情感领域,则从由于社会剧变所引起的个体孤独和焦虑等反常的情绪状态当中解脱出来,摆脱长期以来沉甸甸地压在心头的理性束缚之后,有一种如释重负的感觉,从而进入纵情狂欢的精神状态。"'自我'既然不存在了,所谓'情感'也就无所寄托了;那'情感'也就自然不能存在了。这并不等于说后现代的文化产品都一概是冷血无情的,而应该是,今天一切的情感都是'非个人的'、是飘忽忽无所主的(这点我在本文结尾部分将再加讨论)。或者我们应该可以更准确地说,今天的情感不仅是极度强烈的,它简直就是一种'强度'(intensities),是一种异常猛烈的欣狂之感。"① 现代主义追求关于过往时空的记忆,而只恨本能将其抓握在手心,空留一腔愁绪和忧愤。其主题词是时间、期限、记忆等,这些都是与时间轴密不可分的。而在后现代主义中,时间轴早已断裂,时间的概念则被彻底抛弃,况且主体早已灭亡,留存在主体当中的记忆则更是烟消云散,成为子虚乌有之物了。我们评价一种文学批评理论成功与否的一个重要标准就是看它是否能够合理地解释作为其批评对象的文学艺术的创作实践,并且提供指导促使它进一步完善和向前发展。"在狭义的文学批评领域里,'情感的消逝'可以解释为现代主义文艺观念中'时间'、'时间性'以至于 dureé、记忆等主题的消逝。这些文学批评的观念不但适用于它所评论的作品,更直接隶属现代主义美学的基本理念范畴。"② 后现代主义这种与过往历史彻底决绝的态度无疑使我们考虑要有相应的后现代文艺批评理论来与之进行匹配。在我们进入后现代主义作为文化主导的社会以后,我们必须要抱着认真反省的态度来重新审视现代主义美学观念的合理性与适用性。

第三节 詹姆逊对后现代主义的批评策略

詹姆逊在分析后现代主义的时候依然坚持了马克思主义的基本观点和立场,以辩证总体观来看待后现代主义的历史功绩和时代局限性。从经济基础的角度来解读意识形态的变化,以生产方式作为基本符码来破译资本晚期主义文化的主导逻辑,从资本主

---

① (美)弗雷德里克·詹明信:《晚期资本主义的文化逻辑》,陈清侨等译,北京:生活·读书·新知三联书店,1997年版,第449—450页。
② (美)弗雷德里克·詹明信:《晚期资本主义的文化逻辑》,陈清侨等译,北京:生活·读书·新知三联书店,1997年版,第465页。

义生产方式演变的整体过程来定位后现代主义,将微观分析与宏观总结结合起来,真正做到在整体中把握部分的本质特征。他力争做到"能在同一思考中既抓住资本主义那些显而易见的有害特征,同时又能了然那些突出的解放性动力,并且丝毫不减弱两者中任何一种判断的力量。"① 后现代主义对于詹姆逊而言既是历史的必然产物,又带有不可避免的局限性,我们要对这两个方面都予以足够的重视,而不能偏重于任何一个方面,否则就不能全面而客观地认识和评价后现代主义。

詹姆逊在分析和解释后现代主义的过程当中给我们提供了极好的范例,充分展示了他是如何利用总体性的辩证法来破解后现代主义这个看似棘手的难题。"对后现代主义采取辩证的立场,既批判了它的破坏性和倒退,又分析了其积极的可能性及其新的文化与政治战略,这种战略有利于说明当代社会的形势。"② 他根据生产方式的变革来为现实主义、现代主义和后现代主义找到现实的根源,为它们划定了各自的阶段分期,分别对应着资本主义发展的不同阶段,并且指出物质资料的生产是推动意识形态发展的最终决定因素。他总结和归纳了各个发展阶段尤其是后现代主义文化的本质特征,并且点明了其对于现代主义的继承和超越。詹姆逊在面对后现代主义时并没有因为个人的主观好恶而采取简单化的欢迎或者漠视甚至贬抑的态度,相反他积极肯定了后现代主义帮助我们祛除关于人类文明历史的幻象,我们已经早就习惯于接受的关于人类历史和发展过程的观念和思想都是在某种意识形态作用下的结果,和谐、共赢、和平的线性历史发展轨迹下面掩盖着充满血腥、阴谋、暴力的历史阴暗面,以及历史在正义与邪恶的永恒对抗当中曲折前行的客观规律。

道格拉斯·凯尔纳总结了詹姆逊对于后现代主义的批评策略,"他迫使我们把后现代'时刻'作为我们自己的'现在时刻',作

---

① (美)弗雷德里克·詹姆逊:《快感:文化与政治》,王逢振等译,北京:中国社会科学出版社,1998年版,第204页。
② Kellner, Douglas. *Postmodernism, Jameson, Critique*. Washington: Maisonneuve Press, 1989, pp.26-27.

为我们必须与之斗争的主导文化形式,不是通过否认和抛弃的策略,而是借助于种种对立的策略——他已经在解释和分析后现代主义时突出地将这些策略典范化了。"① 在资本主义早期,西方发达国家主要通过赤裸裸的殖民地统治来掠夺资源和剥削廉价劳动力以达到自己的经济目的;在垄断资本主义时期,随着殖民地国家和地区的民族意识日益增强和政治反抗日趋激烈,西方发达国家不得已调整战略,利用自己的发展优势采取经济手段来继续压制和奴役这些摆脱殖民统治、获得独立的国家和地区,尽管形式更加隐蔽,但是其剥削程度之深较以往有过之而无不及。到了晚期资本主义时期,经济发展的全球化已经使资本渗透到世界各个角落,西方国家通过文化殖民的方式来统治其他国家和地区的人们的意识形态,力图奴化他们的思想,让他们仍旧依附于西方发达国家,盲目追求所谓现代化的生活方式和思维模式。经济全球化使得各国之间的政治和经济关系空前紧密,科学技术的发展使得信息传播和文化交流变得空前便利和广泛,人们的活动范围和知识疆域也空前广阔,人们沉浸在现代化所带来的空前便利和舒适的生活当中。人们沉迷于信息技术革命所带来的越来越逼真的视像感官刺激,逐渐脱离了现实的世界,生活在虚拟的仿真世界当中,时间感逐渐消失,生存方式和感知模式变得平面化。与此同时,资本主义的文化逻辑也渗透到世界文明的各个角落,民族传统文化在现代化的时代洪流冲击下渐行渐远,逐渐湮没在历史的红尘中,人们在不知不觉当中丧失了自己的民族文化身份。现代化的强大同化作用使得我们放眼周围到处都是整齐划一的现代化建筑和生活方式,而且我们还乐此不疲。人类面临着共同发展的主题,科学技术发展突飞猛进,人们的生活水平普遍提高,文化交流日益频繁和深入,消费业和大众文化迅猛发展,人们不禁感叹现代化推动人类文明向前发展的强大能量,产生了资本主义是人类历史上最完美的制度并且可以永久存在下去的幻觉。

---

① Kellner, Douglas. *Postmodernism*, *Jameson*, *Critique*. Washington: Maisonneuve Press, 1989, p.114.

后现代主义已经渗透到我们日常生活当中,塑造了我们的时代精神和人文观念,从深层的逻辑思维方面影响我们的言语和行为模式,若是要想拒绝或者否认后现代主义的存在及其对我们的思维方式和生活习惯的影响已经是不可能的事情了。"后现代文化在表达形式上艰深晦涩,在性欲描写上夸张渲染,在心理刻画上肮脏鄙俗,以至于在发泄对社会、对政治的不满时抱有一种明目张胆、单刀直入的态度——凡斯种种,超越了现代主义在其巅峰时期所展示的最极端、最反叛、最惊人骇俗的文化特征。总之,后现代主义的种种姿态,我们今天的群众不但易于接受,并且乐于把玩,其中的原因在于后代的文化整体早已被既存的社会体制所吸纳,跟当前西方世界的正统文化融为一体了。"① 其产生根源在于生产方式的演变,尤其是资本全球化所带来的经济、政治和文化方面的全面而深刻的变革。作为一种反对体系建构、拒斥理性的思想潮流,它是对传统的科学理性和工具理性的深刻反思和机智反诘,将我们从日益固定和僵化的形而上学思维模式当中解放出来,返回到最初的感性体验和直觉感悟,完成对于传统二元对立认识论的超越和对权力中心以及等级制度的反叛。"后现代主义最终是积极的描述,它不是在于具有任何价值的意义(以至于后现代主义比现代主义'更好'),而是为了把现代主义作为自身的一种新的文化逻辑,当然它反对现代主义在博物馆、大学、音乐厅中被体制化,也反对一些建筑的神圣化。"②

在它以传统文化的反叛者面目出现并且日益扩大其影响范围之后,后现代主义终于颠覆了现代主义的中心地位,结果自己也取代前者成为新的中心,成为晚期资本主义社会的主导文化逻辑。批判的武器结果又成为武器的批判。它作为一种激进的思想政治理论在清算了传统意识形态的积弊的同时,难以逃脱将自己一并解构的命运,从而沦落到彻底的虚无和全面的否定当中,自己也逗

---

① (美)弗雷德里克·詹明信:《晚期资本主义的文化逻辑》,陈清侨等译,北京:生活·读书·新知三联书店,1997年版,第429页。

② Kellner, Douglas. *Postmodernism, Jameson, Critique*. Washington: Maisonneuve Press, 1989, pp. 43–44.

留在文化的边缘地带,只能以一种悲观和绝望的心态来看待人类文明的成果以及未来的发展,无法预见彻底解构背后所蕴含着的无限生机和可能性。在肯定之中见到否定,在否定之中又能够见到肯定,矛盾的双方各自向着对立面在转化。这才是总体性的辩证法带给我们的启示。个人主体在遭到否定之后将会重新思考自己与他人以及世界的关系,为自我找到正确的定位;在经历彻底的反思之后,科学主义和工具理性将会与人文主义和价值理性更密切地结合起来,促进人类的文明进步。正是因为敬佩詹姆逊的透彻分析和精辟观点,佩里·安德森热切地赞扬詹姆逊的后现代文化研究成果:"詹姆逊的著作,犹如夜晚天空中升起的镁光照明弹,照亮了后现代被遮蔽的风景。后现代的阴暗和朦胧霎时变成一片奇异和灿烂。"①

---

① (美)弗雷德里克·詹姆逊:《文化转向》前言,胡亚敏等译,北京:中国社会科学出版社,2000年,第1页。

第三章　总体性观念指导下的文学批评

第一节　总体性的辩证解读法

庸俗马克思主义在分析社会决定因素方面表现为单纯经济决定论,而在文学批评方面则表现为将文学简单化归类成政治观点的表达物,将人物性格与其阶级出身和社会背景机械对应,使原本意涵丰富的文学作品沦为灌输阶级意识形态的教条说教;而俄国形式主义、英美新批评、法国结构主义以及后结构主义则强烈抵制这种将文学变成政治附庸和丧失人物个性和审美特征的做法,它们将文学与社会、政治、历史隔绝开来,单独考察文学的形式特征和美学效果,似乎只有这样才能还文学以本来面目。应该说这两种分析方法都取得了一定的成效,部分地揭示了文学的本质特征,但它们的偏颇和不足之处也都是显而易见的。马克思和恩格斯的论著原本主要集中于揭示客观经济规律和社会历史发展的宏观模式,在文学艺术作品分析方面则较少涉及,这也为其他理论流派的发挥留下了余地。

詹姆逊坚持从社会和历史总体的角度出发来看待和评论文学作品。他明确指出传统的批评方法的偏颇和缺陷:"这种传统的反思辨偏见对个别事实或事件的强调是以牺牲该事件可能寓于其内的诸关系的网络为代价的,它继续鼓励对现存秩序的屈从,阻挠其追随者在政治上进行联想,特别阻挠他们得出本来是不可避免的结论。"① 他提出自己独特的辩证否定思考方式,"以语言为模式按

---

① (美)弗雷德里克·詹姆逊:《马克思主义与形式》,钱佼汝等译,南昌:百花洲文艺出版社,2010年版,第2页。

语言学的逻辑把一切从头再思考一遍！奇怪的倒是过去竟不曾有人想到这样做过,因为在构成意识和社会生活的所有因素中,语言显然在本体意义上享有某种无与伦比的优先地位,尽管其性质尚待确定。"尽管有人会反对这么做,认为"它在重蹈哲学史的老问题的覆辙,又回到了马克思主义之前,甚至是黑格尔之前那些我们今天已无须再操心的思想窘境和谬误之中"①。他主张吸取结构主义的方法论的精华,将它融入对语言模式的分析当中。而且将共时方法与历时方法结合起来,通过共时研究方法来加深我们对于历史的理解。同时我们要始终牢记"文学教师必须把他们研究的对象当作一种文化的产物,这样才有可能认识作品的意义和本质"②。

　　总体性方法实质上就是发现并阐释事物之间普遍联系的方法。具体到文学批评而言,我们就应该将对于文学外部形式的分析与对于其内部意识形态因素的挖掘结合起来。詹姆逊坚持马克思主义关于生产力决定作用和阶级斗争构成人类社会历史的基本观点,认为对于文学作品的分析从根本上要从阶级斗争的具体表现形式(即人们的政治活动)着手,认为文学作品从本质上来说是社会政治生活催生的产物。詹姆逊作为当代社会具有强烈历史使命和敏锐时代感的批评理论家,他对于文学文本的关注必然带有一种本能的政治视角和敏锐性。"文学是作为一种社会、文化行为而让他感兴趣,而不是作为'纯文学'而引起他的关心。"③在他看来只有从社会政治角度出发去解读文学作品才是破译文学文本当中蕴藏着的丰富含义的正确道路。从理论出发点而言,詹姆逊无疑是站在经典马克思主义立场上的。因此他在自己的《政治无意识》当中明确写道:"本书将论证对文学文本进行政治阐释的优越性。它不把政治视角当作某种补充方法,不将其作为当下流行的

---

① (美)弗雷德里克·詹姆逊:《语言的牢笼》,钱佼汝等译,南昌:百花洲文艺出版社,2010年版,第2页。
② (美)弗雷德里克·詹姆逊:《后现代主义与文化理论》,唐小兵译,西安:陕西师范大学出版社,1987年版,第2页。
③ 吕正惠:《小说与社会》,台北:联经出版事业公司,1988年版,第296页。

其他阐释方法（精神分析或神话批评的、文体的、伦理的、结构的方法）的选择性辅助,而是作为一切阅读和一切阐释的绝对视域。"①由此可见,他将生产方式看作社会的最终决定因素、把政治欲望的表达看作文学作品的最终意义所在。

詹姆逊的文学批评的目标很明确,那就是"探索为作为社会象征性行为的文化制品祛伪的众多途径"②。透过文本的表面现象来揭示其深层次隐含着的真实的社会现实和政治诉求。在对文学文本分析的思路方面,詹姆逊赞同卢卡契的方法,他认为"卢卡奇对我来说意味着从形式入手探讨内容,这是理想的途径"③。他以折中的态度来对待上述两种截然不同的文学批评途径,采取一种将审美与意识形态分析结合起来的方法来阅读文学,"我历来主张从政治社会、历史的角度阅读艺术作品,但我绝不认为这是着手点。相反,人们应从审美开始,关注纯粹美学的、形式的问题,然后在这些分析的终点与政治相遇。"④针对詹姆逊发表的这些观点,我们可以理解为:对于文学作品我们首先应该注意到它的形式美,在深入分析其美学特征之后还是要归结到深层次的社会政治影响力的作用。也就是说,詹姆逊兼顾到了美学形式与政治内涵这两个方面,以及个人差异与阶级属性之间的对立统一的关系,是一种较为综合全面的文学批评模式。在具体操作层面上,詹姆逊汲取了卢卡契和阿尔都塞两个人主张的精髓,既看到文本的整体特征和表达的宏观旨趣,又不忽视其中局部细微的异质性存在,及其字里行间表征的言外之意。

正如詹姆逊自己所言,"我发现,总体性或总体化概念中蕴含着对方法的需要,以及对显然统一的文化文本内部的断裂、缝隙、

---

① （美）弗雷德里克·詹姆逊:《政治无意识》,王逢振、陈永国译,北京:中国社会科学出版社,1999年版,第8页。
② （美）弗雷德里克·詹姆逊:《政治无意识》,王逢振、陈永国译,北京:中国社会科学出版社,1999年版,第11页。
③ （美）弗雷德里克·詹明信:《晚期资本主义的文化逻辑》,陈清侨等译,北京:生活·读书·新知三联书店,1997年版,第13页。
④ （美）弗雷德里克·詹明信:《晚期资本主义的文化逻辑》,陈清侨等译,北京:生活·读书·新知三联书店,1997年版,第7页。

远距离行动进行'症候分析'的相当不同的关注,对二者予以重视而又不出现重大分歧是完全可能的"①。我们不能简单断言形式的美学特征与其表达的个人情感和政治抱负之间是完全一致的,后者完全决定前者,而忽略文学具有自身的发展规律和表达方式的相对独立性。但是那种将文学文本彻底同作者、社会环境和政治背景隔绝开来,赋予读者解读文学文本的无限权力的观点也是偏激的,它很有可能导致文学作品成为悬浮在读者恣意想象空间中的任人捏造的读者主体性肆意发挥的产物。我们要承认文学与社会政治生活的密切联系,凭借艺术化的手法集中表达了个性化的生活体验和重大的政治主题;我们也要留意文学的夸张修饰、隐晦和间接表达的特征。它们之间是对立统一的关系。

恰如那句名言所说,"一千个读者就有一千个哈姆雷特,但哈姆雷特不会变成李尔王。"我们必须承认读者的个体差异,每个人因为社会背景、知识水平、个人喜好等方面原因对于同一部作品有可能产生不同的反响和看法,但是对他们的观点和感受进行综合归纳之后,还是能够得到大体一致的认识。纵观整场戏剧情节跌宕起伏、悬念迭出、意外不断,戏剧化的效果非常明显。人物塑造完全没有公式化、脸谱化,就像是生活在我们身边的人,正是因为这样后世的读者才会愿意反复阅读体会,而不会觉得枯燥乏味。哈姆雷特虽然贵为王子却深受排挤和迫害,他依赖自己足智多谋能够化险为夷,面对爱情和仇敌却难以两全,他深思熟虑、志向远大,英勇善战、快意复仇,最终还是为奸佞小人暗害。除了这部作品杰出的形式美学特征外,其中蕴含的对于人生意义和悲剧命运的拷问也是永恒的话题,从而引发人们的热议和深思。这也是莎士比亚的作品能够经久不衰的原因。

詹姆逊的文学"政治阐释学"具有规范化的解读流程,通过运用总体化的方法层层祛伪,逐步揭示文本背后隐藏着的政治、社会和历史层面。我们可以结合上面的哈姆雷特的例子来加以说明。

---

① (美)弗雷德里克·詹姆逊:《政治无意识》,王逢振、陈永国译,北京:中国社会科学出版社,1999年版,第46页。

在表现政治观的第一个层面上,"个别的叙事或个别的形式结构将被解作对真实矛盾的想象解决"①。哈姆雷特是个虚拟的人物形象,故事情节也是虚构的,尤其是当中的鬼魂的出现等,都体现了文学作品的虚构特征。但是人们寄希望于虚构的作品来征服现实生活中的邪恶与残忍,伸张正义,收获甜蜜的爱情。在表现社会观的第二个层面上,"个别表达或文本被解读实质为阶级之间意识形态对峙的论辩和策略的象征性举措"②。我们可以把哈姆雷特视为资产阶级人文主义者,而他的弑父仇人克劳狄斯则代表着封建暴君,哈姆雷特最终战胜了克劳狄斯则象征着资产阶级最终将战胜封建阶级的统治。在表现历史观的第三个层面上,文本被视为共存的不同生产方式的冲突的象征。哈姆雷特代表着先进的富有朝气和生命力的资本主义生产方式,克劳狄斯则代表着保守落后的封建主义生产方式。

意识形态是包含在文本当中的,通过文本形式才能够表达出来。因此,詹姆逊声称:"我们习惯上称之为'社会历史背景'的东西——也就是说,阶段和意识形态背景——对于形式分析来说不是'外在'的,而恰恰是'内在'的。"③这种背景被嵌入文本当中,而且决定文本的表达形式。不同的文本形式代表着不同的意识形态以及不同的生产方式。各种文学文本类型的异质并存恰好对应着不同生产方式的共时性存在。无论是政治观、社会观还是历史观,它们都体现了不同集团利益人群的政治诉求。因此,"一切事物都是社会的、历史的,事实上,一切事物'说到底'都是政治的"④。尽管文学采取了更加隐秘和艺术化的表现形式,但在追求政治目的这点上,毫无例外都是一致的。他对于文学作品采取了

---

① (美)弗雷德里克·詹姆逊:《政治无意识》,王逢振、陈永国译,北京:中国社会科学出版社,1999年版,第65—66页。

② (美)弗雷德里克·詹姆逊:《政治无意识》,王逢振、陈永国译,北京:中国社会科学出版社,1999年版,第73页。

③ (美)弗雷德里克·詹明信:《晚期资本主义的文化逻辑》,陈清侨等译,北京:生活·读书·新知三联书店,1997年版,第262页。

④ (美)弗雷德里克·詹姆逊:《政治无意识》,王逢振、陈永国译,北京:中国社会科学出版社,1999年版,第11页。

历史和政治化阐释的终极视域,而且将它们视为文学作品的本质。

第二节 辩证的文学形式观

文学作品与普通文本的重要区别在于其具有的形式美学特征。对于文学形式的分析与解码也是长期以来众多批评家所着力解决的问题。马克思主义对于形式与内容的经典分析成为众多理论流派的重要资源,对于詹姆逊更是如此,他沿袭了马克思主义的基本立场和根本观点,同时又积极有效地吸收和借鉴了西方马克思主义和形式主义以及其他理论的合理成分,做了进一步的深化和拓展,是在马克思主义形式观基础上的发展。

他既承认内容的决定地位和作用,又高度重视形式的特殊地位,纠正了庸俗马克思主义把文学简单视为政治思想的直观表现和机械对应的错误倾向,在充分肯定形式的审美价值和意义的同时又批驳了形式主义、新批评、结构主义、后结构主义将文本孤立起来进行封闭式研究的弊端,走出了一条具有鲜明时代特色和个人风格的马克思主义形式批评道路。詹姆逊坚持总体性的辩证解读法,以揭露形式的意识形态作为最终的指向,深入分析形式与社会历史的联系。

在经典马克思主义的论述当中,形式与内容的关系跟物质与意识的关系以及经济基础与上层建筑的关系一样,都是对立统一的,是一方决定另一方的矛盾运动关系。这是马克思主义文学批评理论的基本立场和根本出发点,我们不能背离这个原则。"形式从历史角度来说由它们必须体现的'内容'决定的;它们随着内容本身的变化而经历着变化、改造、毁坏和革命。'内容'在这种意义上优先于'形式'。"[①]在马克思看来,生产方式的变化决定上层建筑的关系,就是内容决定形式的关系,在分析文学作品的时候,可以沿用同样的思路,得出类似的结论,简单来说就是艺术的内容

---

① (英)特里·伊格尔顿:《马克思主义与文学批评》,文宝译,北京:人民文学出版社,1980年版,第26页。

决定了艺术的形式。这种原则性、纲领性的观点如果不加以辩证地运用和具体地分析，就会导致机械对应和简单套用的弊端，正如对于经济决定论的滥用和错误解读一样，在文艺作品分析方面也会出现将内容决定论片面夸大和简化处理的错误倾向。由于马克思和恩格斯将精力主要集中在分析资本主义生产方式上面，对于文学作品的系统分析较少涉猎，因此马克思主义文艺阐释学的发展有待进一步传承和发扬。

詹姆逊将马克思主义阐释学视为包容其他种种阐释模式或体系的总体框架，以生产方式作为其文学阐释理论的主导符码来揭示蕴藏在文学作品的内容当中受到潜意识压抑和歪曲的原始信息和原始经验。他认为，艺术作品集中体现了对于政治无意识的折射功能，是社会和历史在文本中的缩影，作品所要反映的内容是由社会和历史决定的。他认为，"与其说批评过程是对内容的一种解释，不如说它是对内容的一种揭示、一种展现、一种对受到潜意识压抑力歪曲的原始信息、原始经验的恢复。"①批评的任务不是从外部给作品添加意义，而是要从其内部还原其本来即具有的客观意义。

在詹姆逊看来，形式与内容的关系是非常密切的，甚至难以明确地区分开来。"每一层内容都证明只不过是一种隐蔽的形式。但是，我们在上面已经见到，说形式当真只是内容及内容内部逻辑的投射，也同样是对的。"②"归根结底，内容的逻辑在性质上是社会的、历史的。"③他深入阐述了形式与内容彼此依存的关系：内容必须采取某种形式才能存在，而形式也必须具有内容才能维系。而且文学作品的内容与社会生活本身是同构的关系，两者都是有现成形式和具体意义的。"因为文学素材或潜在内容的本质特征恰恰在于：它从来不真正地在原初就是无形式的，从来（不像其他

---

① （美）弗雷德里克·詹姆逊：《元评论》，见《批评理论和叙事阐释》，王逢振主编，北京：中国人民大学出版社，2004年版，第15页。
② （美）弗雷德里克·詹姆逊：《马克思主义与形式》，钱佼汝等译，南昌：百花洲文艺出版社，2010年版，第362—363页。
③ （美）弗雷德里克·詹姆逊：《马克思主义与形式》，钱佼汝等译，南昌：百花洲文艺出版社，2010年版，第298页。

艺术那些未经加工的实体材料那样)不是在原初就是偶然的,而是从一开始就是已经具有了意义,既不多于又不少于我们具体社会生活本身的那些成分:词语、思想、目的、欲望、人们、地点、活动等。"①詹姆逊认为内容将按照它本身的内在法则发展,艺术家本身只是一个工具。内容的逻辑发展具备一定的客观自主性,形式最终是由内容的逻辑决定的,而且最终依赖于社会原材料本身的结构。我们一旦认识到这种关于形式与内容的辩证观点,就不难了解为什么詹姆逊坚持从对文本形式的分析走向内容逻辑的判断直至最后的政治无意识的挖掘。我们可以很明显地看出,在其背后支撑着的理论逻辑是部分与总体的辩证关系,以及对于总体至高无上的决定地位的肯定。"马克思主义批评的全部运动正是由表层到基础现实,从一种表面自主的客体到这客体证明是其一部分或接合部的更大基础的这样一种运动。"②通过形式来认识和把握内容,形式的独立自主性只是表面现象,在其背后有着隐含的内容的逻辑在起着决定的作用。在他看来,形式是内容逻辑必然发展的结果,是它最后的明晰表述,是辩证思维方法进行文本分析的终点,也就是说首先考虑的是内容的逻辑,不是形式像铸模一样决定内容的取舍,而是内容的逻辑决定具体的形式。

他认为内容受到了潜意识的压抑和歪曲,批评家的任务就是要把这些原始信息和原始经验揭示出来。正如詹姆逊所言,"内容已经是具体的,因为它基本上是社会和历史的经验,我们说到内容就像雕刻家说他的石头一样"③。他为此做了一个形象的比喻,"将所有外在的部分除去,就足以让已经潜在于大理石块里的那尊雕像显露出来"。雕刻家用凿子剔除多余的石头,使其显现为具体的雕塑形象,看重的是形式的塑造作用;而换个角度来看,雕像则是早已经存在于石头内部的,艺术家只不过是按照其内在的要求

---

① (美)弗雷德里克·詹姆逊:《马克思主义与形式》,钱佼汝等译,南昌:百花洲文艺出版社,2010年版,第362页。
② (美)弗雷德里克·詹姆逊:《马克思主义与形式》,钱佼汝等译,南昌:百花洲文艺出版社,2010年版,第361页。
③ (美)弗雷德里克·詹姆逊:《元评论》,见《批评理论和叙事阐释》,王逢振主编,北京:中国人民大学出版社2004年版,第15页。

把它展现出来而已,看重的是内容的决定作用。

詹姆逊自己对于辩证思维做出了明确总结,划清自己与传统的形式观的界限:"辩证思维在这一方面可以视为亚里士多德所开创的以形式为主宰的、属于技艺模式的颠倒:这里,形式不是作为最初的模式或铸模,不是作为我们的出发点,而是作为我们的终点,作为只是内容本身深层逻辑的最后的明晰表述。"① 因此,我们可以认为詹姆逊更重视内容的逻辑决定作用,换句话说,他更看重的是这块石头的内在因素导致它成为这样的雕塑的,而并非雕塑家的高超技艺。举例来说,就是一块能够雕成大象的石头你就不会把它雕成蛇或者其他的东西,这是石头内部的结构或者逻辑使然。批评家的使命就是发现这种内在的逻辑和结构因素,揭示内容与形式之间的深层次的关系和结构。

形式的作用在于使这种内在的结构或逻辑得以显现出来,使石头不再是石头,而是艺术品。"艺术作品并不赋予这些成分以意义,而是把它们的原初意义转变成某种新的、提高了的意义建构;由于这个原因,作品的创作和释义就都不可能是一种武断的过程。(我这样说,意思并不是指作品必然是现实主义的,而只是指任何对其形式的文体化或抽象化,最终必然表达出其内容的某种深刻的内部逻辑,而且这种文体化自身的存在最终都必然依赖于社会原材料本身的结构。)"② 一部文学作品是史诗还是现代诗歌,并不取决于作者,而是由其所要表达的内容来决定的。

艺术家只不过是发现社会素材的特殊规定性,按照其结构和逻辑要求把它塑造成它所应该的样子。艺术家甚至只是内容逻辑实现自我的一件工具罢了,是内容制约形式的手段而已。詹姆逊认为艺术家的作用很有限,是社会历史决定了他的创作和想象,艺术作品的诞生有着自身的客观规律。"对于艺术内容,艺术家本身只是一个工具,而且这种内容又通过艺术家来实现自身,把他个人

---

① (美)弗雷德里克·詹姆逊:《马克思主义与形式》,钱佼汝等译,南昌:百花洲文艺出版社,2010年版,第296页。

② (美)弗雷德里克·詹姆逊:《马克思主义与形式》,钱佼汝等译,南昌:百花洲文艺出版社,2010年版,第362页。

生活中的偶然事件用作他自己寻找形式的真正因素,通过他,如同通过他的前驱者和后继者一样,按照它本身的内在法则发展。"① 卢卡契同样强调社会历史对于构成文学艺术作品的重要决定作用,是历史内容决定了作品采取何种具体的恰当形式:"文艺的成就并不在于把某些自身无形式的东西提高到具有形式性,而是打破生活直接构成的素材形式,并为它在这一作品中所显示的核心寻找与其特别适应的审美形式,一种确定内容的形式,一种新的激发直接性的形式。"②

马克思主义美学观认为,文艺作品都是基于社会历史现实的形式与内容的统一,形式和内容相互依存、相互转化。形式最终是由具体的、历史的内容决定的,内容优先于形式。这种辩证的观点被庸俗马克思主义者简化和曲解成为机械的内容决定论,将文学作品直接与阶级斗争和经济关系画上等号,就像将社会历史的发展说成是经济基础的唯一作用一样,抽去了事物发展的历史过程和辩证法的根本属性,将丰富具体的事实简化成为抽象教条的公式。卢卡契为此从形式与内容相互依存的角度提出评判,纠正了那种重内容轻形式的偏颇,指出抽象的文艺内容并不存在,庸俗马克思主义在作品当中所致力于寻找的抽象的意识形态实际上都采取了具体的形式,并没有什么没有脱离具体文学形式的抽象内容,"文学中真正的社会因素是形式"③。卢卡契对于艺术形式的重视影响了詹姆逊对于文艺作品的观点,他将小说的形式分为外部形式和内部形式,分别用来指传记体和个人自我认识过程。

马克思主义关于内容与形式关系的经典论述在詹姆逊那里得到了改头换面,内容与形式不再是明确的对立两极,它们之间的界限不再那么明显和清晰。文学作品的内容是具体细微的社会和历史经验,已然披上了形式的外衣,马克思主义原来的内容决定形式

---

① (美)弗雷德里克·詹姆逊:《马克思主义与形式》,钱佼汝等译,南昌:百花洲文艺出版社,2010年版,第296页。
② (匈)乔治·卢卡契:《审美特性(第二卷)》,徐恒醇译,北京:中国社会科学出版社,1991年版,第270页。
③ 转引自(英)特里·伊格尔顿:《马克思主义与文学批评》,文宝译,北京:人民文学出版社,1980年版,第24页。

的基本观点在这里就演变成为关于制约和规定文学作品形式的最终决定力量,即内部形式的论述。借鉴普罗蒂诺、歌德、威廉·冯·洪堡和卢卡契关于"内部形式"概念的相关论述,并且从诠释学的角度对它进行全新的解读。他认为内部形式"是指任何对其形式的文体化或抽象化,最终必然表达出其内容某种深刻的内部逻辑"①,即内容逻辑对于文学作品的内在规定性。我们还引用上面提到的雕塑例子,在詹姆逊看来,雕塑的形式早已存在于大理石的内部,这就是所谓的内部形式。大理石块经过雕塑家的艺术加工,成为现在的样子,这就是作品的外部形式。但是外部形式不能够完美地体现其内部形式,其中必定有歪曲和隐藏的地方,这就需要批评家对原来的内部形式加以揭示,说明它应该是什么样的形式,而且为什么没有能够那样完美地表现出来。他认为内容已经是具体的,不存在抽象的内容。"就每一部作品都是它自身内容的一种内在逻辑或发展的最终结果而言,作品演化出它自己的范畴,并规定着它自身释义的特殊用语。"②对作品进行批评所用的理论和框架不是由批评家随意挑选的,而是由于作品自身的特点和属性所决定的,不同的美学形式则规定着相应的批评和阐释话语,最终反映出政治因素的制约作用。

　　文学的素材采取的形式被詹姆逊称为内部形式,正如詹姆逊在书中引用席勒的观点:"我深信,美只是一种形式的形式,而且那通常称作它的材料(内容)的东西势必被视为已经赋予了形式的材料(内容)。"③艺术作品的内容是社会和历史经验,它们作为已经文本化的对象是人们的社会关系和历史发展规律的形式化表达。在特定观察视角条件下,作为文艺批评对象的社会和历史内容在社会和历史视角下则成为抽象的社会关系和历史规律的表现形式。内容和形式的关系不是固定不变的,而是可以相互转化的。

---

① (美)弗雷德里克·詹姆逊:《马克思主义与形式》,钱佼汝等译,南昌:百花洲文艺出版社,2010年版,第362页。
② (美)弗雷德里克·詹姆逊:《马克思主义与形式》,钱佼汝等译,南昌:百花洲文艺出版社,2010年版,第300页。
③ (美)弗雷德里克·詹姆逊:《马克思主义与形式》,钱佼汝等译,南昌:百花洲文艺出版社,2010年版,第360页。

文艺内容的内在规定性来源于不断变化和发展的社会和历史现实,文学作品是艺术家对这些内部形式进行艺术加工,或者更准确地按照詹姆逊的说法,是内部形式借由艺术家之手,来实现自我所呈现出来的形式,也就是"形式的形式"。詹姆逊关于内部形式以及形式的形式的观点具有理论独创性,是在总体性的辩证解读法指导下对马克思主义形式观的发展,原本相对独立的内容与形式的关系经过詹姆逊的分析和阐释,它们之间的界限变得不那么清晰,批评的对象只能是形式,形式是由内容决定的,内容又有着具体形式,这样我们批评的对象成了形式的形式,要揭示的是形式的内在规定性。通过赋予内部形式全新的意义以及论证文艺作品是形式的形式,詹姆逊提醒我们不能过度强调内容的决定作用,而轻视形式的作用和地位。他还强调了内容的内在规定性和自主性,认为艺术家和批评家的任务和作用是表现和揭示这种客观的存在物,显然不同于我们所惯常认为的艺术家的创造作用和批评家赋予作品以意义的传统观念。文学形式只有放到更大的背景当中才能够得到完整的认识,从美学欣赏到政治阐释走的是从形式到内容的路线,不断扩大阐释的视野,在部分与整体的循环阐释过程当中,加深对于文艺作品的认识。

第三节 政治无意识

詹姆逊明确指出文学文本当中隐含着深层次的政治目的与企图:作为表达集团成员的利益诉求与理想追求的艺术形式,文学文本集中反映了社会集团成员之间的相互影响与作用。我们要想了解文学作品的终极意义,唯有透过文本的虚幻表象,破译深藏其中的政治企图和历史真实。历史真实本身并不出现,而是假借文学的特定文体类型,借助于具体形象的表征、程式化的表述,来得以呈现和出场。詹姆逊的政治阐释学要着力揭示文本表象下面隐藏的历史真实和政治企图,以及文本采取此种歪曲形式的原因所在。谢少波对于不同的学术流派所共同关注的无意识理论焦点进行了总结:"如果无意识是拉康所说的他者的话语,那么我们可以说,迄今为止,20世纪所目睹的就只有无意识的话语了:弗洛伊德派研究心理无意识的秘密机制;结构主义者和后结构主义者揭示语言的无意识;像詹姆逊这样的当代马克思主义者再现政治无意识。正如詹姆逊把政治无意识作为阅读和写作的不可逾越的视界,德里达及其追随者们也以语言无意识阐述那个视界。"① 作为一个新的研究领域,无意识引发了大家的研究兴趣,让我们见识到以前所忽视和少有涉猎的新鲜层面。从不同的角度出发来对于无意识的关注和探析主导了诸多学者的研究方向,也启发了他们的思维创造力和对于社会历史以及文本创造活动的洞察力。

　　詹姆逊吸收并且改造了弗洛伊德的精神分析学说,与马克思主义的政治阐释理论结合起来,将对于无意识的个体分析提高到群体分析的层面,从生产方式的角度来解释无意识的心理活动。弗洛伊德的杰出贡献在于他开创了对于人类无意识的研究。除了我们自己能够感受到的理性思维活动之外,我们的大脑还在进行着无意识的各种活动,其中包括原始的冲动。经过了长期的文化教育和社会规范的约束,人们通过后天培养形成的理性思维保证着社会活动的效率、秩序、合乎目的。我们都提倡理性,强调自我约束和自我调节,以保障自我和他人的和谐共处与良性发展。但是我们不能忽视无意识的巨大能量和作用。作为地球上众多生物当中的一种,人类拥有动物的本能和欲望,这是人类生存的前提和基础。譬如,自我保护、趋利避害这些可以说是生命活动的基本模式和本能反应。但是人类社会文明发展至今,对于人们的行为约束和规范的要求也日益提高。各种本能欲望必然要受到理性的压制和约束,不可能完全得到满足,于是便采取各种伪装隐藏在人们的头脑当中,等待合适的时机,比如做梦等,以歪曲的形式表现出来。譬如某些人追求理想幸福生活的欲望注定无法实现,于是他们就可能通过幻想和虚构来为自己营造一个虚幻的生存空间,把对于美好生活的憧憬投射到天堂或者世外桃源上去,或者以幽默诙谐的文笔与机智聪慧的故

---

① (加)谢少波:《抵抗的文化政治学》,陈永国、汪民安译,北京:中国社会科学出版社,1999年版,第161页。

事来讽刺嘲弄那些无才无德且为富不仁的社会成员来满足自己对于社会公平的渴望和寻求内心的平衡。

但是弗洛伊德主要是探讨个体无意识的发展过程。詹姆逊认为应该注重社会集体的无意识活动,他还专门为此发明术语"政治无意识"来建构他的文学文本政治阐释学。对于他而言,文学创作是一种集体生活的产物,而不仅仅是作家个人苦思冥想的创作活动。集体活动着的人们必然要产生相互作用与影响,经济和政治利益的博弈始终伴随着政治活动。"一切文学,不管多么虚弱,都必定渗透着我们称之为的政治无意识,一切文学都可以被看作对群体命运的象征性沉思。"①他从社会的高度来挖掘无意识,沿袭马克思主义的政治分析理论来解读文学文本的美学现象,旨在祛除意识形态的压制,把文学归结为无意识的产物,其实质为阶级斗争和政治欲望的表达。"正是在查找那种未受干扰的叙事踪迹的过程中,在把这个基本历史的被压抑和被淹没的现实重现于文本表面的过程中,一种政治无意识的学说才找到了它的功能和必然性。"②对于詹姆逊而言,文学文本的解读过程就是揭示意识形态压制和掩盖下的社会历史真实和政治欲望的过程,文学是属于社会意识形态范畴的一种艺术化和程式化的表达方式的集中体现。

詹姆逊认为政治无意识导致了文本的产生,而且政治无意识自身又是文本表现的对象。"政治无意识就是文化行为的始作俑者,既是文化实践的生产性机制,又是在文本或叙事中被编码的对象。"③在具体的政治化阐释过程中,我们要考察意识形态到底如何压制真实的阶级斗争和社会矛盾。特定阶级的意识形态通过文学形式成为能够被统治阶级认可的文本得以流传开来,从而拥有读者。在这个过程中,政治无意识起到了关键的作用。尽管关于《红楼梦》的主题,"经学家看见《易》,道学家看见淫,才子看见缠

---

① (美)弗雷德里克·詹姆逊:《政治无意识》,王逢振、陈永国译,北京:中国社会科学出版社,1999年版,第59页。

② (美)弗雷德里克·詹姆逊:《政治无意识》,王逢振、陈永国译,北京:中国社会科学出版社,1999年版,第11页。

③ 吴琼:《走向一种辩证批评:詹姆逊文化政治诗学研究》,上海:上海三联书店,2007年版,第99页。

绵,革命家看见排满,流言家看见宫闱秘事……"①,但是从政治阐释的角度来阅读该小说的话,我们可以看出该书名义上是描写发生在盛极一时的荣国府里面的日常生活琐事,着重刻画了贾宝玉、林黛玉、薛宝钗之间缠绵的爱情纠葛和凄惨的婚姻悲剧,而且作者不惜大量笔墨细致描摹大观园中生活细节和具体的人物外貌、行动以及内心活动,配合富于宿命色彩的诗歌和源于神话传说来点明各个章节的主题意向,从侧面反映了金陵豪门由原来的权倾朝野、人丁兴旺,沦落到落寞困顿、妻离子散的悲惨结局,以文学化的叙事手法来寓意封建社会制度内部蕴藏着的深刻危机。

该小说的创作恰逢封建制度出现松动和裂隙,萌发了资本主义经济因素的历史时期。作者拥有深厚的文学素养,熟悉上层社会生活,然而现实生活环境又困顿潦倒,挣脱社会不公待遇和历史现实牢笼的强烈冲动促使他深刻反省和尖锐评判封建文化传统和社会制度,以个性化的描写和大胆的想象来成功地塑造贾宝玉这个传统反叛者的形象,大胆地表达了对于女性的尊重,对自由恋爱的美好憧憬和对父权统治的强烈抵制,反驳了虚伪的教条说教,揭穿了统治者的愚弄伎俩,表达了渴望自由发展和政治平等的民主启蒙思想,但是主人公的悲惨结局也象征着社会变革的艰巨和作者无从找到现实突破口的绝望心理。

曹雪芹塑造了贾宝玉这样一位封建统治的叛逆者的形象,身为官宦世家的嫡系子孙,举止风流倜傥,同情庇护弱小者,而且鄙夷传统说教,厌恶功名利禄。可以看出作者在他身上倾注了自己的人生理想和审美情趣,集中体现了作者摆脱僵化教条束缚,满足身心自由欲望,享受锦衣玉食的生活,远离现实政治斗争的幻想。透过看似琐碎和缠绵的描写,我们可以感受到浓烈的生活气息和对于生命美好的讴歌以及藐视封建社会规范约束、大胆追求自由和幸福的政治诉求。

尽管迫于当时苛刻的文字审查制度和残酷的政治迫害危险,作者故意模糊和淡化故事的发生年代、具体的历史背景,人物的名

---

① 《鲁迅全集第一卷》,北京:人民文学出版社,1958年版,第419页。

称也多为虚构,作者还凭借高超的叙事手法和深切的人文关怀让读者跟着书中人物共同悲喜,使这场虚构的发生在动荡末世的浪漫爱情悲剧激起读者的深刻同情和广泛关注;通过书中人物的悲惨遭遇控诉封建统治阶级歧视妇女,残酷对待奴婢,倚仗特权压迫和剥削社会地位低下的劳动人民,成为反映资本主义生产关系发展要求的萌芽作品。但是作者找不到实现自己的政治抱负和愿望的历史主体,只能将自己对理想生活的奢望寄托在文弱的纨绔公子身上,并且纠结在悱恻的儿女情长当中。尽管关于贾宝玉最后的结局有诸多的版本和争论,但是封建社会的底层知识分子面对无法改变的现实时候的无奈和愤懑是相同的,贾宝玉无论是沦为乞丐还是出家,过着贫贱屈辱的生活,或者是皈依佛教,万念俱空,又或者更浪漫一点,重回仙界,过着逍遥无拘的神仙生活,都是作者为无法解决的现实社会关系冲突所设想的解决方案。

《红楼梦》当中亦真亦幻的叙事提醒我们,历史真实通过文学叙事的形式间接地呈现给我们,在此过程当中就包含了意识形态的控制和生产机制。文学作品通过虚拟的手段来营造逼真的氛围,以文字艺术的手法来表现主题内容,以作品当中描写的生活百态来象征现实世界的矛盾,以经过掩饰和变形的方式来表现特定阶级的政治主张和经济诉求。

詹姆逊提出了"政治无意识"这个全新的概念来指代文本所掩盖的意识形态,以及这种掩盖策略。"在作为一种文本力量的政治无意识理论和作为一种文学文本自身特征的政治无意识理论之间,詹姆逊的论述显得有些犹豫不定。"[①] 他的这个概念具有模糊的特征,它既可以指文本所压抑的内容,也可以指这种抑制策略。这是我们在研究过程当中需要注意的,它能够启发我们的研究思路,然而在具体的研究过程当中又会发现它并非如想象中那么具有明确的指向和界定,甚至带有自我消解的可能性。而且这也集中体现了詹姆逊论述文体的一个较为明显的特征,即有关表达措

[①] 王逢振:政治无意识和文化阐释,《马克思主义美学研究 第3辑》,桂林:广西师范大学出版社,2000年版。

辞乃至名词提法的新颖风格和激进态度与他在理论观点和思想路线方面的折中与调和同时并存。

他的多层次、多视角乃至多理论思路的论证过程似乎并不妨碍对于共同本质的执着追求,并且得出那个最终结论:一切文本都是历史的、政治的。在总体性的辩证解读法指导下,我们对于文学作品的政治化阐释应该贯彻詹姆逊坚持的永远历史化的精神,在客观世界中寻找精神文化产品的根源,从经济基础与上层建筑之间矛盾运动的立场来考察文学作品终极意义,揭示文学作品审美表象下掩盖着的深层次的意识形态的扭曲和变形。

第四节 乌托邦欲望

"乌托邦"一词的渊源非常悠久,首先是柏拉图描述的心目中的理想社会,它成为该思想的滥觞,然后托马斯·莫尔则创造了utopia这个新词,用来指子虚乌有的理想城邦。后来的许多学者和思想家都对此进行了进一步的阐释和发挥,使之逐渐广为人知。乌托邦思想对于资本主义私有制、剥削和不平等的评判和建立一个和平公正的自由王国的终极构想启发了马克思、恩格斯、列宁等马克思主义者。但是乌托邦思想对于资本主义的批判流于道德谴责和良心呼吁,将社会的剥削压迫和劳动人民的贫穷苦难归结为资本家道德的败坏和善良意识的沦丧,找不到实现公有制社会的历史主体和客观历史规律,因而只能停留在空想的阶段,难以从现实的层面改变这个人剥削人的世界。经典马克思主义对此进行了科学的吸收和批判,揭示了无产阶级的历史使命和资本主义经济的发展规律,从而将社会主义建立在科学的基础之上,并且点明了资本主义生产方式内部即孕育着社会主义的生产方式,无产阶级革命是实现共产主义理想的主要手段。

卢卡契认为,无产阶级由于其无产者的经济地位和阶级属性,他们的阶级意识是总体性的,对于历史发展的前途和规律的认识是全面而客观的;而资产阶级囿于自己的经济地位和阶级属性,他们的阶级意识是意识形态性的,对于历史发展的前途和规律的认识是局部的、带有主观偏见的。詹姆逊继承了他对于总体性和意识形态的这种概念区分,并且做了进一步的发挥:"马克思的意识形态理论并非像人们所广泛认为的是关于虚假意识的理论,而是关于结构局限性和意识形态封闭的理论"。① 他明确主张从人类历史发展的整个过程和总体趋势出发来研究社会历史文化现象;在文本分析方面,他也理所当然地要坚持总体性的解读方法。詹姆逊认为,意识形态一方面是特定阶级的经济利益和政治欲求的合理化表达,帮助他们认识自己在历史当中的地位和作用,引导他们为实现自己的利益而贡献自我;而经济地位和阶级属性的限制又使他们不可能完全彻底地揭示历史发展的最终趋势和客观规律,掩盖了对自己不利的事实和真相,阻碍人们认识到其思想体系的局限性和认识程度的不彻底性,即一种遏制策略。詹姆逊认为,文学作品并不完全是意识形态的产物,它内部蕴含着抵制意识形态的积极因素,而文学批评的任务就在于通过阐释将这种批判的力量展示出来。

在詹姆逊看来,马克思主义与乌托邦思想之间关系是非常密切的,从它们都是对于未来的规划角度来看,"马克思主义的政治就是一种乌托邦的计划,目的是改变世界,以一种根本不同的生产方式代替资本主义的生产方式"②。而且它是推动社会历史前进的潜在的客观动力。他赞同马克思主义对于资本主义的历史地位和作用的辩证分析,既指出其剥削压迫的消极角色,又肯定其提高生产效率、促进生产力发展和提倡民主政治的积极历史作用。但是乌托邦对于资本主义所做的流于道德层面的批判的局限性也是很明显的。"辩证法是一种原则,它要求同时考虑否定和肯定的两个方面,形成思想的统一整体,而道德化企图舒适地谴责那种邪恶,而不去特别想象其中还有另外的东西。"③ 马克思主义比乌托

---

① (美)弗雷德里克·詹姆逊:《政治无意识》,王逢振、陈永国译,北京:中国社会科学出版社,1999年版,第41页。
② (美)弗雷德里克·詹姆逊:乌托邦作为方法,或未来的用途,《马克思主义与现实》,2007年版,第5期。
③ (美)弗雷德里克·詹姆逊:乌托邦作为方法,或未来的用途,《马克思主义与现实》,2007年版,第5期。

邦更为彻底和全面地批判资本主义,而且在历史总体当中来辩证地看待资本主义生产方式,在不断的否定当中来认识包括自己在内的所有存在形式,既看到它们存在的合理性又意识到其灭亡的必然性。

詹姆逊将意识形态视为政治无意识的合法化表达,其中蕴含着乌托邦的思想,对于人类历史的总体规划和理想社会的终极憧憬。政治无意识是乌托邦思想结合具体的历史条件和阶级利益在文本当中的表达,"所有阶级意识,不管哪种类型,都是乌托邦的,因为它表达了集体性的统一"①。意识形态作为具体历史条件下的产物,是建立在异质共存的生产方式基础之上的,这就决定了意识形态也必然是异质性的共同体。各种具体的意识形态都希望能够恰当地处理好当前的社会历史矛盾,把握历史的总体,符合人类社会向无阶级社会过渡和发展的终极趋势;然而它又必然是特定阶级集团利益的表达,带有与生俱来的历史局限性和阶级规定性。这里明显地体现了我们前面讨论过的部分体现整体、整体寓于部分当中的总体性基本原理。在詹姆逊看来,意识形态作为具体的部分体现了作为抽象的、整体的乌托邦思想,它们都体现了对于总体性的欲望和渴求,其表达又必须采取具体的形式。它尽管受到意识形态的叙事文本的掩饰、遮蔽和审查,还是在其中得以部分地保留和记录下来。

弗洛伊德的个体无意识学说启发了詹姆逊对于集体的政治无意识的思考。在弗洛伊德看来,文学就是个人借以宣泄其"力比多"的白日梦,在詹姆逊看来,文学宣泄的是集体的政治无意识,这两者都需要经过我们的阐释才能够还原出其本来面目。他将乌托邦思想应用在文本分析方面,认为文学作品作为意识形态的集中体现,以推动社会历史的变革为己任,其中必然包含着乌托邦的欲望和冲动,从而探寻社会变革的力量之源。文学作品是意识形态的文本化,其中蕴含着受到压抑的政治无意识,而政治无意识又是乌托邦思想的情境化的表现和阶段化的设想。詹姆逊如此阐释它

---

① (美)弗雷德里克·詹姆逊:《政治无意识》,王逢振、陈永国译,北京:中国社会科学出版社,1999年版,第277页。

们之间的关系:"大众文化的作品必须含蓄或明显是乌托邦的,否则它们不可能是意识形态的……即使大众文化作品的作用是使现存的秩序合法化,但如果它们不在乌托邦的帮助下使集体的最深刻、最基本的希望和幻想改变方向,它们也不可能完成自己的工作,因此,不论它们采取一种多么扭曲的方式,它们也会对集体的希望和幻想发出自己的声音。"[①]每位作家作为漫长历史过程中的个体置身于特定历史条件下,代表特定阶级利益和政治欲望,有意识地或者下意识地将自己对于人类未来的总体构想和规划投射到当前的政治无意识当中,表现为集体性的欲望和诉求,即詹姆逊所认为的历史在政治无意识中采取具体化的叙事表达方式。文学作品当然也离不开读者的阐释作用,他们要能够透过文本的意识形态遮蔽将政治无意识还原为乌托邦思想,找出具体文本当中体现的对于人类历史总体的把握和构想,从而实现文学作品反思历史和改造社会的思想价值和政治企图。詹姆逊指出,任何的艺术文本都是意识形态和乌托邦思想的综合体,其改造社会的力量最终来自于深层次的对于乌托邦的欲望和总体性的渴求。

詹姆逊将对于文本的社会层面的祛伪和形式层面的揭示结合起来,使之成为辩证的综合性的文学阐释理论。"马克思主义的否定阐释学,即马克思主义实践的正统的意识形态分析,在对实际作品的解读和阐释中,应与马克思主义的肯定阐释学或对相同的意识形态文化文本的乌托邦冲动的破译同时进行。"[②]根据他的观点,否定性的阐释学,即马克思主义的意识形态分析,揭示了意识形态对于政治无意识以及乌托邦的压抑;而肯定的阐释学,即乌托邦冲动的破译,展示了政治无意识以及乌托邦思想的社会塑造作用和历史批判价值。他将其视为马克思主义阐释学的相互依赖、共同存在的两个方面。

他认为人类文明史上的文化丰碑能够在我们的博物馆、制度

[①] (美)弗雷德里克·詹姆逊:大众文化的具体化和乌托邦,见王逢振主编:《文化研究和政治意识》,北京:中国人民大学出版社,2004年版,第77页。

[②] (美)弗雷德里克·詹姆逊:马克思主义与后结构主义之争,《外国文学动态》,1987年,第2期。

和传统当中保存并且流传下来，不管它们是出自哪个阶级和历史阶段，都包含着深刻的意识形态性，都反映了特定的社会阶级的经济利益和政治诉求，政治统治建立在暴力征服、残酷剥削和无情压迫的基础之上。我们要揭示和批判这些遏制策略与统治阶级的意识形态的密切关系和必然联系。"一切阶级历史的作品，仅就它们在我们时代的博物馆、制度和'传统'中幸存下来并流传下来这一点而言，都具有深刻的意识形态性，都与基于暴力和剥削的社会结构有着息息相关的利益和功能关系……"①

我们在解读文本时要逐渐扩大阅读的历史语境，破除文本的意识形态封闭性，将文本放到当时具体的历史文化环境中进行阐释，祛除它的神秘色彩和不可认知的假象，将它与阶级利益以及生产方式的制约联系起来进行考察，它是作为群体政治无意识的文本化与合理化的最终形式，在它下面还有深层次的对于人类过去与未来进行总体把握的下意识和迫切需求，寄自由平等和谐的美好希望于遥远将来的乌托邦式终极幻想和鼓励自己继续生存下去的原始驱动力。而我们要揭示文本的这种乌托邦性质和特征，就必须要破解其文本的意识形态遏制策略、在文本的合理化和合法化的背后隐含的政治无意识的塑造作用和制约机制以及生产方式的最终决定地位和作用。这是一种互为表里的双向阐释视角，它们相互依存，各自作为对方存在的前提和条件，而且可以相互转化，是马克思主义辩证总体性的阐释方法的应用和具体化。文本当中对于未来的憧憬和对于现实的批判和超越的功能和作用通过意识形态的祛伪而得以实现。这种辩证的文学阐释方法一方面坚持弘扬文学的政治批判价值和社会反思传统，又防止文学文本沦为政治宣传的口号标语和传声筒；另一方面又重新审视文学文本的乌托邦性质和维度，挖掘出其中深含的总体性的本体论、认识论和方法论的要素，又避免宗教神学的神秘化和不可知论的倾向。

马克思主义不崇拜任何东西，始终坚持总体化的认识方法，对

---

① （美）弗雷德里克·詹姆逊：《政治无意识》，王逢振、陈永国译，北京：中国社会科学出版社，1999年版，第285页。

包括自身在内的任何理论观点都持辩证批评的态度,它本质上是彻底革命的、批判的,因此它可以作为一种元批判来观照任何理论观点,接受任何理论观点的冲击,吸收和借鉴其中的合理成分。在对文学作品进行意识形态分析时,必然要揭示其背后隐藏的政治无意识和乌托邦欲望,还原政治斗争和经济利益冲突的真相,也就是对文本进行"祛伪"和"非神秘化"解读。纷繁复杂的意识形态遏制策略及其表现让我们感觉文本是如此神秘和难以琢磨,以至于我们的头脑当中充斥着这些假象和幻觉。破除文本带给我们的幻觉,认清其经济和政治的本来面目的过程会让人们感觉到痛苦。

关于乌托邦主义与马克思主义的关系,在东西方马克思主义当中有着截然不同的看法。东方马克思主义者往往认为尽管乌托邦主义对于历史总体的构想启发了马克思主义,但是它毕竟忽略了阶级、政治斗争等核心要素,只是无法实现的美好愿望而已,与马克思主义的意识形态分析有着本质的区别;而西方马克思主义者则往往将乌托邦视为马克思主义的重要组成部分,甚至是马克思主义的必然发展趋势,是一种批判性的总体化构想,具有现实的革命意义。詹姆逊对这两种观点进行了深入的比较和分析,指出它们各自的社会历史根源,认为东方对于乌托邦主义的抵制和西方对于历史总体性的构想,都有其民族和历史的根源与逻辑合理性。作为身处资本主义世界核心国家的西方马克思主义者,詹姆逊尽管试图调和这两种矛盾的观点,但是乌托邦仍然占据了他思想观点的核心地位,由此他展开对于自由观念的探索,这与他的总体性思想也是密不可分的。

乌托邦就是对于总体性的探索和构想,它存在的前提是要有总体性的概念,没有总体性就谈不上乌托邦,而且马克思主义也是总体性的理论体系。在詹姆逊看来,我们所有能够想象出来的东西都称不上是乌托邦的,因为我们都是单独的个体,无法代表总体。乌托邦就是一个通向未来的、无限开放的、动态的总体,而不是一个限定的、封闭的、静态的总体。我们正是借由乌托邦的想象和期待才得以对历史总体性产生初步的理解和认识,依稀看到历史的终极趋向和未来图景。"马克思主义的强大力量正在于它坚持知识的总体观,并把所有对世界进行感知和认识的不同方式融会贯通,因为它的先决观念视整个社会生活为一体。"①总体性的本体论、认识论、方法论在詹姆逊身上得到了集中的体现和坚决的贯彻落实。

詹姆逊认为历史是总体性的存在、是连续性与断裂性的统一。历史只有经过文本化才能够为我们接触和认识。意识形态的每次文本化都必然是局限于当时具体的历史和社会阶级的,但是经过作者多次的文本化和阐释者的反复解读,其局限性毕竟会逐渐得以减少和克服,而我们也更加接近于总体性的历史。他是如此评价黑格尔的总体性的:"黑格尔体系的终极目标不在于同世界的调和,而在于对它的总体吸收,在于对它的完全消化,包括其全部的偶然性和异体性,其转变为自我和转变为纯立体性。"②我们对于历史的认识只能采取总体化的方法,乌托邦象征着总体性,意识形态是被遮蔽的政治无意识的表现,政治无意识是具体的阶级集团对于乌托邦的追求和憧憬,贯穿其中的是从表面现象到深层本质、从部分到整体的理论逻辑。詹姆逊认为,意识形态分析要取得真正的、最富创造性的成果,"我们就必须把它同探索不同于资本主义的社会发展道路的广阔视野结合起来,我们就必须把非神秘化同某种乌托邦的因素或乌托邦冲动联系起来,在我看来,马克思主义的这两种驱动力是结合在一起的,而非它在进行非神秘化的同时暗中有一套半宗教的宗旨"③。一切的文化和文学文本内都体现了乌托邦的欲望,但它们同时又都是不完整的映射,因为就连乌托邦本身也在不停地变化和否定自身,它是永恒进行总体化的终极存在。乌托邦与具体的历史和阶级相联系,使人们产生各种具体的渴求和希望,揭示社会历史发展的客观规律,成为批判现实和改造社会的积极力量。

---

① (美)弗雷德里克·詹姆逊:马克思主义与后结构主义之争,《外国文学动态》,1987年,第2期。
② (美)弗雷德里克·詹姆逊:《马克思主义与形式》,钱佼汝等译,南昌:百花洲文艺出版社,2010年版,第128页。
③ (美)弗雷德里克·詹姆逊:《晚期资本主义的文化逻辑》,陈清侨等译,北京:生活·读书·新知三联书店,1997年版,第31页。

第四章 总体性的全球化视域：第三世界文学民族寓言

第一节 寓言与象征

作为一种古老的文学样式，寓言在世界文学史中很早就出现了，并且占据着一席之地。中国、希腊和印度并称为寓言文学的三大发源地。寓言往往起源于民间的口头创作，是劳动人民在长期的劳动和生活过程中对周围世界进行细致观察和哲理感悟所得，凝聚着广大劳动人民的无穷智慧和幽默，抒发了高尚的道德情操。中外学者从很早就开始注意到了这种文学现象，对其进行了深入的分析研究，探讨了它的文学属类以及社会影响。

中国先秦诸子尤其是庄子与韩非子在著作中经常采用寓言这样浅显的故事形式来深入浅出地阐明抽象深奥的哲理，并且一直流传至今，如《亡鈇》、《攘鸡》、《揠苗助长》、《自相矛盾》、《郑人买履》、《守株待兔》、《刻舟求剑》、《画蛇添足》等。寓言还是我国春秋战国时代一种流行的辩论手段。当时的一些思想家在展开政治论战时往往会从古代神话、传说、民间故事或谚语中汲取营养，以寓言的形式来阐述自己的主张，使其成为辩驳的利器。寓言这种文体为广大人民群众喜闻乐见，广泛流传了下来，被汉魏以后的作家们用来讽刺现实、警醒世人。唐代柳宗元就以寓言的形式创作了不少散文作品。例如，他以麋、驴、鼠3种动物为原型分别创作了《临江之麋》，《黔之驴》和《永某氏之鼠》这3个趣味横生的故事，讽刺了那些恃宠而骄、盲目自大以及得意忘形之徒，让人读后忍俊不禁,起到警喻的效果。中国民间还有大量的寓言故事,它们的篇幅通常比较短小。除了汉族之外,还有很多的少数民族寓言。

可以说,寓言这种文学形式在中国源远流长,有着坚实的群众基础和很强的生命力,早在先秦时期就已经广为流传,现代以前的寓言文学发展过程可以大致划分为:先秦的说理寓言、两汉的劝诫寓言、魏晋南北朝的嘲讽寓言、唐宋的讽刺寓言和明清的诙谐寓言五个阶段。中国近代作家仍然坚持创作寓言,其中包括许多优秀的儿童文学作品。在西方寓言作品以及理论研究的影响下,中国作家和学者开始以新的视角来看待寓言,借鉴西方理论来研究中国寓言的发展历史和本质属性。

始于东汉至唐宋时期的佛经翻译当中就已经包含了大量的古代印度寓言。鸦片战争至"五四运动"期间的西方思想和文学翻译更是大量引进和介绍了西方的寓言文学。在中外寓言文学交流的背景下,中国学者和作家们开始了20世纪中国寓言文学的创作和研究。1902年,林纾与严璩合译的《伊索寓言》引起了人们的阅读兴趣,并促使人们反观和研究中国古代的寓言文学。清末,吴趼人写的半文半白的《俏皮话》可以视为世纪之交的过渡作品。20世纪早期,主要有茅盾的《中国寓言初编》、《狮骡访猪》、《平和会议》,鲁迅的《螃蟹》、《古城》、《立论》、《狗的驳诘》等,叶圣陶的《一粒种子》,胡适的《差不多先生》等,郑振铎的《小鱼》、《兔子的故事》(四则)等;20世纪中期,主要有冯雪峰的《今寓言》、《冯雪峰寓言三百篇》(上卷)、《雪峰寓言》、《寓言》等数本寓言集,张天翼的《老虎问题》、《一条好蛇》、《画眉和猪》等。新中国成立后,主要有《乌鸦兄弟》、《猴子磨刀》、《高山与洼地》、《三戒》、《帆与舵》、《黄瑞云寓言》、《凝溪寓言2000篇》、《中国俗语故事集》、《芥末居杂记》、《无药的药方》、《寓言百篇》、《风筝和雄鹰》、《海燕戒》、《寓言的寓言》、《弄蛇者与眼镜蛇》、《春风燕语》、《许润泉寓言选》、《吴广孝寓言选》等,涌现了一批很有影响的寓言作家,还有一些收集较全面的当代寓言作品选集,其中有《中国现代寓言集锦》、《中国新时期寓言选》以及《当代中国寓言大系》。20世纪中国寓言文学研究的专著有1930年胡怀琛的《中国寓言研究》、

1957年王焕镳的《先秦寓言研究》、1982年陈蒲清的《中国古代寓言史》以及后来的《先秦寓言概论》、《寓言辞典》、《世界寓言通论》、《中外寓言鉴赏辞典》、《寓言文学概论》、《世界寓言史》、《寓言概论》、《中国寓言文学史》、《中国寓言史》等多部研究力作,而且寓言翻译也取得了长足的进步,引进了几乎世界上所有比较重要的寓言作品。"总的说来,20世纪80年代后的这20年,是20世纪中国寓言文学的鼎盛时期。它的存在对20世纪的中国新文学是有重要意义的,如果说上两个世纪的世界寓言文学历史是欧洲的'伊索时代',那么这个世纪的八九十年代则是中国的'伊索时代'。"①

中国已知最早的关于寓言的界定当属《庄子》,而且一直影响至今。《庄子·天下》篇中有"以天下为沉浊,不可与庄语,以卮言为曼衍,以重言为真,以寓言为广。"以及《庄子·寓言》云:"寓言十九,重言十七,卮言日出,和以天倪。寓言十九,借外论之。亲父不为其子媒。亲父誉之,不若非其父者也;非吾罪也,人之罪也。"因为天下之人沉迷浑浊,无法用庄重严肃的语言来跟他们交谈,就只好用比喻的方式来开启他们的智慧。庄子的此种立场与跟他几乎同时代的柏拉图不得已用"洞穴"的比喻倒有几分相似,而且他们都有诗人般的气质,只是庄子的文笔更加汪洋恣肆,潇洒自若,而且他将寓言作为自己行文的基本体例来晓谕天下,堪称以寓言体来阐述哲理的美文典范。他将行文体例划分为卮言、重言和寓言3种:其中卮言"当是依附于寓言、重言随时自然流衍而出的作者的引申议论之言";重言"特指借'耆艾'论之以自重的寓言,即借重先哲时贤之名以寄寓或表达作者思想观点使其言为世所重的一类文字";寓言"并非单指那些'借此喻彼,借物喻人'、'寄托了劝谕或讽刺意义'的短小故事,而且还包括假托于他人他物的对话、说理等文字,在一定程度上还是后世小说的同义语和代名词,因而与后来寓言的概念略有不同,是一种具有独创性的体裁。"②

---

① 吴秋林:20世纪的中国寓言文学,《枣庄师专学报》,1999年,第1期。
② 刘生良:《庄子》"三言"新解说,《中州学刊》,2012年,第1期。

用卮言来进行逻辑推理,直接点明主旨;用重言来证明其真,让人信服;用寓言来暗示普遍的道理,让众人接受。庄子自称寓言体占了全书篇幅9/10,相比于《论语》的语录体、《老子》的自言体以及《墨子》的直言体,这是一种很明显的创新和进步。此后有众多的作家包括屈原、李白和杜甫都创作了大量的寓言体的散文、诗歌赋作、小说体裁的文学作品。"战国中后期,中国'寓言'观念已经成熟(其标志是《庄子》之《寓言》、《天下》对'寓言'的清晰定位),时人根据这种观念认定或创作了大量'寓言'作品"。通过对比西方的《伊索寓言》,我们在回顾自己的寓言创作以及研究历史之后,可以发现"寓言对于中国文学、文化的意义远超 Aesop's fables 对于西方文学和文化的意义,以 Aesop's fables 为绝对范式建构中国的寓言观及寓言史观,不仅会漏掉很多根本东西,而且会扭曲历史发展的实际图景。用锥指地,不亦小乎?"①

世界上早期的寓言集有《伊索寓言》,相传为公元前6世纪,由被释放的古希腊奴隶伊索所著,其中包括有古希腊民间故事,以及印度、阿拉伯及基督教故事,共350余篇。其他还有一些比较著名的寓言集或者寓言相对集中的作品:公元5世纪印度僧伽斯那所集《百喻经》、公元12至13世纪法国的玛·阿希·季诺夫人编写的《列那狐的故事》、法国的让·德·拉·封丹(1621—1695)的《拉封丹寓言》、俄罗斯的克雷洛夫(1769—1844)创作的《克雷洛夫寓言》等。

柯勒律治、艾布拉姆斯、普鲁塔克等人都试图给寓言下一个准确的定义,尽管他们的视角不尽相同,表述方式也各有侧重,我们还是可以初步总结出寓言的基本特征"言此意彼",即言意断裂,能指与所指漂移。寓言能够以小见大,由浅入深,从个别推及普遍,讲的是一回事情,意思却是另外一回事情,通过个别的小事件却可以投射出很大的道理来,轻松幽默的小故事当中暗示着深刻精辟的人生哲理和经验教训。寓言在表层叙述的故事情节与深层蕴含的寓意之间看似不相干实则内在相连,关于这一点我们在阅

---

① 常森:中国寓言研究反思及传统寓言视野,《文学遗产》,2011年,第1期。

第四章 总体性的全球化视域:第三世界文学民族寓言

读完成之后稍微回味即可体会得到。文本表述与写作寓意是分离的,字面意思与创作主旨看似脱节,它是以间接、隐含的方式而非直截了当地把作者想要表达的思想观点表露出来,通常是以一个浅显易懂的故事来传达一个深刻宏观的道理。在表面上是讲述一些随机发生的偶然事件,充满了个别的、具体的差异性,而透过这种现象我们可以看出其中隐藏着的内在联系和一般规律。正是这种反复出现的事物之间的相似性才使我们意识到故事的哲理价值和启迪教育意义。寓言的解读有赖于读者的阐释活动,不同的读者有可能解读出不同的寓意。

寓言的这种"言此意彼"的特性招致了许多学者的责难和非议。柏拉图认为,现实世界是对理念世界的模仿,艺术世界则是对现实世界的模仿,因而文艺是"摹本的摹本"。他的根本目的在于追求真理和真实,甚至要将那些宣扬人性弱点和有损理性的诗人逐出他的理想国。他希望只留下那些颂神的和赞美好人的诗歌,那么自然也就不会对擅长以间接隐晦方式表达真理的寓言有什么好感了。他倡导崇高肃穆的文体风格,曾经苛责过荷马的史诗居然将神描写成一样具有七情六欲和凡人才会有的弱点,给人追求本能欲望和掩饰人性缺陷找到了充足的借口。他痛恨那些逗口舌之能,扰乱民众心智的所谓诗人,鄙夷那些嬉笑怒骂的民间文学。尽管他自己被后世认为是充满了诗人的想象力和气质,其极富戏剧感的行文也以当时流行的对话录形式而流传至今,而且还创作了著名的"日寓"、"线寓"、"洞寓"3个哲学寓言,但是他坚决地抵制寓言,或许他认为这是自己为了教化民众而不得已放下身段,以通俗易懂的方式来开启民智。他的理性追求又在时刻提醒他,此等手段万万不可滥用,否则有损于哲学的纯洁与高贵。他认为,寓言不能反映现实本质,与理性是对立的关系。歌德比较了寓言与诗歌的差异,认为寓言是作者有意从个别当中引出一般,以个别事例来佐证一般的道理,是低劣生硬的诗作;而真正的诗歌则应当是不经意间从个别见到一般,有如自然的神来之笔。柯勒律治则进一步阐释发挥了歌德关于有意与无意的观点,认为寓言将现象转化为概念,再将概念转化为形象,是被动的有意叙说;而象征则是将现象转化为观念,再把观念转化为形象,是自然的、无意的叙述。寓言所表达的概念是固定的、抽象的、客观的、有限的;而象征所表达的观念却是灵活的、具体的、主观的、无限的,也就是说对于诗歌的解读是开放的、感性的、无穷的。相比于寓言,诗歌更加符合艺术作品的自动生发过程,具有更高的艺术价值和更广阔的阐释空间。由此可见,西方文论界长期以来受到柏拉图的影响,认为寓言都是品质低劣、风格生硬,而且缺乏想象空间和缺少灵性,对其持贬抑的态度,寓言创作也因此长期受到歧视和压制。

伟大的荷马史诗引起了前苏格拉底学派的广泛阅读和批评兴趣。他们认为艺术就是寓言,在阐释的过程中将艺术作品的内容概括成为抽象的真理图式。柏拉图痛斥史诗中有关诸神的争吵、通奸、犯罪方面的描写,提倡树立完美道德典范形象,来表现至善的神性概念。寓言言意分离的特性与古希腊时期注重模仿真实的正统相抵触,因此它长期受到压制和评判。尽管有研究者将柏拉图誉为"寓言之父"[①],但是他本人还是坚决抵制这种文学类型。在漫长的中世纪,基督教盛行,人们主要从事《圣经》阐释,把它当作寓言文本来解读。荷兰学者赫伊津哈深刻地揭示了此种寓言阐释方法的宗教神学源头:"所有中世纪意义上的现实主义都导致了一种神人同形同性论。它把实际存在归结为一种观念,人们总想目睹活生生的观念,这种效果只能通过拟人化来达到。由此产生寓言。"[②]此时它已经上升到了认识论的高度,成为人们认识和理解世界的必需手段和观念基础,以"隐喻解经"法来寻找《圣经》文本字面以外的多层含义。但丁借用此种模式来探讨诗歌作品除了字面意思之外的3种意义。寓言阐释逐步发展成为一种具有普遍意义的阐释方法,开启了西方阐释学发展历程,并且广泛应用于文学阅读和批评。寓言曾经一度占据了统治地位,象征只是寓言的另一种说法。随着启蒙运动的发展,《圣经》的寓言阐释法越来越

---

① Leeming, D. A. & Kathleen Morgan Drowne. *Encyclopedia of Allegorical Literature*. ABC-CLIO, Inc, 1996, p. 221.

② (荷)约翰·赫伊津哈:《中世纪的衰落》,刘军等译,北京:中国美术学院出版社,1997年版,第213页。

显得机械和教条,上帝中心的思想钳制使得人们的心理极度压抑和厌烦,文学人物性格显得越来越苍白空洞。大家纷纷将寓言视为成功的反例来批判。

相比之下,象征手法自浪漫主义以来受到人们的推崇和重视,以至于被抬高到浪漫主义诗歌本质的高度,由此实现了主客体的统一、表达意义的无限多样。康德将美视为善的象征,高度肯定了象征的美学意义,为以后人们对于象征的评价奠定了基调。歌德在谈到诗歌创作时将象征和寓言对举,指出寓言侧重于理性概括,从抽象的概念出发来组织起具体的形象,它有明确的创作目的,那就是为了说明某个道理,这与诗歌的精神背道而驰。他丝毫不掩饰自己对于象征的偏爱:"当客体和主体合二为一时,象征便产生了。象征代表着人与物、艺术家与自然的合作,呈现出心智的规律和自然规律之间的深度和谐。象征的作用是间接的,不必诠释,而寓意则是知性的女儿。寓意破坏了表现栩栩如生的客体的兴趣。象征间接地向心灵提示一种理想,它借助具体的再现向感官说话。"①浪漫主义强调主客体的和谐统一、表现形式感性具体,与寓言主客分离、能指所指漂移、表层形式与深层含意断裂等特征恰好相反。歌德从哲学的角度做了根本的区分:"诗人从一般之中寻求特殊与他在特殊之中看到一般存在有很大的差别。前者产生寓言,其中,特殊仅仅用作一般的实例或例子;然而,后者却是诗的真正本质:是对一般不加思考的或援指的对特殊的表达。掌握了特殊之全部生命力的人也掌握了一般,而不必意识到一般,或只在最后阶段才意识到一般。"②简而言之,寓言是有意而为之,是人为编造的作品;象征则是无心之作,是自然天成的艺术品。用叔本华的话来说,就是"那么,如果一切艺术的目的就是交流被理解的理念……进言之,如果从概念出发在艺术中是可能遭到反对的,那么,当人们故意并公开选择一件艺术品而表达一个概念时,我们就

---

① (德)本雅明:《德国悲剧的起源》,陈永国译,北京:文化艺术出版社,2001年版,第132页。
② (德)本雅明:《德国悲剧的起源》,陈永国译,北京:文化艺术出版社,2001年版,第132页。

不能同意;这是寓言的情况……因此,当一幅寓言图画也具有艺术价值时,这相当不同于并独立于它作为寓言的成就。这种艺术作品同时具有两种目的,即表达概念和表达理念。只有后者才是艺术的目的……"① 很显然,他也是赞同象征而贬抑寓言的表达方式,寓言从概念出发来故意寻找或者编造出一个特殊的故事来作为证明,这在叔本华看来,其实不能算是真正的艺术作品,它从根本上违背了艺术的主旨和原则。克罗齐认为寓言和诗歌的表现方式是对立的甚至是势不两立的关系:"凡是重视寓意的地方,就必然不重视诗;凡是重视诗的地方,又必然不重视寓意。"② 因此,他从诗歌创作角度出发否定了寓意作为一种表现形式的合理性,将它赶出了诗歌艺术手法的领域。

尽管寓言在浪漫主义时期遭到了严厉甚至过分的批判,但是当时仍然有学者较为客观地认识到了它的价值,提出了与主流意见相左的看法,为以后全面恢复寓言的地位作了重要的理论铺垫和思想准备。谢林延续了歌德寻求一般与特殊相统一的研究思路,但是他将对寓言讨论的视野扩大到了绘画、阅读的广阔领域,认识到了寓言可以用来解读任何文本。施莱格尔认为,一切美都是寓意,寓意是美的存在方式。"正因为其不可言状,所以只能通过寓意才能表现最高级的美"③,美和寓意在神秘性以及不可明确言说这一点上是相通的,他将寓言升格为美的最高表现形式,强调它极其重要的美学上的地位和作用。其他还有一些学者,比如克罗伊策和佐尔格,也提出了积极拥护寓言的观点,但是在当时针对寓言的一片指责声中,这些真知灼见没有能够引起人们足够的重视。

本雅明分析了德国 17 世纪时期的巴洛克艺术的社会根源以及寓言在其中的艺术影响力,明确指出人们对于象征手法的盲目

---

① (德)本雅明:《德国悲剧的起源》,陈永国译,北京:文化艺术出版社,2001 年,第 132 页。

② Lewis, C. S. *The Allegory of Love: A Study in Medieval Tradition*. Oxford: Oxford University Press, 1958, p.198.

③ Todorov, Tzvetan. *Symbolism and Interpretation*. New York: Cornell University Press, 1982, p.21.

第四章 总体性的全球化视域:第三世界文学民族寓言 | 165

崇拜和神学幻想。他在一次世界大战之后的欧洲看到的是满目疮痍,人们的精神饱受创伤,现实世界远非想象当中的和谐完美,相反是赤裸裸的残酷血腥,人类对于未来的美好憧憬和乌托邦式理想被现代文明所发明的枪炮炸得粉碎。此种境遇与17世纪时期的德国有诸多相似之处,只不过20世纪人类的相互倾轧以及战争之惨烈有过之而无不及。一旦撕开了文明的外衣,则暴露出最原始血腥和丑陋的灵魂。本雅明伫立在战争的废墟之上,凝望着被工业文明以及战争机器扯掉神秘面纱的浪漫主义,由衷发出了感慨:"一百多年来艺术哲学一直受着一位篡位者的暴虐统治,这位篡位者是在继浪漫主义之后的混乱中登上权力宝座的。浪漫派美学家努力追求对绝对之物的热情洋溢,但最终不承担任何责任的认识,他们的努力已经在关于艺术的最基本争论中为象征的观念争得了一席之地,这种象征观念不过是与真正的观念相同的名称而已。这后一种观念,即在神学领域中使用过的观念,从来也不会把情感的曙光照在关于美的哲学之上,自浪漫主义初期结束之后,这种哲学便越来越不可渗透了。"①

浪漫主义在严峻冰冷的现实面前不堪一击,满怀着憧憬和希望却无力收拾满目的疮痍,无法给人以信服的理由与勇气。象征实际上是一个神学的观念,被浪漫主义者错误地借用到了原本不相干的美学领域,给予人们错误的印象,把人们引上了歧路。我们应该还象征以本来面目,让它重新回到神学的领域,不再寄希望于对绝对之物的幻想。我们不能盲目乐观,也不能过于自信,相反我们要立足于战争遗留下来的废墟之上,在其中寻找人类重建世界的可能性。他指出正是由于象征人们才会错误地形成有关形式和内容不可分化的统一性的观念,并且天真地为这种不可能实现的统一来提供哲学方面的未经严格审查和检验的解释和证明。结果无论是在对形式的分析中还是在关于内容的美学中都不能做到公正和客观。对于统一的幻想蒙蔽了我们批判的眼光。物质与超验

---

① (德)本雅明:《德国悲剧的起源》,陈永国译,北京:文化艺术出版社,2001年版,第130页。

客体的统一原本属于神学悖论,它在美学当中被演化为形式与内容的统一。

原本就错误的观念再经过人为的误用,结果必然是严重地扭曲事实真相和误导大家去追求不切实际的目标。它窒息了现代艺术批评的活力,为美学提供了一个神性化了的象征构造假象,却在实际上破坏了美学理论的根基,在其中悄悄地植入神学的基因,使之成为神学的衍生物。将上帝视为万物之始源,将美视为善的象征,神学与美学经由象征而得以交汇,浪漫主义借助于神学之强大控制势力顺利地产生了通灵美学。此种美学看似美好,散发着人性之光,让人满怀期待一个光明美好的未来。"象征所表现的是一个生机勃勃的明白晓畅的世界。而巴洛克时代的艺术家所面对的则是一个混乱不堪、残缺不全的社会。这是一个废墟的世界。巴洛克的艺术家不可能用认同现实、与现实同步前行的象征去表现,而只有选择寓言。在事实领域是废墟的地方,在思维领域就是寓言。"① 本雅明面对着似曾相识的黑暗历史,无论如何也不能让自己在错误的美学道路上继续前行,要坚决清除这种错误的理论根基,恢复美学应有的批判现实和重塑历史的力量。

现代主义时代是一个整体性丧失的时代,个人在历史的碎片之中无法找到确切的意义,在此决定个人存亡和历史走向的紧要关头,本雅明主张由艺术来取代启蒙理性承担起认识真理的重担。"如果说象征对应着一部理想的历史,那么寓言则对应着一种衰败的、破碎的历史。由于精神处于'被遮蔽'的晦暗不明的状态,物的过量成为任何形式的潜在原则。个别事物丧失其整体中的固定位置,成为可以相互替代的'散兵游勇',而整体也就消亡,成为支离破碎的现象的时空分布,成为内涵和外延都无法确定的系列。"② 科学主义和工具理性在帮助人们认识世界的同时也让人们见识到了它们对自然的无情破坏力和压制人的感性的暴力本质。启蒙理性并没有带给人们它当初曾经允诺的理想社会,反而使人

---

① 冯宪光:《"西方马克思主义"美学研究》,重庆:重庆出版社,1997年版,第292页。
② 张旭东:寓言批评——本雅明"辩证"批评理论的主题与形式,《文学评论》,1988年,第4期。

第四章 总体性的全球化视域:第三世界文学民族寓言

们陷入空前的恐怖和迷茫之中,人们不知道该如何处置自己改造世界甚至破坏世界的巨大能量。科学技术和生产力的发展进一步加深了人的异化,人们对于理性万能的神话产生了深刻的怀疑。理性已经与中世纪的神性一道,成为阻碍人认识真理、压制人的自由发展的新暴力形式。面对着现代社会经济衰败、理想破灭、道德沦丧的时代命题,现代主义艺术强烈反叛现实、否定现实是想要超越现实的唯一出路。它以与历史决绝的态度来开启新的篇章,以对废墟的体验和认识来破除有关一个连贯统一的历史发展过程的虚妄神话。而本雅明进一步认为寓言的离散性和碎片性特征决定了它是城市大众所能够体验的唯一的方式。他认为历史是以自然为背景的人为认识构造的结果,历史的衰败恰好反映了自然的本真面貌,褪去理性光环的历史重新融入自然当中,碎片化的历史还原了自然的真实,透过历史的废墟人们更加看清楚了自然被遮蔽的方面。透过历史的废墟,在其中看到历史的未来发展走向和总体趋势,这正是一种辩证总体观。"本雅明认为寓言就是一种否定之否定,能在破碎的意象中把握历史的整体,这是一种反总体性的表达。"① 它所反对的是启蒙理性所虚构出来的那种静止统一的总体性。在动态的历史碎片之中不断地摸索和体验,从而以寓言的方式来接近真实。

马克思主义一贯坚持内容决定形式的基本立场,热衷于从形式分析当中来找出其背后的深层含义以及决定因素。尽管在马克思主义看来形式与内容是对立统一的关系,但是在实际的批评过程中往往更重视内容的决定地位和作用,主张通过分析表面形式来把握内在的规律和本质内容,更加看重的是形式与内容之间的对立与分裂。因为唯有如此我们才能够将形式与内容有效地区分开来,达到认识事物本质的目的。马克思主义尽管也重视文本的形式方面,承认形式的独立价值和意义,但是对文本进行阅读和欣赏的同时,仍然念念不忘寻找其背后的社会根源和经济基础的决定作用,并且将此作为终极视域而加以强调。文本集中体现了不

---

① 罗良清:西方寓言理论的发展轨迹,《齐鲁学刊》,2006年,第4期。

同意识形态之间的矛盾与斗争,这些说到底都可以追溯到生产方式的决定作用。因此,文本就成为马克思主义政治经济理论在文学领域的投射和具体化。

马克思主义诗学对于政治性的追求由来已久,可以说一直是其最感兴趣的核心问题。恩格斯等人在阅读文学作品时往往习惯性地在其中寻找政治与经济因素,试图从文学作品的视角来理解资本主义剥削和压迫的秘密。"任何马克思主义式阅读从根本上讲是寓言式的。因为马克思主义从来就不把文学性文本视为纯粹的文化产物,马克思主义批评毫不掩饰它是带着目的去发掘作品的意义的。"① 毛泽东同志在 1942 年"延安文艺座谈会"上明确提出了"文艺应为工农兵服务"的口号,号召文学艺术工作者认清自己的阶级立场,一定要明确创作文艺作品的对象是工农兵以及革命的干部,坚持学习马克思列宁主义和学习社会。这次讲话阐明了党指导文艺工作的基本方针,论述了文艺工作所涉及的基本方面和主要问题,成为指导革命文艺工作的纲领性文件,并且一直指引着后来的社会主义文艺工作的前进方向。

在阶级斗争和民族矛盾突出的历史时期,尤其是在革命战争时期,文艺作品的政治性是最突出的问题和根本特征,足以决定一部作品的性质和读者对它的理解和接受。革命文艺作品的主要内容应当是反映丰富多彩的阶级斗争,文艺作品的重要使命是激发人们的阶级意识和革命斗志,文艺工作者的任务是融入革命群众的革命斗争和日常生活当中,创造出大家喜闻乐见的文学形式,寓革命教育意义于文学作品之中。以往文艺作品的作者往往带有统治阶级感情,站在统治阶级的立场上,服务的对象是统治阶级以及一小部分的社会精英分子,而忽略了广大的被统治阶级的感受和需求。那些反映广大劳动人民疾苦和心声的思想性和艺术性俱佳的文艺作品往往能够经得住时间的历练和政治的考验而成为流传后世的经典。

马克思主义诗学对于寓言予以了重新关注,发掘出了其中被

---

① 赵白生:民族寓言的内在逻辑,《外国文学评论》,1997 年,第 2 期。

第四章 总体性的全球化视域:第三世界文学民族寓言 | 169

隐藏已久的极其重要的社会价值和艺术存在意义。马克思主义是革命性的理论,始终怀揣着宏伟的政治抱负,致力于揭示政治背后的经济规律。它将对于内容与形式的二分法以及相互关系的认识带到了文学作品分析当中。文学作品的美学特征被视为形式,与之对应的内容则是政治意图,这也是马克思主义美学的基本立场和惯用思路。在充分欣赏和研究文学的艺术特征的同时,把注意力主要集中到文本所表达的思想政治企图方面,认识到文学形式与思想内容之间既相关又分离的根本特征。文学的形式是为思想内容服务的,思想内容决定了文学的具体形式。这是关于文学形式与内容的基本观点。总是习惯带着政治的有色眼镜来看待和分析文学作品,试图在文本当中找到政治理想和历史真实。文学作品来源于生活,又是生活经历和人生感悟的艺术化的表达。寓言的言意分离突出地表现了文学作品形式与内容之间的相对独立,是文学的艺术性与思想性各自走向极端的表现。

要想创作出成功的寓言,绝非易事。唯有将深厚的生活积淀与深刻的哲理思索完美结合起来才能够打动读者,让他们掩卷沉思,会心一笑。而且不不同的读者对同一个寓言故事也会产生不同的理解,比如读者可能事先带着政治性的心理期待来从字里行间寻找踪迹,以印证自己的观点。在中国的理学当中谈到阐释的时候就有"六经注我"的说法,意思是说搜寻各种文本来证明自己观点的正确性,是一种带有明显主观倾向的解读方法。从阐释学的角度而言,完全客观公正的角度并不存在,每个读者都是带着自己的先见和社会文化背景来阅读文本的,而且这些先在的视域是阅读得以顺利开展的必要条件。很难想象一个人能够顺利地读懂一篇对他来说完全陌生的文本。他在阅读过程当中总是会受到自己的教育背景、生活经历以及思想倾向的影响,在阅读的时候不自觉地将自己的观点和期待投射到文本之上,产生心理上面的反响和意义的解读。"无论是兰色姆说马克思主义看重形式与内容的分离也好,还是托多洛夫说马克思主义把理论强加给文本也好,他们有一点是正确的:马克思主义文论的这两个特点正好与寓言的两个特征不谋而合,即与'分离'相一致的寓言的'断裂性'和与

'投射'相关的寓言的'复义性'。这样,我们就比较好理解为什么马克思主义批评与寓言有一种内在的契合。"①寓言对于马克思主义文学批评具有特别重要的方法论的契合和思路的重叠。在马克思主义文论中对于寓言这种文本存在方式予以格外的重视也就不难理解了。

由此可见,寓言作为一种拥有悠久历史的文学类型,在西方却遭遇了偏见和歧视,甚至被冷落了很长时间而没有人问津,只有在马克思主义诗学中才恢复了它本来的面目,给予其应有的地位,并且将它上升到艺术存在方式的高度来加以重视和研究。而詹姆逊更是顺着本雅明开拓的思路,将寓言与乌托邦结合起来,在对后现代主义的批评过程中提出了第三世界文学民族寓言的著名观点。詹姆逊将他的总体性理论贯彻到了对于第三世界文学的评论当中,而且认为第三世界的文学均带有寓言性质,可以视为民族寓言。

第二节 詹姆逊的第三世界文学观

在我们开始讨论第三世界文学这个观念之前,我们有必要区分以詹姆逊为代表的第一世界学者关于三个世界划分的观点与以毛泽东为代表的第三世界观点之间的差异,这对于我们接下来的论述具有根本性的区分作用。其中分歧主要在于美苏之间关系的界定和理解上面。是否以社会制度来作为划分三个世界的标准,这是值得商榷和认真思考的问题。

关于三个世界的划分最早是由法国的经济学家阿尔弗雷德·索维于1952年首先提出的,他认为当时的帝国主义和社会主义阵营是两个世界,此外那些战后被剥削、被奴役的弱小国家和民族则构成了第三世界。他的这种观点被包括詹姆逊在内的许多学者所认同和接受,并且作为自己分析全球性问题的基准和出发点。

第二次世界大战沉重地打击了帝国主义势力,瓦解了殖民主

---

① 赵白生:民族寓言的内在逻辑,《外国文学评论》,1997年,第2期。

义统治,有近百个国家和地区获得了自由和独立,从殖民主义的长期剥削和压迫之下解放出来。美国和苏联都曾妄图称霸全球,世界其他国家人民对这两个大国早已心存不满,而且亚非拉新兴独立国家势力不断增强。毛泽东洞察国际政治风云变幻,为了建立对抗霸权的国际统一战线,审时度势于1974年提出了划分三个世界的战略思想。他说:"我看美国、苏联是第一世界。中间派,如日本、欧洲、加拿大,是第二世界。咱们是第三世界。"第三世界人口很多,"亚洲除了日本都是第三世界。整个非洲都是第三世界,拉丁美洲也是第三世界。"[1]苏联和美国这两个超级大国倚仗自己雄厚的经济基础、发达的科学技术和生产力、丰富的物质和人力资源、超强的军事实力和深远的政治影响力到处推行霸权主义和强权政治,妄图控制整个世界的局势,使其他国家和地区都俯首称臣。不仅第三世界国家而且第二世界国家也因为它们的霸权主义而愤然反抗。中国身为第三世界国家,旗帜鲜明地反对在世界上称霸的国家,主张联合包括第二世界的资本主义国家在内的一切可能的积极力量,尽力促成国际统一战线来共同对抗这种国际不稳定因素。

"我们认为,国家不应该分大小。我们反对大国有特别的权利,因为这样就把大国和小国放在不平等的地位。大国高一级,小国低一级,这是帝国主义的理论。"[2]苏联打着社会主义的旗号,在世界各地与美国争夺霸权。即便在自己的社会主义阵营内部也搞独裁,欺压干涉东欧以及中国等其他国家,侵犯他国利益,俨然以老大哥自居。再加上苏联在联邦内推行大俄罗斯主义,歧视和打压其他民族,内部的民族矛盾激化,民族独立的呼声渐起。因此,社会主义的社会制度和共产主义的意识形态掩盖不了它的大国沙文主义作风,不断扩张和侵略的本性,我们要对此保持足够的清醒和警惕性。

---

[1] 《毛泽东外交文选》,北京:中央文献出版社,世界知识出版社,1994年版,第600页。

[2] 《毛泽东外交文选》,北京:中央文献出版社,世界知识出版社,1994年版,第191页。

将美国和苏联从笼统的资本主义和社会主义两大阵营当中区分出来,揭穿他们的超级大国野心和独霸全球的企图,揭露他们侵犯各自阵营内部成员利益的事实,争取联合除了美苏之外的其他国家的支持和帮助,来共同抵制这两个巨头的侵犯,是全球统一战线的共同利益所在。第三世界作为与第一世界和第二世界相提并论的重要力量,要充分认识到自己所具有的能量,也要尽可能团结一切可能的力量,为全球的稳定和共同发展做出自己应有的贡献。此种划分在国际上引起了广泛的关注,赢得了包括第二世界国家在内的专家学者以及政治家的高度认可和赞同。这是一种更深刻揭示各种政治势力本质特征、更符合世界发展潮流的划分方法,表达了第二世界和第三世界人民希望和平、繁荣、平等、自由的共同心声。

詹姆逊采用的是在西方世界尤其是美国流行的索维提出来的划分方法:认为第一世界是资本主义阵营,第二世界是社会主义阵营,第三世界则是受到殖民主义和帝国主义压制和剥削的国家和地区。他为自己辩解说:"我采取对这个表达方式的批评观点,反对抹杀非西方国家和环境内部之间的深刻不同之处(确实,这种基本相互对立之一——在庞大的东方帝国的传统与那些后殖民地的非洲各国的传统之间——将在下面的论述中起关键性作用)。我不认为诸如此类的表达方式能够表明在资本主义第一世界、社会主义集团的第二世界以及受到殖民主义和帝国主义侵略的其他国家之间的根本分裂。我们蔑视那种相互对立关系——如在'发达国家'和'不发达国家'或称'发展中国家'之间——在意识形态上的含义。较为新颖的南北二方位论的概念具有十分不同的意识形态内容和含义。这个概念则由非常不同的人们使用着,然而这个概念仍然意味着对'集中理论'的毫无质疑的接受——按照这个观点,苏联和美国在很大程度上是一码事。我以本质上是描述的态度来使用'第三世界'这个名词。我不认为反对这种用法的意见同我正在进行的辩论有特别的关联。"①

　　他意识到东方帝国与非洲国家之间存在着极大的差异,他强调因为自己没有更好的办法,所以才使用三个世界的划分法。他也反对以国家发达程度来将世界划分为对立的两极,因为这样会有歧视性的意识形态包含在其中。而南北两极的说法是以地理位置来进行区分,似乎可以不那么敏感,不至于刺激到那些落后的国家和地区。但是他又认为这种说法存在着问题,将美国和苏联混为一谈,这是绝对不能接受的。美国长期以来将苏联视为敌人和不可理解的对象,他们之间有着难以化解的仇视心理和排斥反应。社会制度的不同以及信仰的迥异使得他们各自为营,不愿意去平心静气地认识和评价对方的优良文化传统,彼此之间的冷漠和偏见把他们分隔到了两个几乎互不相干的世界当中。

　　在詹姆逊看来,社会制度的不同是原则性的东西,万万不可迁就。美苏对立这种观念在包括詹姆逊在内的众多西方思想家那里都是根深蒂固的,他们可以认识到第三世界内部的巨大差异,而将自己所在的第一世界以及苏联为首的社会主义第二世界视作同质性的集体。在潜意识当中就将人们的思维引导到对苏联为首的社会主义阵营的警惕和戒备上面来,将苏联视为敌对的国家、恐怖专政的代名词。他们往往对于全球化、资本扩张、第三世界国家、后殖民主义津津乐道,但是对于具有悠久历史与文化传统的俄罗斯却视若无睹,这种敌视和冷漠由来已久。

　　获得诺贝尔文学奖的俄罗斯作家有4位:伊-蒲宁、帕斯捷尔纳克、肖洛霍夫、索尔仁尼琴。同属社会主义阵营的南斯拉夫作家安德里奇也曾获此殊荣。此外著名的作家还有普希金、果戈理、屠格涅夫、陀思妥耶夫斯基、赫尔岑、冈察洛夫、奥斯特洛夫斯基、涅克拉索夫、谢德林等;文学评论家有别林斯基、车尔尼雪夫斯基、杜勃罗留波夫等,他们都对世界的文学理论做出了杰出的贡献。

　　他们的优秀作品堪称世界文学宝库中的巨大财富,对中国等

---

① (美)弗雷德里克·詹明信:《晚期资本主义的文化逻辑》,陈清侨等译,北京:生活·读书·新知三联书店,1997年版,第519—520页。

其他国家的文学创作和评论产生了深远的影响。面对这样一个涌现了如此众多的杰出作品和美学思想的社会主义强大阵营,我们不能不驻足向他们表示敬意。身为马克思主义的辩护人和拥护者,作为研究全球化的学者,詹姆逊是否也给予俄罗斯文学足够的重视?

曾经被扣上"讽刺乌托邦,诽谤现实"帽子的普拉东诺夫在詹姆逊的著作《时间的种子》当中占据了相当大的篇幅,他的《切尔古文镇》成为詹姆逊分析第二世界文学的主要范本。"如果我对形势的理解正确,过去十年来他已经逐渐被视为非凡的美学权威和道德精神权威——完全可以和卡夫卡在西方的地位相提并论(尽管在其他方面普拉东诺夫和卡夫卡之间实际上毫无共同之处)——也就是说,作为一个预言式的人物,他的经验是宝贵的,他的形式在历史上和实际上都有征兆的性质;作为一个作家……他的形式成就虽然在美学上可能不及标准的杰作,如普鲁斯特、乔伊斯和曼的作品……但却提供了一种形而上学思考的机会,而纯美学的客体很少会促发这样的思考。"①也就是说,詹姆逊更加认同他作品的思想价值、对于道德问题的反思、对于乌托邦的辛辣讽刺和大胆质疑。"但是关于现代主义的价值,这里'第二世界'可能也有某种新的东西教给第一世界,而这种价值在后者的后现代时期已不再有效或发生作用。"②第一世界已经无须向第二世界学习所谓的现代主义的新内容,因为这种曾经新颖的独创如今已经失去了吸引力和借鉴价值,大家对它也没有新鲜感,简而言之,那就是它已经过时了。

在论及反讽与乌托邦的问题时,他说:"普拉东诺夫迫使我们以新的方式再次提出这个问题,但他不一定为我们提供任何新的解决办法。"③言下之意就是他的作品都是在走西方的老路,没有

---

① (美)弗雷德里克·詹姆逊:《时间的种子》,王逢振译,南京:江苏教育出版社,2006年版,第68页。
② (美)弗雷德里克·詹姆逊:《时间的种子》,王逢振译,南京:江苏教育出版社,2006年版,第101页。
③ (美)弗雷德里克·詹姆逊:《时间的种子》,王逢振译,南京:江苏教育出版社,2006年版,第106页。

第四章　总体性的全球化视域:第三世界文学民族寓言　‖　175

任何新意。我们只能说詹姆逊关注的这位作家在俄罗斯文学史上并不能算非常著名,而且他的政治立场还是备受争议的,至于他的文学成就是否如詹姆逊所评价的那么崇高,恐怕有待证实。而且他是否就能够代表整个第二世界的文学,这恐怕要打一个大大的问号。即便是在第二世界文坛内部,估计也会有许多人提出异议,为什么偏偏要选这么一位质疑社会主义制度、讽刺乌托邦理想的争议型作家。

詹姆逊承认民族主义在第三世界和第二世界是十分重要的,尽管这些国家受到了全球性的美国后现代主义文化影响,它仍然是不可取代的。但是这些国家缺乏讨论以及使用民族主义的经验,而且实际上是滥用了这个名词。"这不是美国知识分子讨论'美国'的方式,事实上人们也许会感到这纯粹是'民族主义'的旧话题,是一个早已在美国被合理清算了的问题。"① 第三世界的学者正在热衷讨论自己的民族身份,对于民族的未来充满了憧憬和希望。然而过分强调民族主义在西方早就已经过时,尤其在美国以及欧洲的一些有经验的国家里人们对此已经形成了成熟的看法。

詹姆逊根据生产方式决定上层建筑的原理来推论得出资本主义生产方式决定主导文化逻辑,并且将现实主义、现代主义、后现代主义分别对应于市场资本主义、垄断资本主义以及跨国资本主义。生产方式的进化必然引起文化逻辑的替换,由此得出现实主义、现代主义都已经随着老旧的生产方式而退居历史舞台的幕后,跨国资本主义在全球范围内大肆扩张,唯有后现代主义凭借着它的扩张势头而大行其道。这种线性的历史发展观必然导致现实主义和现代主义落伍的观点,它们已经被更高级的后现代主义所取代,对于当代社会已经失去了应用价值和借鉴意义。其他国家的文化发展只能够以美国的后现代主义为目标,这与自由市场一起共同构成人类文明进步的准则。第二世界和第三世界的任务就是

---

① (美)弗雷德里克·詹明信:《晚期资本主义的文化逻辑》,陈清侨等译,北京:生活·读书·新知三联书店,1997年版,第517页。

向美国看齐,学习它的经济模式和文化逻辑。这两个世界文化的现实主义和现代主义都是陈旧的话题,谈不上有多少借鉴意义。

当然,詹姆逊还不忘指出,"在第三世界,比如说南美洲,便是三种不同时代并存和交叉的时代"①。然而,许汝祉先生在经过仔细考证后指出,研究美国文学的专家当中早已有人提出异议,认为后现代主义与现代主义可以看作同时存在的关系,甚至很难说清楚到底谁是本源。美国文坛已经出现了对于后现代主义的反拨,甚至出现了朝向现实主义的回归。詹姆逊用来证明三种文学形态交替更迭的三部文学作品恰恰都诞生于同一个资本主义时期,而并非来自三个不同的历史阶段。就连一些后现代主义作家也可以写出更接近现代主义的作品。② 第一世界是否真的与第二世界和第三世界有着天壤之别,第一世界是否真的就是后现代主义的天下,这可能需要我们做进一步的详细考证。

詹姆逊自己也强调差异性的存在,与同一性的存在一样,都是不可忽略的。我们不能只关注其中的任何一个方面,因为这样是违背总体性辩证法基本原则的。"一种现在的同一性面对一种不可能的未来的巨大的、不可想象的差异性,两者的共存就像人的一对眼球,每一个都记录一种不同的范围。"我们真的希望能够保持这样辩证的原则立场,客观地对待第一世界、第二世界、第三世界的文学状况,而不要将它们简单地归结成先进与落后、模仿与被模仿的单一关系。这种文学形式线性交替观虽然精简纯粹,却抹杀了各个国家历史与文化的差异性,只顾追求全球文化的同质化。这种单向思维恐怕与资本主义生产方式的全球化扩张逻辑脱离不了关系。

而且詹姆逊在划分三个阶段的时候,自己曾经说过这三个阶段是可以互换的,"关于现实主义、现代主义和后现代主义的一种新理论在形式上的基本要求,至少应该是把这三种现象辩证地看作同一过程中可以任意交换位置加以排列的阶段;换言之,应该把

---

① (美)弗雷德里克·杰姆逊:《后现代主义与文化理论》,唐小兵译,西安:陕西师范大学出版社,1986年版,第5页。
② 许汝祉:对美国后现代主义文学的评估,《外国文学评论》,1991年第3期。

它们置于一个更大的、更抽象的统一模式中,从它们的相互联系和对照中加以界定"①。只不过在论及第三世界文学以及后现代主义的时候,他更倾向于采用线性的思维方式,将三者视为前后相继的关系,而且将美国视为单一的后现代主义统治下的同质性的文化环境。有了后现代主义,那么现实主义以及现代主义是否就完全失去了存在的价值和必要,进一步说,我们是否还有必要去研究这些已经落伍的文学形式呢?"正反合"的思维是否还有效?否定之否定规律还能不能让我们站在更高的层次来回顾历史展望未来?这与他一贯主张的总体性辩证思维是否一致?我们有待进一步讨论。

他将第一世界的文学视为准则,如果第三世界的那些非规范文学要想证明自己跟这些准则一样优秀,只会导致一种自我挫折,让他们感到自叹弗如。"我们可以对诸如第三世界文学一类的非准则形式的文学的重要性和利害关系进行许多辩论,但是一种借用敌手的武器的论点是十分自我挫败的:这种论点企图证明第三世界的文本与准则本身的文本同样'伟大'。"②紧接着他将海姆特与陀思妥耶夫斯基放在一起进行了比较,如果说海姆特与陀思妥耶夫斯基同样伟大,那也就是说海姆特也成了准则。但这种观点立即就会被证伪:读者在海姆特的书中找不到陀思妥耶夫斯基的那种感觉,无法得到满足,因为他不具备陀思妥耶夫斯基的那种精髓。

我们在此简要介绍一下这位海姆特。他是美国著名侦探小说家,曾经的侦探经历为他以后的创作提供了灵感和素材,他创作的侦探小说有些被拍成了电影,他创作的电影剧本《守卫莱茵河》曾经获得奥斯卡最佳剧本金像奖提名。他被誉为硬汉派小说的鼻祖,"美国文库"为他出版了《哈米特集》以表彰他对美国文学的贡

---

① (美)弗雷德里克·詹明信:《晚期资本主义的文化逻辑》,陈清侨等译,北京:生活·读书·新知三联书店,1997年版,第279页。
② (美)弗雷德里克·詹明信:《晚期资本主义的文化逻辑》,陈清侨等译,北京:生活·读书·新知三联书店,1997年版,第517页。

献。① 陀思妥耶夫斯基被鲁迅誉为"人类灵魂的伟大的审问者",以触及灵魂深处的笔触来揭露人类肉体与精神痛苦。将两位不同风格类型的作家放在一起比较,并且以影响更大者作为准则,希望在另一位作家的作品当中找到他感觉,这种逻辑是否有点牵强?退一步讲,如果我们在海姆特的作品当中恰好就读到陀思妥耶夫斯基的那种感觉,那么海姆特还能算是海姆特吗?谁能够保证海姆特不会消解自己赖以成名的特质,丧失自我的个性,而彻底融入陀思妥耶夫斯基的背影当中?我们只能评价说,谁在世界文坛上的影响更大,读者群更广,艺术成就更高。

如果硬是要以某位作家作为准则,要求别人也以他为榜样,恐怕有将文学创作陷入模式化的可能。中国的诺贝尔文学奖得主莫言以高密东北乡作为他的文学地理,成功地"将魔幻现实主义与民间故事、历史与当代社会融合在一起"。他认为对自己创作影响最深的还是《水浒传》、《三国演义》、《聊斋志异》这些古典文学作品,而且自己是一个真正的现实主义作家,关注现实,忠实于现实。尽管故事大部分是虚构的,但是感情是真实的,其魔幻的笔法是符合现实主义的原则。如果只是以福克纳以及马尔克斯为模板,一味地机械模仿,重复别人的风格,很难想象莫言还能够取得今天这样辉煌的成就。

詹姆逊紧接着说道:"对于非准则本文的全然相异保持沉默是没有什么好处的。第三世界的小说不会提供普鲁斯特或乔伊斯那样的满足。也许更为有害的是这种倾向可以使我们想起我们第一世界文化发展中过时的阶段,就此我们得出结论:'他们还在像德莱赛或舍伍德·安德逊(Sherwood Anderson)那样写小说。'"②他认为第三世界文本与第一世界的准则文本有着本质的区别,第三世界的文本提供不了第一世界经典作家的那种美学享受,而且他们对于经典的模仿只能让第一世界读者觉得太老套、太陈旧了。詹姆逊认为这种反应"完全是自然的,十分易于理解,而且也非常

---

① 梅绍武:美国硬汉派侦探小说的先河,《书摘》,2002年,第10期。
② (美)弗雷德里克·詹明信:《晚期资本主义的文化逻辑》,陈清侨等译,北京:生活·读书·新知三联书店,1997年版,第517—518页。

第四章　总体性的全球化视域:第三世界文学民族寓言

狭隘。"如果规范文本的意义在于限制第一世界读者阅读非准则类型的文本,或者以非经典的方式来阅读,这是"人文的贫困"。

詹姆逊坦然承认:"确实,我们对那些往往不是现代派的第三世界文本缺乏同情心这种状态本身,就是富人对世界上其他地方确实还有人生活在水深火热之中的现实的更深层的惧怕——那些人的生活与美国郊区的日常生活完全不同。美国城市郊区的居民过着一种受庇护的生活,不必面对困难,不必对付城市生活的复杂性和挫折感,这倒没有什么值得感到特别不荣誉的,但也不值得感到特别骄傲。此外,有限的生活经验通常不利于对类型全然不同人民的广泛同情(我在此指的是从性别、种族直到社会阶层和文化的不同)。"①第一世界读者对于第三世界文本缺乏阅读兴趣和审美同情,这是由于经济地位不同所导致的冷漠和恐惧。那些生活富裕的美国人害怕知道或者不愿知道世界上还有人衣食无着、痛苦不堪。这样就不会破坏他们享受天堂般生活的心情,也不会让他们产生负罪感。他们生活在为自己营造的舒适世界当中,对外界的冷酷现实充耳不闻、视若无睹。第一世界与第三世界之间的差异范围非常广泛,包括性别角色、种族、社会、文化传统等诸多方面。生活优裕的国家和人民可以对贫穷与落后的国家和人们报以漠视和不屑的态度,强大的经济实力和优越的生活条件使他们忘却了自己幸福是建立在资本在全球范围的无情扩张和对其他国家资源和人力的剥削和利用的基础之上的。

他也不掩饰自己与生俱来的优越感:"美国是当代资本主义最发达但也是最凶残的形式。在现阶段,美国人的立场较之欧洲人或者中国人的立场也许有某种特殊之处。比方我注意到某些知识界的问题在德国就不会或不用被提出来。我的看法也许有点沙文主义,但比起别国知识分子来,我觉得美国知识分子有义务、有责任正视更多的问题,尽管我们有时觉得别国的思想环境更为可

---

① (美)弗雷德里克·詹明信:《晚期资本主义的文化逻辑》,陈清侨等译,北京:生活·读书·新知三联书店,1997年版,第518页。

爱。"①他认为美国在世界上是最发达的国家,他们优越的经济地位就决定了自己的立场和看法与其他国家有着巨大的差异。他们的观点更为全面深刻,有许多问题在其他国家就没有人想得到,哪怕是在德国这样的传统哲学思想强国。"如果你认为马克思主义就是从内部去吸收别的语言体系,同时揭示这种语言的局限性,那么这也许的确是马克思主义的一种特征。这与其他文学或文化的意识形态或哲学形成了对照。"②结合他上面的言论,我们应该可以嗅出他的非同寻常的理论主张。马克思不仅是作为一种普遍的方法论,而且成为推广他的理论观点的助推器,既承认各种理论观点的局部合理性,同时又提出自己的带有普世价值倾向的观点,其实就是美国式的晚期资本主义文化逻辑,以此等同于全球化的推进。既然万物皆备于我,理当以美国式的通行理论观点来代替其他各个国家的一家之言。

尽管他也承认美国缺乏一种反省精神,无法变成理论生产中心,然而紧接着他就为此进行辩解:"不过我们也应该从经济角度看问题。不管怎么说,目前向全世界输出的晚期资本主义本身的确是美国文化。因此,关于晚期资本主义的理论也会随着美国文化而四处传播。是好事也罢,是坏事也罢,这反映了这样一个事实,即美国的生产,或不如说'美国'不断地生产出来的娱乐业和文化在当今世界占支配地位。我不知道作为美国人我们对此应该做些什么。我不喜欢整日作负罪状,或进行自我谴责。我在性情上受不了成天捶胸顿足说我们真不该做这些坏事,我们为我们的所作所为感到羞愧。我觉得美国的许多事情需要加以分析,而我们在此占据一个得天独厚的角度。如果我们把自己看成是政治责任和文化责任的知识分子,我们就有许多工作可做,就有许多重要的任务等着我们去完成。"③他的这种高度自信源于美国强大的经

---

① (美)弗雷德里克·詹姆逊:《新马克思主义》,王逢振主编,北京:中国人民大学出版社,2004年版,第144—145页。
② (美)弗雷德里克·詹姆逊:《新马克思主义》,王逢振主编,北京:中国人民大学出版社,2004年版,第145页。
③ (美)弗雷德里克·詹姆逊:《新马克思主义》,王逢振主编,北京:中国人民大学出版社,2004年版,第161页。

第四章　总体性的全球化视域:第三世界文学民族寓言　∥　181

济实力,以及渗透力极强的文化软实力,所以他才倾向于将全球化等同于美国化,把美国视为全球化的根源和出处,而且控制着世界的话语权。这种以美国为中心的思想在不少学者当中可以说是根深蒂固的,是他们考虑问题的出发点和最终归宿。他们进行理论探索的最终目的还是为了促进美国的发展和繁荣,这是无可厚非的。但是若是将美国的利益和意志凌驾于其他国家之上,以侵犯他国利益,同化他国的文化来作为代价的话,必然会引起他国的反感和抵制。而且主张经济繁荣必定导致文化强盛,经济扩张带动文化渗透,先进文化必然取代落后文化,没有考虑到欠发达国家人民的感受以及极其重要的文化传统根基。我们知道二元对立不是一方消灭另一方,而是相互依存、共同发展,这才是马克思主义的辩证总体观。如果仅仅认识到自己强势文化的长处,而漠视其他文化的弥补缺陷的作用,这不能算是总体性的观点。

他作为美国的知识分子对此感到自豪,更有一种向他国传播先进文化、塑造美国式的人文精神的光荣使命感。"因此,关键问题是,与作为意识形态的自由市场一起,好莱坞电影形式的消费是对一种特殊文化的实习,是对作为文化实践的一种日常生活的实习:这种实践的审美表达是商品化了的叙事,这样所论的人口便同时学到了二者。好莱坞不仅仅是一个商业名称,而且也是一场根本的晚期资本主义的文化革命,在这场革命中旧的生活方式被打破,新的生活方式已经出现。但这些其他国家是否需要那种……? 这仍然是要提出的问题。其隐含意义在于,这是人性所共有的;此外,一切历史都在走向被尊为神圣的美国文化。但这反倒是我们自己是否想要那种文化的问题了:因为如果我们不能想象其他别的什么,那么我们显然也没有什么可以告诫其他文化的。"①

詹姆逊对于美国文化的影响力感到非常骄傲,并且将其视为全球化的样板模式:"一条显而易见的途径是一种认为全球化意味着文化的输出与输入的观点。这毫无疑问是一种商业性的看法,

---

① (美)弗雷德里克·詹姆逊:《现代性、后现代性与全球化》,王逢振主编,北京:中国人民大学出版社,2004年版,第395页。

但它可能也预示出民族文化之间极其频繁地接触与相互渗透,这些在过去生活节奏较慢的社会中是难以想象的。

只要想想世界各地的人民都在观看北美输出的电视节目,我们就足以认识到这种文化侵入远比早期的殖民化、帝国主义或是单纯的旅游观光要深入得多。一位印度著名电影人曾描述过他那十多岁的儿子因为看美国电视而改变举止动作与走路方式的情况:这意味着他的思想与价值观也被改变了。这是否意味着世界正在美国化呢?如果是这样的话,我们对此又怎么看呢?或者我们应该问的是,美国人对此会怎么想,而世界其他国家对此又是什么想法?"[1]

詹姆逊认为,美国文化是高高在上的,处于优势地位,谈不上借鉴和吸收其他文化的优点和长处。"美国并非一个普通的国家,美国的文化也不是普通的文化,就如同英语并非多种地位相当的语言之一。在美国与其他任何一个国家的关系中都存在一种根本的不对称性。不仅与第三世界国家是如此,甚至在与日本与欧洲的关系中也是如此。"[2]他揭示全球化的惊人速度和渗透力以及对于地区和民族文化的破坏力。"随着一种全球性或喷气飞机式的跨国文化的出现,媒体仅以一些国际性的文学或文化力作为经典,并将其广为传播,这种传播对地区性的产品来说是难以想象的,而媒体还不计一切要将地区性产品排挤出去。"[3]在他看来,经过全球化的洗礼之后,地区和民族的文化传统将不复存在,这是客观而且残酷的事实,我们将无法避免。

第一世界的新文化将会取代第三世界的旧文化,通过电影灌输的美国式意识形态以及自由市场经济模式,人们将会了解到美国生活的公平、公正、合理,堪称理想的社会。詹姆逊说美国的大众文化"它也是与金钱和商品联系在一起,影响力非同一般。对于

---

[1] (美)弗雷德里克·杰姆逊:三好将夫编:《全球化的文化》,马丁译,南京:南京大学出版社,2001年版,第58—59页。
[2] (美)弗雷德里克·杰姆逊:三好将夫编:《全球化的文化》,马丁译,南京:南京大学出版社,2001年版,第59页。
[3] (美)弗雷德里克·杰姆逊:三好将夫编:《全球化的文化》,马丁译,南京:南京大学出版社,2001年版,第59页。

第四章 总体性的全球化视域:第三世界文学民族寓言

绝大多数地方性的文化产品而言,这种影响都是极为危险的。他们要么是被排挤出去,如地方电影与电视;要么就是被吸收和改变得面目全非,如地方音乐。"① 第三世界的人们将争相体验这种全新的文化形式,主动接受这种新的生活方式,放弃原有的传统。好莱坞电影是典型资本主义文化商品,资本主义的扩张带动了其文化商品的推销,他甚至将其称为根本的文化革命,尽管他也考虑到了其他国家是否愿意接受的问题,但是他自己立即就做出了肯定的回答,将它上升到普遍人性的高度。是啊,会有谁不愿意获得公平、正义、和平、繁荣呢?这也是好莱坞电影一贯宣传的美国高大光辉的形象。

我们在欣喜渴望之余,不禁心怀忐忑:那些资本主义生产方式还不发达的国家、生产力水平还很低下的国家以及社会主义国家是否都能够消化并且吸收得了这么完美的生活方式呢?更不用说他们各式各样的文化传统和生活方式了,莫非要出现断层,直接进入晚期资本主义的自由市场和文化模式?我想答案已经给出来了,"根本的文化革命"意指一种彻底的变革。我们要满怀期待地实现普遍的人性,共同走向神圣的美国化。他认为,作为美国的学者,他们能够提供的也就只能如此了。美国的经济如此发达,文化如此昌盛,政治如此清明,知识分子当然也就责无旁贷担当起其他国家和人民的精神领袖和人文典范。

这是明显地在宣扬美国文化的普世价值,要以此作为世界文化的标杆,全球文化发展的最终目标。这与后现代主义所强调的取消二元对立和消解中心、多元化的主张是否吻合呢?恐怕这下面隐含着大国心态和强势文化逻辑,是我们应当留意的。虽然在口头上声称要反对传统的西方中心主义,反思逻各斯中心主义,然而在实际的文化主张上面却又回到了传统思想的老路,而且以自我为中心的程度更甚,主张更为激进,倚仗美国的强大实力,大有希望美国文化称霸全球的含义在其中。因此,毛泽东关于三个世

---

① (美)弗雷德里克·杰姆逊:三好将夫编:《全球化的文化》,马丁译,南京:南京大学出版社,2001年版,第60页。

界的划分方法对于我们今天认清美国的真实面目,正确处理好中国与其他国家、尤其是与美国的关系有着纲领性的指导意义以及深刻的政治寓意。

第三节 詹姆逊的民族寓言观

本雅明对于寓言的哲学化理论阐述深刻地影响了包括詹姆逊在内的诸多文学理论批评家。詹姆逊将本雅明誉为"20世纪最伟大、渊博的文学批评家之一"①,这并非是对他的夸大或者纯粹的溢美之词,而是为了充分肯定本雅明对于20世纪文学批评理论建设所做出的杰出贡献。本雅明关于寓言理论的阐释为我们阅读文学文本奠定了西方马克思主义的哲学基础,并且提供了方法论的支持,寓言由一种文学体例上升为文学的存在方式,开始具有了普遍的理论意义。寓言式的分析与他关于历史和文本的观点一脉相承,而且都可以归结到他的总体性诗学理论框架之内。詹姆逊延续了马克思主义诗学的这种根本的立场,将第三世界文本视为寓言体,以寓言解读法来分析和评价这些文学作品,甚至把文学理论与批评也视为寓言。詹姆逊从辩证的角度来重新审视寓言以及作为其对应物的象征,进而更深入地揭示两者之间既对立又统一的矛盾关系。

现代资本主义社会的喧嚣繁华掩盖不了令人惊悚的阴暗事实:个人处于不断深化的孤立和异化的状态之中;个人与社会以及自然的关系变得日益紧张和敌对;现代社会在工业文明以及战争机器的摧残之下已经破败不堪、满目疮痍;历史变成了碎片式的孤立片段,时间感早已经消失,我们处于永恒的现在而无法确定自己的意义和价值;文学的深度模式遭到消解,平面化的文本堆砌成为后现代文学和文化的产出方式。凡此种种现象都无法通过浪漫主义的象征手段来表征,而只有通过寓言的途径来获得想象性的

---

① (美)弗雷德里克·詹明信:《晚期资本主义的文化逻辑》,陈清侨等译,北京:生活·读书·新知三联书店,1997年版,第315页。

解决。

我们要在文本当中再现历史的过去、现在与未来,透过表面的文本碎片来串联起时间之轴。马克思主义高度的历史觉悟以及明确的总体观在提醒我们要完成这个看似不可能完成的任务。历史和文本的平面化以及碎片化蕴含着文本统一和深层意义的无限可能性。我们可以透过断裂的历史表象来把握历史总体,这种总体性的哲学观念决定了历史和文本的表面现象与其深层意义的有机统一。本雅明将寓言从一种文学体例提升到了文学存在方式的高度,对其做了哲学层面的剖析,并且与历史和政治的批判视角结合起来,在寓言之中寄予了对未来的总体性期望以及通过艺术来认识真理的坚定信念。资本主义社会的异化与分裂状况与寓言的漂移性质相契合,寓言由此进一步提升为资本主义时期艺术的存在方式以及解读符码。詹姆逊在此基础上展开了他对于后现代文学现象的分析与评论,并且提出了相应的解决方案。

"在西方早已丧失名誉的寓言形式曾是华兹华斯和柯勒律治的浪漫主义反叛的特别目标,然而当前的文学理论却对寓言的语言结构发生了复苏的兴趣。寓言精神具有极度的断续性,充满了分裂与异质,带有与梦幻一样的多种解释,而不是对符号的单一表述。它的形式超越了老牌现代主义的象征主义,甚至超越了现实主义。"[①]他注意到寓言在西方已经被批评家们打击压制太久,声名不佳。詹姆逊集中描述了寓言的两个基本特征,即断续性与复义性,并且肯定地说寓言形式克服了象征主义的缺陷。

我们知道寓言曾经占据过文学体裁的统治地位,后来被象征所排挤和压制,结果现在又重新引起人们的重视和热情,由肯定到否定再到肯定,正是一个反复循环的过程。在总体化的认识过程中,人们在更高的水平上回到原点,对寓言有了更加深刻和全面的认识,这符合认识活动的辩证统一规律。寓言这种文学类型的复兴与社会状况的剧变有着莫大的关系。浪漫主义时期强调和谐统

---

① (美)弗雷德里克·杰姆逊:处于跨国资本主义时代中的第三世界文学,张京媛译,《当代电影》,1989年,第6期。

一,社会相对稳定,资本主义的快速发展掩盖了许多弊端和社会阴暗面,因而象征占据了统治地位。人们确信可以建立起完备统一的社会体系,文本与世界之间是——对应的关系,然而这种美好的愿望在事实面前被证明只是一个无法实现的主观臆想。

他认为文学作品的重要使命就是要再现历史。我们要掌握处于不断变化中的环境,突破以往的叙事形式,分析现实生活当中的矛盾,但是这些都是非物质形态的,要靠我们用寓言形式来表现,在我们的意识当中建立一个再现的模型。"强调寓言因而便是强调再现深层现实的艰巨性甚至不可能性,我的确认为这种再现是不可能的。不过你一旦这么说,就给各式各样有关沉默、混乱和不可知论的意识形态提供了口实。这并不是我想看到的情况。寓言是一种知其不可为而为之的再现论。"①他的这些话首先承认了我们不可能真正做到再现深层现实,又强调寓言表现功能尽管有限,但还是有助于我们去认识事物的真理。詹姆逊坚持寓言具有反映深层现实的功能,这与寓言的言意断裂的特征密不可分。寓言表层的文字反映的是一个现象,而深层的意义则指向了另外一个似乎不相干的内容。他最看重的应该是寓言表面形式的断裂其实掩盖着深层的统一。"讲述关于一个人和个人经验的故事时最终包含了对整个集体本身的经验的艰难叙述。"②第三世界文化中的这种寓言性质、个体经验与集体历史的一致和统一,包括知识分子的强烈现实觉悟和抗争意识、对自己的现实情况的切实把握,都是身处奴隶主般地位的美国学者所难以企及的。

这种在古希腊时代以及浪漫主义时代被猛烈抨击的特征此时成为克服后现代社会表征危机的最后选择,同时也是最佳选择。前苏格拉底学派将艺术等同于寓言,以寓言阐释的方式来对待荷马史诗,将宏伟壮丽的英雄事迹诠释成关于勇敢、正义、善良等抽象观念的艺术化表达,借此来阐述自己对于真理的理解和渴望。

---

① (美)弗雷德里克·詹明信:《晚期资本主义的文化逻辑》,陈清侨等译,北京:生活·读书·新知三联书店,1997年版,第38页。
② (美)弗雷德里克·杰姆逊:处于跨国资本主义时代中的第三世界文学,张京媛译,《当代电影》,1989年,第6期。

第四章　总体性的全球化视域:第三世界文学民族寓言ǁ187

在古希腊时期,寓言主要体现出它的修辞功能,人们通过寓言故事来阐述哲理,开启民众智慧,培养民众道德。在中世纪,基督教义压制了哲学理性,人们借用寓言来赋予《圣经》教义以更加普遍的生存意义,人类所遭受的苦难以及弘扬的德行都是源自上帝以及诸神的意旨,都是神自身经历的再现,使大众在心理上更容易接受其教义宣传。从而在不知不觉中就赋予了《圣经》以无法辩驳的说服力,强化了《圣经》的权威地位。寓言也逐渐成为一种阐释方法,由原来的《圣经》阐释扩大到以后的泛义文学文本范围,并且发展成了后来引起广泛注意的一门显学,即阐释学。在浪漫主义时期,仍然有施莱格尔等人肯定寓言的重要作用,认为寓言与美有着密切的关系,美是难以确切描述的,唯有通过寓言的形式才能让人们感受得到美到底是什么。以后有更多的人开始发现寓言的阐释学意义,对于我们认识对象和解读文本具有不可替代的作用。在它身上集中体现了人类思维和语言的普遍特征,即对于不可言说之物的有效表达。通过寓言这种具体生动且形象的方式人们才得以表达那些无形状的、抽象空洞的、非物质性的观念以及言语之外的引申含义。

寓言已经从早期的民间口头文学以及论辩修辞技巧脱胎换骨,逐渐发展成为融艺术性与思想性于一体,既具审美价值又有教育和认知意义的文学存在方式。寓言起初被单纯用来表现言外之意,经过了长期的发展演变,直到现代主义时期,在文本字面的叙事关系与深层的叙事关系之间的断裂当中,人们终于认识到了语言与世界之间不可逾越的隔阂,以及语言表达方式的先天局限性,要想实现与真理完全一致的表述只能是一种理想。正是在此种意义上,詹姆逊才说出上面的一段话,将寓言精辟地概括为"知其不可为而为之的再现论"。

我们可以比较古典社会与现代社会的不同之处,在古典社会中人的同一性思维占据了统治的地位,人们对于把握世界和认识真理充满了激情和憧憬,强调社会的和谐统一稳定。人作为万事万物的中心,将所认识到的历史作为事实真相确定下来,由此建构起整齐规范的宏大理论体系,在他们眼中世界是绝对存在物的化身,文本象征着和谐统一的秩序和唯一的本质;现代社会的人的异质性思维颠覆了理性中心思维模式,人们切身感受到了世界的混乱无序以及同一性思维的无力和局限,人为构造的文本并不能代表现实本身,而只能以寓言的方式来展现历史的碎片与断裂。同一性思维产生了古典社会的以总体化、体系化为特征的文本,异质性思维则产生了现代社会以反总体化、去中心为特征的文本。詹姆逊认为古典社会文本的存在方式是象征,而现代社会文本的存在方式是寓言。寓言所强调的是差异性和分裂,象征所强调的则是同一性和融合,而且寓言具有向象征转化的趋势与可能性。他坚持以辩证总体性观点来将它们有机结合起来,只有在差异性中体现出来的同一才属于真正的象征,差异性当中即包含着同一性。破碎的历史表象下面掩盖着相互关联的总体性,对于现代社会历史总体性的把握只有通过寓言这种言意断裂的形式才能够实现。

詹姆逊关于在全球化浪潮的冲击之下的第三世界文学地位与性质的判断以及对于寓言的文本阐释学意义和作用的重新发掘,催生了他著名的第三世界民族寓言观点。他从黑格尔的关于主人与奴隶的辩证关系的寓言当中受到启发,把它用于对第三世界文学与第一世界文学关系的评价,取得了令人惊诧的理论效果。这也引发了众多学者的深省和议论,尤其是对于詹姆逊的西方马克思主义理论批评家身份的反思以及他的西方中心主义观点和立场的质疑。结合他关于现实主义、现代主义和后现代主义的时代划分和性质判断,特别是他对于后现代主义文化逻辑统治之下的景观社会的深刻分析,我们可以推论得出他的第三世界文学民族寓言观点是他关于后现代主义理论的延伸,是在总体性观念指引之下对于第三世界文学他者形象的总体评价和定位,阐发了作为一名身处全球化核心地带的西方马克思主义者对于迥异于自己的文化传统和背景的陌生文学语境和文学作品的切身感受和乌托邦式的想象。

这与他对后现代社会的种种弊端和异化所带来的危险后果的忧虑、对全球化的可怕扩张力量和强大同化作用的理论关注是密切相关的。他出于应对时事变化和寻求历史和文化发展对策的考虑而将理论研究的目光转向了中国这个具有悠久历史文化传统，尤其是总体性辩证思维习惯的东方国度。而且他在阅读过程中也确实寻找到了满足他预期的文本，激发了他将文学文本进行政治化阐释的兴趣，赋予它们以在新的历史条件下对抗资本全球化的新意义，在其中寄予了他关于乌托邦社会的政治理想和对于总体性文化和文学样式的憧憬。

研究第三世界文学的最大意义在于自我反省和重新审视自己的传统观点，正像詹姆逊自己所坦言的，"对第三世界文化的研究必须包括从外部对我们自己重新进行估价（也许我们没有完全意识到这一点），我们是在世界资本主义总体制度里的旧文化基础上强有力地工作着的势力的一部分。"① 但是他自己在最后也无奈地承认"对于不习惯接触现实或集体的我们来说，这种寓言视野经常是难以忍受的"②。在心理抵触之余，又会忍不住去羡慕他们那种建立在相互依赖的原则之上的生活方式以及对于社会整体和历史经验的把握。

可以毫不夸张地说，詹姆逊在阅读鲁迅等人的作品的反应与我们这些本土读者必然是截然不同的。他的文化背景和理论素养决定了他采取一种后现代主义视角和全球化的支持者的崭新观念来看待那些具有强烈的民族主义倾向和反抗压迫和剥削，揭露人性愚昧黑暗的作品类型。我们也就不难理解为什么詹姆逊会很自然地联想到主人与奴隶关系的寓言，带着客观评价的态度来审视这些文学总体，将它们归结到总体性理论框架之中，成为他多元总体性观点的一部分。而且他的西方马克思主义者的身份和视角也令他对于作为他者的第三世界文学和文化寄予了足够的期待和憧憬，希望能够在其中找到弥合人的异化和分裂、最终实现人的总体性存在方式的理想社会的康庄大道。

---

① （美）弗雷德里克·杰姆逊：处于跨国资本主义时代中的第三世界文学，张京媛译，《当代电影》，1989年，第6期。
② （美）弗雷德里克·杰姆逊：处于跨国资本主义时代中的第三世界文学，张京媛译，《当代电影》，1989年，第6期。

结　语

我们不可否认这样的事实:詹姆逊是一位具有宏大理想抱负和极具创新思想的理论家,他的全球化视野令他能够洞察世界文学与文化的发展轨迹,通晓当代各种批评理论的长处与不足,并且能够巧妙地加以挪用和改造,将它们融入自己的独具一格的理论建构当中,发挥其批判现实,指引人文发展新方向的功效。"他能够像变魔术似的把貌似不可能存在的东西变成清晰而充满魅力的世界。"①他坚持马克思主义的基本原则和立场,尤其是总体性辩证法的观点,始终从总体化的角度来看待和分析当今世界上纷繁复杂的文化现象和批评理论流派。"詹姆逊的风格是其从单一视角和多重视角理解世界的努力的一部分,既存在着困难、尴尬,又充满了愉悦和从容。"②他既做到充分赞扬它们推动文化理论向前发展的积极意义,而且又能够敏锐地发现和指出它们各自的时代局限性;在此基础上发展起了带有明显总体性特征的马克思主义文化批评理论,引领着美国乃至世界文化批评理论的发展方向。

在发展和建构自己具有浓厚的萨特和卢卡契风格的西方马克思主义理论的时候,他始终保持强烈的时代使命感和社会责任意识,密切地关注文化、文学的新现象,把握文化批评理论的最新动向,在同等的学术高度上与各家理论展开深入对话和正面交锋,积极发挥出马克思主义总体性辩证法的强大理论生命力和现实指导意义。他研究的文化现象覆盖了建筑、广告、电影、电视等领域最新的发展近况,凭借自己深厚的理论功底,对它们做出精辟且独到

---

① Anderson, Perry. *The Origins of Postmodernity*. London: Verso, 1998, p.76.
② Jameson, Fredric. *The Geopolitical Aesthetic, or, Cinema and Space in the World System*. Indiana University Press and BFI Publishing, 1992, p. ix.

的解读,揭示出其看似孤立的现象背后隐藏着的文化主导因素。他积极地吸收和批判当代理论发展的最新成果,以比较文学家的独到眼光审视和考察世界上众多民族和国家的文学作品,将研究的视线从第一世界的英语作家转移到持不同语言、思想方式与自己所在的第一世界格格不入的第三世界作家身上,能够怀着深深的同情来阅读他们的作品,体会其中饱含的争取民族独立和解放、反抗剥削和压迫的反殖民主义抗争精神和抵制资本全球化扩张的民族主义情绪,渴望平等、独立、和平与发展的美好愿望和乌托邦憧憬。

他不懈地追求理论深度和思想复杂性,而且始终保持着整体性的视角,在不断地考察文化实践以及吸收和批判文化理论的过程当中完善自己的理论体系,众多的理论思想激发了詹姆逊的理论方面的想象力和创造力,围绕着自己新颖独特的视角展开细致而复杂的论证。"甚至最局部的、专门的分析都可以在其理论框架中找到其位置。""虽然并不是每个文本中都有理论,但理论提供了基础性的假设和参照。"① 总体性的认识论和方法论对于他理论体系的形成起着重要的作用,而且这也是我们理解和把握其理论思路和观点的重要途径。他的这种彻底和系统的论述风格既给阅读者带来巨大的挑战,但同时也有助于他们把各个论述观点贯穿起来,从整体上了解他的框架和解构。"它们通常在开始时都比较慢——这时基本的前提开始发挥作用——但是,一旦这些前提的作用被逐渐地展示出来,这些判断就把越来越多的材料说明清楚了。"②

作为美国当代著名的文化批评理论家,他利用得天独厚的经济优势和丰富思想资源,在后现代语境中大力推动美国式学术思想的全球性扩张,以总体性辩证思维作为有力的思想武器,将政治性视为文本的终极阐释符码,通过对文本的解读来发掘其中蕴含

---

① Jameson, Fredric. *The Geopolitical Aesthetic*, *or*, *Cinema and Space in the World System*. Indiana University Press and BFI Publishing, 1992, p. ix.

② Jameson, Fredric. *The Geopolitical Aesthetic*, *or*, *Cinema and Space in the World System*. Indiana University Press and BFI Publishing, 1992, p. ix.

着的改造社会现实的动力,将后现代主义视为晚期资本主义生产方式的文化主导逻辑。资本主义生产方式以及文化形式的线性发展观背后起作用的是生产方式决定论,他针对某一现象提出来的观点和见解都可以在他的总体性理论框架当中找到相应的位置,因此我们要想准确地把握和理解詹姆逊的观点,就必须通过他的总体性辩证法。

詹姆逊虽然年龄比较大了,但是他仍然在孜孜不倦地从事学术研究,堪称世界文化批评界的常青树。根据杜克大学官方网站对詹姆逊教授的介绍,他在杜克大学比较文学系担任罗曼语言文化(主要是法语)研究教授,主要教授的课程包括现代主义、第三世界文学与电影、现代法国小说与电影、法兰克福学派等。他长期关注如何将文学分析为政治与社会责任的编码,通过反思马克思主义方法论来解释现代主义和后现代主义的假设。直至2013年,他还出版了2部著作:《先民与后现代人》《现实主义二律背反》。他的著作在国内外常年畅销,有些文章就有多个翻译版本,一直能够吸引众多学者包括许多学问大家的热议,他的有关总体性思想、后现代理论、第三世界文学民族寓言观等堪称经久不衰的理论热点。

钱爱兵根据《中文社会科学引文索引》(CSSCI)2000 – 2007年的数据,统计并且遴选出了外国文学论文频繁引用的92种图书以及它们的被引次数。入选的国外学术著作均被引为17.85篇次,而国内学术著作为16.85篇次。詹姆逊的 The Political Unconscious: Narrative as a Socially Symbolic Act 被引10次,《后现代主义与文化理论》被引25次,《晚期资本主义的文化逻辑:詹明信批评理论文学》被引17次,足以证明詹姆逊跻身影响深远的学术大家行列,推动了中国的外国文学研究。①"在当代英语文学理论界和比较文学界乃至整个英美思想界,美国的新马克思主义理论家、著名的后现代主义研究者弗雷德里克·詹姆逊(Fredric Jameson,1934 –)的

---

① 钱爱兵:对我国外国文学研究最有影响的国外学术著作——基于CSSCI的分析,《西南民族大学学报(人文社科版)》,2010年,第6期。

影响恐怕难以有人匹敌。在各种主义驳杂、批评流派众多的后现代时代,詹姆逊断然地宣称自己是一位马克思主义者,并显示出了他既与那些形式主义批评流派的不同之处,同时又能与他们进行交流和对话的特色,这无疑是他的理论能够经历历史的变迁和时间的考验不断焕发出新的生机的一个重要原因。"①

他坚守黑格尔式马克思主义立场,采取跨学科的研究方法,以弘扬萨特、卢卡契等人的激进批判精神为己任,同时吸收包括后现代、心理分析等诸家理论的合理成分。其研究范围之广令人瞠目,既在同等的水平上与众多的后现代理论家展开对话和交流,又满怀热情地关注日常生活,大凡涉及建筑、绘画、电影、电视、文学、广告等众多领域,他都予以深刻的剖析和有趣的分析。他身为学识渊博的理论大家还能够将研究触角延伸至日常生活,以敏锐的政治嗅觉来关注与我们生活息息相关的大众文化,这确实是一种令人敬佩的务实精神和亲民态度。

在詹姆逊自己所说的"社会形式诗学"的研究中,他对理解社会形成和文化形式之间的关系做出了突出的贡献。他的著作通过特定的文化客体把深刻的理论和哲学思想结合在一起。

虽然詹姆逊总是以文学研究为基础,但他对文化研究、阐释学、建筑和后殖民理论以及美学、影视理论和历史提供了意义深远的洞察。他的研究探讨了非常广泛的、不同地区的多种文化客体。他的著作论述了从中世纪到现在的经典的欧洲文学传统、西方美学理论的传统、科幻小说和乌托邦、瑞典的犯罪小说、雷姆·库哈斯的建筑、李斯特的交响乐以及现代中国诗歌。这种著作大多出现在重要的选集当中,如两卷本的《理论的意识形态》(*The Ideologies of Theory*,1988)、《可见的签名》(*Signatures of the Visible*,1991)和《未来的考古学》(*Archaeologies of the Future*,2005)等。②

王逢振先生总结了詹姆逊的学术贡献:"一般认为,詹姆逊在理论上有三大贡献:发展了对马克思主义的解释;创立了后现代主

---

① 王宁:当代英美马克思主义文化批评,《外国文学研究》,2002年,第1期。
② 王逢振:詹姆逊荣获霍尔堡大奖,《外国文学》,2008年,第6期。

义概念;提出了'第三世界文化'的理论。"①詹姆逊步入文学批评理论圈的时候,正值教条式马克思主义的经济决定论盛行,将文学作品视为纯粹的经济发展推力和阶级斗争动机的产物,以机械僵化的观点来肢解文学作品,这样庸俗化的、陈词滥调式的文学批评话语让人觉得索然无味。"整个 70 年代,美国学术界的理论研究热潮此起彼伏,络绎不绝地引进诸如阐释学、解构批评、拉康心理分析、阿尔都塞结构马克思主义等时髦学说。结果一方面造成批评各家的西欧化与脱离本国实践的倾向;另一方面又压迫'左倾'批评家放弃正面对抗、孤立自尊的立场,转而采取融通百家、加速技巧与方法现代化的应变方针,以期在同等学术难度和高度上开展同各种对手的交流对话,在严酷的竞争淘汰中谋求生存发展。"②詹姆逊无疑是在这场复杂而且迫切的学术对话当中成功开辟自己理论疆域的革新者,引发后来的批评家不断地评论,他的丰硕著述构成批评界的一个持久的理论热点。

其理论带有鲜明的时代特色,强烈的辩证精神和浓厚的政治色彩加上他如此雄辩且绝对的口吻让人们很难产生怀疑。詹姆逊之所以能够涉猎如此之多的文化领域,做出如此丰富的理论成果,与他一贯坚持的总体化理论原则有着密切的关系。正是因为他能够坚持从全局出发,纵览各路理论流派,以马克思主义为绝对视域,才能够将各家言路融会贯通,为己所用,能够很好地将差异与同一结合起来,形成自己独特的后现代主义风格的辩证总体性理论。

他的总体性理论在国内外学术界都产生了深远的影响,堪称西方马克思主义流派的领军人物。赵一凡先生撰文介绍了他对美国左翼运动的带动作用。"在杰姆逊带动下,美国'左倾'批评家中很快形成一个跻身于学院派的理论圈子。他们作为体制内的革新者与学术上的先锋派,一面强调马克思主义改造与重建的紧迫性,一面又努力吸收消化其他新进学派的成果,企图建立起一种与

---

① 王逢振:杰出的西方马克思主义批评家:弗雷德里克·詹姆逊,《外国文学》,1987年,第 10 期。

② 赵一凡:马克思主义与美国当代文学批评,《外国文学评论》,1989 年,第 4 期。

众不同而又相对优越的马克思主义'修辞学'。他们的重要著作纷纷在 70 年代末和 80 年代初问世,较突出地表明这一潮流的理论修正倾向与'方法论至上'的实验性质。其中,如萨门斯的《文学社会学与实践批评》(1977)、兰特里夏的《新批评之后》(1980)、格拉夫《自相矛盾的文学》(1979)、莱恩的《马克思主义与解构批评》(1982),分别在批评机制研究、批评断代史、批评理论比较与嫁接方面做出了令人瞩目的贡献。"① 而且"詹姆逊的著作被翻译成多种语言,不仅在欧洲和北美,而且在亚洲乃至整个世界,都产生了重大影响。"② 詹姆逊与各个理论流派在同等学术高度上展开激烈交锋,西方马克思主义也得以弘扬和传播,成为影响甚广的主流批评理论之一。詹姆逊理论兴趣广泛,问题意识敏锐,理想抱负远大,博览群书而且能够独抒己见,正是因为具备这几种优秀理论家的素质,才使得詹姆逊称为一位蜚声海内外、经久不衰的重量级学术人物。

但是毋庸讳言,我们在他的理论观念和论述思路当中也会发现一些值得探讨的地方。例如,他始终坚持以中介化的方法来再现历史。历史是一去不复返的,历史的中介就是它的文本化。我们只有通过这种中介才能够把握历史。历史作为缺场的原因制约着文本形式的发展。结果导致我们用对于文本的研究取代了对于历史真实的探寻。文本不可能完全客观公正地反映历史,必然带有个人主观的印记,是扭曲的、片面的反应。客观外在的现实则是人为制造出来的缺场,这也暴露出西方马克思主义的一贯立场。我们只能在文本的世界当中来寻找历史真实,这样一来,研究思路就被局限在文本和叙事当中,尽管显得纯粹和直观,但也是一种在同一性思维指导下对于文本的作用和地位过分强调的结果。

马克思对于阶级的划分建立在生产资料所有制基础之上,在今天这种划分依据是否还继续有效,有些人可能会产生质疑,其中也包括詹姆逊。他认为,马克思主义阶级观只是一种比喻方式,用

---

① 赵一凡:马克思主义与美国当代文学批评,《外国文学评论》,1989 年,第 4 期。
② 王逢振:詹姆逊荣获霍尔堡大奖,《外国文学》,2008 年,第 6 期。

来表明个人在社会当中所处地位以及所属群体。阶级概念在今天的社会经济条件下已经失效,传统意义上的无产阶级在美国已经不再存在了。现实的政治斗争和残酷剥削的现实被文本掩盖,历史和政治则成为停留在文本之中的寓言。理论批判效用仅限于文本之内。人们对于美好健康舒适生活的向往在广告宣传当中得到了补偿。人们在对于乌托邦的遐想当中不知不觉地得到了欲望的满足,对于资本主义剥削制度的抵触情绪以及阶级对抗也无形之中得到了化解。这显示出资本主义社会大众文化的强大同化作用,将人们的注意力转移到了对于理想生活的细节描述和虚假满足上面来。他认为,在现代资本主义社会当中阶级已经消失了,阶级对抗被乌托邦冲动化解了。我们在上面也已经谈到了他在论及第三世界文学时更是明确地将第一世界整体视为资产阶级,将第三世界整体视为无产阶级。他指出,德里达用形而上学的资产阶级理论来批判形而上学传统,语言代替理性成为新的中心,把语言设定为新的超验能指,把自己锁在语言的牢笼当中。詹姆逊自己也把批评范围限制在文本当中,把理论聚焦在语言层面,那么他自己是否挣脱了语言的牢笼呢?

  我们在进行文学批评时不仅要考虑如何进行文本分析和批评,而且更重要的是考虑为什么要采取这种理论来进行批评,即对于理论自身的批评,詹姆逊称之为元批评。这种元批评存在于每一次的批评活动当中。马克思主义并不是一系列现成的观点和固定的理论体系,而是对于现实的批判、对其他理论的辩证批评,因此它也是一种元批评。他一方面既坚持马克思主义宏大叙事、概括出资本主义的总体规律和基本模式,另一方面又站在后现代主义立场,任何理论都不足以作为确定无疑的来源和根基,都只不过是能指的游戏而已。如果把这种观点用于马克思主义理论,会导致马克思主义处于跟其他理论平等的位置上。这与詹姆逊主张的以马克思主义作为绝对视域的观点又会产生冲突,而且后现代主义是否愿意接受马克思主义的反思也是一个需要考虑的问题。

  "詹姆逊的这种调和后现代理论和马克思主义理论的做法存在着深层次的紧张关系,后现代立场有时并不相容,甚或有损于他的马克思主义观点。他的著作是一种折中的多视角理论。"① 马克思主义与后现代主义是否真正糅合,或者说使后现代主义接受马克思主义的洗礼,这个命题是否已经完成,恐怕还是未知。詹姆逊既坚持马克思主义的核心观念,认同生产方式的主导地位,坚持政治和历史的终极视域,又赞同后现代主义的反体系化、去中心、能指的漂移等观点。"詹姆逊努力把马克思主义和后现代主义综合在一起,这是他的著作最具分量之处。但事实上,他的著作却常常使马克思主义者和后现代主义者两种人都感到不快。"② 如何正确认识马克思主义的地位和作用,面对新颖多元的后现代文化现象做出解释,并且预测文化的未来发展方向,这是包括中国知识分子在内的众多批评家所要面临和反思的问题。

我们必须承认,詹姆逊借鉴和调和诸多理论观点的努力为我们提供了极其丰富的思想资源和具有深邃洞察力的观点借鉴,他的多元总体性观念为我们提供了宝贵的方法论指导和理论参照。异质性的理论观点在总体性观念的强大作用下被掺杂糅合到一起,共同建构起具有詹姆逊个人风格的多元总体性理论体系。他通过自己的批评实践证明了马克思主义辩证总体性观念的旺盛生命力、强大阐释能力和理论建构能力。我们对于詹姆逊理论观点的研究和思想资源的挖掘还有待进一步深入和细化,这对于我们坚持马克思主义的指导思想地位,建设有中国特色的社会主义文化具有重要的借鉴价值和方法论启迪作用。

---

① 道格拉斯·凯尔纳,斯蒂文·贝斯特:《后现代理论——批评性的质疑》,北京:中央编译出版社,2004年版,第250页。

② 乔治·瑞泽尔:《后现代社会理论》,北京:华夏出版社,2003年版,第347页。

参 考 文 献

Publications of Fredric Jameson

http://fds.duke.edu/db/aas/Romance/faculty/jameson/publications Books

1. Jameson, F. *The Antinomies of Realism*. London: Verso Press, 2013.
2. Jameson, F. *The Hegel Variations*. London: Verso Press, 2010.
3. Jameson, F. *Representing Capital*. London: Verso Press, 2011.
4. Jameson, F. *Ideologies of Theory*. London: Verso Press, 2009.
5. Jameson, F. David Usanos. Editores. *Reflexiones sobre la postmodernidad*. Madrid: Abada, 2010.
6. Jameson, F. *Valences of the Dialectic*. London: Verso Press, 2009.
7. Jameson, F. *Capital in Its Time and Space*. London: Verso Press, 2008.
8. Jameson, F. *The Modernist Papers*. London: Verso Press, 2007.
9. Jameson, F. *Jameson on Jameson*. Duke: Duke University Press, 2007.
10. Jameson, F. *A Singular Modernity*. London: Verso Press, 2002.
11. Jameson, F. *The Cultural Turn*. London: Verso Press, 1998.
12. Jameson, F. *Brecht and Method*. London: Verso Press, 1998.
13. Jameson, F. *Seeds of Time*. Columbia: Columbia University Press, 1994.
14. Jameson, F. *Theory of Culture*. Rikkyo University, 1994. (Lectures at Rikkyo University)
15. Jameson, F. *The Geopolitical Aesthetic, or, Cinema and Space in the World System*. Inidiana: Inidiana University Press and BFI Publishsing, 1992.
16. Jameson, F. *Postmodernism, or, the Cultural Logic of Late Capitalism*. Durham: Duke University Press, 1990.
17. Jameson, F. *Signatures of the Visible*. London: Routledge, Chapman &

Hall, Inc., 1990.

18. Jameson, F. *Late Marxism: Adorno, or, the Persistence of the Dialectic*. London: Verso Press, 1990.

19. Jameson, F. *The Ideology of Theory*, Essays 1971 – 1986. Vol. 1 *Situations of Theory*, Vol. 2 *The Syntax of History*. University of Minnesota Press, 1988.

20. Jameson, F. *The Political Unconscious*. Ithaca: Cornell University Press, 1981.

21. Jameson, F. *Fables of Aggression: Wyndham Lewis, the Modernist as Fascist*. Berkeley: University of California Press, 1979.

22. Jameson, F. *The Prison-House of Language*. Princeton: Princeton University Press, 1972. (Reprinted in Japanese, 1989. Reprinted in Korean, 1989)

23. Jameson, F. *Marxism and Form: Twentieth Century Dialectical Theories of Literature*. Princeton: Princeton University Press, 1971.

24. Jameson, F. *Sartre: The Origins of a Style*. New Haven: Yale University Press, 1961. (Reissued in 1984 (Columbia University Press))

Book in Progress

1. Jameson, F. *The Ancients and the Postmoderns*. London: Verso, 2015.

Introductions, Forewords, and Afterwords

1. Jameson, F. "Adaptation as a Philosophical Question". *True to the Spirit* (2012): 215 – 233.

Articles in a Journal

1. Jameson, F. "Wagner as Dramatist and Allegorist". *Modernist Cultures* Vol. 8.1 (2013): 9 – 41.

2. Jameson, F. "Antinomies of the Realism-Modernism Debate". *Modern Language Quarterly* 73:3 (2012); 475 – 485.

3. F. Jameson. "Eine Neue Kapital-Lecture". *Das Argument* 34:22 (2012): 39 – 42.

4. Jameson, F. "Dirty Little Secret". *London Review of Books* 34: 22 (2012).

5. Jameson, F. "The Luck of Per Sedonius". *London Review of Books* Vol. 71:20 (2011):17-18.

6. Jameson, F. "Dresden's Clocks". *New Left Review* Vol. 71 (2011):141-152.

7. Jameson, F. "Realism and Utopia in the Wire". *Criticism* Vol. 52:3 & 4 (2011):359-372.

8. Jameson, F. "Deineke". *Essay for Exhibit Eatalogue* (2011).

9. Jameson, F. "Then You Are Them". *London Review of Books* Vol. 31 (2009).

10. Jameson, F. "Filming Capital". *New Left Review* Vol. 58(2009).

11. Jameson, F. "A Note on the Specificity of Newer Turkish Cinema". *Ekran* (2007).

12. Jameson, F. "Lolita after Fifty Years". *Playboy* (December, 2005).

13. Jameson, F. "Rousseau and Contradiction". *South Atlantic Quarterly* (Summer, 2005).

14. Jameson, F. "Symptoms of Theory or Symptoms for Theory?". *Critical Inquiry* 30:2 (Winter 2004):403-408.

15. Jameson, F. "Morus the Generic Window". *New Literary History* (Summer, 2003).

16. Jameson, F. "Future City". *New Left Review* 21 (2003):65-79.

17. Jameson, F. "Fear and Loathing in Globalization". *New Left Review* 23 (2003):105.

18. Jameson, F. "End of Temporality". *Critical Inquiry* 29:4 (2003).

19. Jameson, F. "On Kenzburo Oe". *London Review of Books* (November 20, 2003).

20. Jameson, F. "The Imaginary of Globalization". *Collective Imagination: Limits and Beyond* (2001):21-52.

21. Jameson, F. "A Defense of History and Class Consciousness: Tailism and the Dialectic". *Radical Philosophy* 110 (2001):36-39.

22. Jameson, F. "Globalization and Political Strategy". *New Left Review* 2 (Winter, 2000).

23. Jameson, F. "On Neal Bell". *South Atlantic Quarterly* 99:2/3 (2000).

24. Jameson, F. "On the Matrix". *Centre Pompidou* (2000).

25. Jameson, F. "The Theoretical Hesitation: Bejamin's Sociological Predecessor". *Critical Inquiry* 25 (1999): 267 – 288.

26. Jameson, F. "Theo Angelopolous: The Past as History, the Future as Form". *The Last Modernist* (January, 1998).

27. Jameson, F. "The Brick and the Baloon". *New Left Review* 228 (1998): 25 – 46.

28. Jameson, F. "Culture and Finance Capital". *Critical Inquiry* 24: 1 (1997): 246 – 265.

29. Jameson, F. "Marxism and Dualism in Deleuze". *South Atlantic Quarterly* 96:3 (1997): 393 – 416.

30. Jameson, F. "Five Theses on Actually Existing Marxism". Translated Das Argument, Vol. 18: 20 *Monthly Review* 47:11 (July, 1996).

31. Jameson, F. "XXL Rem Koolhaas's Great Big Bildungsroman". *Village Voice* 145 (May, 1996).

32. Jameson, F. "A Message in the Bottle for a Different Future". *Materiallien sum Historisch-Kritischen Wörterbuch des Marxismus* (1996).

33. Jameson, F. "Après the Avant Garde". *London Review of Books* 18:24 (1996).

34. Jameson, F. "Prussian Blues". *London Review of Books* 18:20 (1996).

35. Jameson, F. "Space Wars". *London Review of Books* 18:7 (1996).

36. Jameson, F. "The Sartrean Origin". *Sartre Studies International* 1:1/2 (1995).

37. Jameson, F. "Marx's Purloined Letter". *New Left Review* 209: 4 (1995): 86 – 120.

38. Jameson, F. "Céline and Innocence". *South Atlantic Quarterly* 93:2 (Spring, 1994): 311 – 319.

39. Jameson, F. "Representations of Subjectivity". *Social Discourse* 6 (1994).

40. Jameson, F. "Culture, Technology & Politics in the Postmodern Conditions". *iichiko intercultural* 6 (1994): 96 – 107.

41. Jameson, F. "In the Mirror of Alternate Modernities: Introductions to Karatani Kojin's *The Origins of Japanese Literature*". *South Atlantic Quarterly* 92: 2 (Spring, 1993): 295 – 310.

42. Jameson, F. "Actually Existing Marxism". *Polygraph* 6/7(1993):170-195.

43. Jameson, F. "On Cultural Studies". *Social Text* 34 (1993): 17-52.

44. Jameson, F. "Benjamin's Readings". *Diacritics* (Fall/Winter 1992):19-34.

45. Jameson, F. "Envelopes and Enclaves: The Space of Post-Civil Society (An Architectural Conversation)". *Assemblage* 17 (April, 1992): 30-37.

46. Jameson, F. "Spatial Systems in North by Northwest". *Everything You Always Wanted to Know About Lacan* (Verso, 1992): 47-72.

47. Jameson. F. "After Armageddon: Character Systems in Dr. Bloodmoney". On Philip K. Dick: 40 Articles *Science Fiction Studies* (1992): 26-36.

48. Jameson, F. "Soseki and Western Modernism". *Boundary* 2 18:3 (Fall, 1991): 123-141.

49. Jameson, F. "On Literary and Cultural Import-Substitution in the Third World: The Case of the Testimonio". Translated into Spanish "revista de critica literaria latinoamericana", La Revista de Critica Literaria Latinoamericana, No. 36, 121-133 *Margins*: 1 (Spring, 1991): 11-34.

50. Jameson, F. "Spatmarxismus: Adorno in der Postmoderne". *Das Argument* 188 (1991): 565-575.

51. Jameson, F. "Theory in a New Situation". Printed in Russian only *Voprosy Literatury* 6 (1990): 86-89.

52. Jameson, F. "On Contemporary Marxist Theory: An Interview with Fredric Jameson". *Alif* 10 (1990): 114-131.

53. Jameson, F. "Commentary". *Journal of Modern Greek Studies* 8 (1990): 135-139.

54. Jameson, F. "Critical Agendas". *Science-Fiction Studies* 17 (1990): 93-102.

55. Jameson, F. "A Third Stage of Capitalism". Feb. 10 Source: *New Left Review* 176 July/August 1989 *Frontier* (*India*) 22:26 (1990): 8-9.

56. Jameson, F. "Spatial Equivalents: Postmodern Architecture and the World System". *The States of Theory* (1990): 125-148.

57. Jameson, F. "Nostalgia for the Present". *South Atlantic Quarterly* 88:2 (Spring, 1989): 517-537.

58. Jameson, F. "The Space of Science Fiction: Narrative in A. E. Van Vogt". *Polygraph* 2/3 (1989): 52 – 65.

59. Jameson, F. "On Negt & Kluge". *October* 46 (Fall, 1988): 151 – 177.

60. Jameson, F. "Postmodernism & Utopia". *Institute of Contemporary Art* (March, 1988): 11 – 32.

61. Jameson, F. "History and Class Consciousness as an Unfinished Project". *Rethinking Marxism* 1:1 (Spring, 1988): 49 – 72.

62. Jay Murphy. "Interview with Fredric Jameson". *Left Curve* :12 (1988): 4 – 11.

63. Jameson, F. "The State of the Subject (III)". *Critical Quarterly* 29:4 (Winter, 1987): 16 – 25.

64. Jameson, F. "Discussion: Contemporary Chinese Writing". *Polygraph* 1 (Fall, 1987): 3 – 9.

65. Jameson, F. "On Habits of the Heart". Reprinted in 1988 in Community in America. C. Reynolds, R. Norman, eds. (University of California), *South Atlantic Quarterly* 86:4 (Fall, 1987): 545 – 565.

66. Jameson, F. "'Introduction to Borge' & 'Interview with Thomas Borge'". *New Left Review*: 164 (July-August, 1987): 51 – 64.

67. Jameson, F. "A Brief Response". *Social Text*: 17 (1987): 26 – 28.

68. Jameson, F. "Regarding Postmodernism: A Conversation with Fredric Jameson". *Social Text*: 17 (1987): 29 – 54.

69. Jameson, F. "Some Difficulties Associated with the Description of War". German *Weimarer Beitrage* 33:8 (1987): 1393 – 1398.

70. Jameson, F. "Andrea Ward Speaks with Fredric Jameson". *Interview Impulse* (1987): 8 – 9.

71. Jameson, F. "Science-Fiction as a Spatial Genre—Generic Discontinuities and the Problem of Figuration in Vonda McIntyre's: The Exile Waiting". See also, "Essays on the Culture of the Future", 241 – 247. *Science Fiction Studies* 14 (1987): 44 – 59.

72. Jameson, F. "Third World Literature in the Era of Multinational Capitalism". Reprinted Pretexts (1991 Vol. 3 Nos. 1 – 2, 82 – 104). *Social Text*: 15 (Fall, 1986): 65 – 88.

73. Jameson, F. "Four Ways of Looking at a Fairy Tale". Artists Space, *The Fairy Tale: Politics, Desire, and Everyday Life* (October 30 – November 26, 1986): 16 – 24.

74. Jameson, F. "Ideological Positions in the Postmodernism Debate". *Argument* 28 (January, 1986): 18 – 28.

75. Jameson, F. "An Interview with F. R. Jameson by A. Stephanson on Postmodernism". *Flash Art* :131 (1986): 69 – 73.

76. Jameson, F. "On Magic Realism in Film". *Critical Inquiry* 12:2 (1986): 301 – 325.

77. Jameson, F. "An Introduction to Essays on Theories of the Text". *Texte-Revue de Critique et de Theorie Litteraire* :N5 – 6 (1986): A6 – 20.

78. Jameson, F. "Introduction to Sartre after Sartre". *Yale French Studies* : 68 (1985): iii – xi.

79. Jameson, F. "The Politics of Theory—Ideological Positions in the Postmodernism Debate". *New German Critique* 33 (Fall, 1984): 53 – 65.

80. Jameson, F. "Reification and Utopia in the Mass-Culture". *Etudes Francaises* 19:3 (1984): 121 – 138.

81. Jameson, F. "Utopian and Fantasy Literature in East Germany—the Development of a Genre of Fiction 1945 – 1979". Review Article, H. Heidtmann, Science Fiction & the German Democratic Republic *Science Fiction Studies* 11:33 (1984): 194 – 199.

82. Jameson, F. "Postmodernism and Consumer Society". *Amerikastudien-American Studies* 29:1 (1984): 55 – 73.

83. Jameson, F. "Wallace Stevens". *New Orleans Review* 11:1 (1984): 10 – 19.

84. Jameson, F. "Postmodernism, or, the Cultural Logic of Late Capitalism". *New Left Review* :146 (1984): 52 – 92.

85. Jameson, F. "Literary Innovation and Modes of Production". *Modern Chinese Literature* I:1 (1984): 67 – 68.

86. Jameson, F. "Morality versus Ethical Substance, or, Aristotelian Marxism in Alasdair MacIntyre". *Social Text* 8 (Fall-Winter, 1983): 151 – 154.

87. Jameson, F. "L'éclatement du recit et la clôture californienne". *Litterature* :49 (February, 1983): 89 – 101.

88. Jameson, F. "Pleasure: A Political Issue". *Formations of Pleasure* (1983).

89. Jameson, F. "Euphorias of Substitution: Hubert Aquin and the Political Novel in Quebec". *Yale French Studies*: 65 (1983): 214-223.

90. Jameson, F. "Science Versus Ideology". *Humanities in Society* 6:2-3 (1983): 283-302.

91. Jameson, F. "Interview". *Diacritics* 12:iii (Fall, 1982): 72-91.

92. Jameson, F. "Futuristic Visions That Tell Us about Right Now". *In These Times* VI: 23 (May 17, 1982): 5-11.

93. Jameson, F. "Reading Hitchcock". *October*: 23(1982): 15-42.

94. Jameson, F. "Towards a New Awareness of Genre". *Science Fiction Studies*: 28(1982): 322 324.

95. Jameson, F. "Progress versus Utopia, or, Can We Imagine the Future?". *Science Fiction Studies*: 27(1982): 147-158.

96. Jameson, F. "On Diva". *Social Text*: 6(1982): 114-119.

97. Jameson, F. "On Aronson's Sartre". *Minnesota Review*: 18 (1982): 116-127.

98. Jameson, F. "Sartre in Search of Flaubert". *New York Times Book Review* (December 27, 1981): 5.

99. Jameson, F. "The Shining". *Social Text*: 4 (1981): 114-125.

100. Jameson, F. "Religion and Ideology: A Political Reading of Paradise Lost". Reissued in 1986 in Literature, Politics & Theory. F. Barker, et al., eds. (Methuen Press), "*1642*" Proceedings of 1980 Essex Sociology of Literature Conference (1981).

101. Jameson, F. "In the Destructive Element Immerse: Hans Jurgen Syberberg and Cultural Revolution". *October*: 17 (1981): 99-118.

102. Jameson, F. "From Criticism to History". *New Literary History* 12:ii (1981): 367-376.

103. Jameson, F. "SF Novel/SF Film". *Science Fiction Studies*: 22 (1980): 319-322.

104. Jameson, F. "But Their Cause Is Just: Israel and the Palestinians". *New Haven Advocate* (October 31, 1979): 6.

105. Jameson, F. "But Their Cause Is Just: Israel and the Palestinians".

Seven Days 3:xi (September 28, 1979): 19-21.

106. Jameson, F. "Towards a Libidinal Economy of Three Modern Painters". *Social Text*: 1 (1979): 189-199.

107. Jameson, F. "Reification and Utopia in Mass Culture". French translation, Quebec. *Social Text*: 1 (1979): 130-148.

108. Jameson, F. "Marxism and Teaching". *New Political Science*: 2-3 (1979): 31-35.

109. Jameson, F. "Marxism and Historicism". *New Literary History*: 11 (Autumn, 1979): 41-73.

110. Jameson, F. "The Symbolic Inference, or, Kenneth Burke and Ideological Analysis". *Critical Inquiry* 4: iii (Spring, 1978): 507-523.

111. Jameson, F. "Ideology & Symbolic Action: Reply to Kenneth Burke". *Critical Inquiry* 5: ii (1978): 417-422.

112. Jameson, F. "Imaginary and Symbolic in Lacan: Marxism, Psychoanalytic Criticism, and the Problem of the Subject". *Yale French Studies*: 55-56 (1978): 338-395.

113. Jameson, F. "Of Islands and Trenches: Neutralization and the Production of Utopian Discourse". *Diacritics* 7: ii (Summer, 1977): 2-21.

114. Jameson, F. "On Jargon". *Minnesota Review*: 9 (1977): 30-31.

115. Jameson, F. "Imaginary and Symbolic in La Rabouilleuse". *Social Science Information*: 16 (i) (1977): 59-81.

116. Jameson, F. "Ideology, Narrative Analysis, and Popular Culture". *Theory and Society*: 4 (1977): 543-559.

117. Jameson, F. "Class and Allegory in Contemporary Mass Culture: Dog Day Afternoon as a Political Film". Reissued Screen Education #30 (1979): 75-92 *College English*: 38 (1977): 843-859.

118. Jameson, F. "Modernism and Its Repressed: Robbe-Grillet as Anti-Colonialist". *Diacritics* 6: ii (Summer, 1976): 7-14.

119. Jameson, F. "Figural Relativism, or The Poetics of Historiography". *Diacritics*: 6 (i) (Spring, 1976): 2-9.

120. Jameson, F. "Political Painting: New Perspectives on the Realism Controversy". *Praxis*: 2 (1976): 225-230.

121. Jameson, F. "On Goffman's Frame Analysis". *Theory and Society*: 3

(1976): 119 – 133.

122. Jameson, F. "Introduction/Prospectus: To Reconsider the Relationship of Marxism to Utopian Thought". *Minnesota Review*: 6 (1976): 53 – 58.

123. Jameson, F. "The Ideology of Form: Partial Systems in La Vieille Fille". *Substance*: 15 (1976): 29 – 49.

124. Jameson, F. "Collective Art in the Age of Cultural Imperialism". *Alcheringa*: 2 (ii) (1976): 108 – 111.

125. Jameson, F. "Authentic Ressentiment: The 'Experimental' Novels of Gissing". *Nineteenth Century Fiction*: 31 (1976): 127 – 149.

126. Jameson, F. "The Ideology of the Text". *Salmagundi*: 31 – 32 (Fall, 1975): 204 – 246.

127. Jameson, F. "The Re-Invention of Marx". *Times Literary Supplement* (August 22, 1975): 942 – 943.

128. Jameson, F. "Beyond the Cave: Demystifying the Ideology of Modernism". *Bulletin of the Midwest Modern Language Association*: 8 (i) (Spring, 1975): 1 – 20.

129. Jameson, F. "World Reduction in Le Guin: The Emergence of Utopian Narrative". *Science Fiction Studies*: 2 (iii) (1975): 221 – 230.

130. Jameson, F. "Notes Toward a Marxist Cultural Politics". *Minnesota Review*: 5 (1975): 35 – 39.

131. Jameson, F. "Magical Narratives: Romance as Genre". *New Literary History*: 7 (1975): 135 – 163.

132. Jameson, F. "After Armageddon: Character Systems in P. K. Dick's Dr. Bloodmoney". *Science Fiction Studies*: 2 (i) (1975): 31 – 42.

133. Jameson, F. "Metacommentary". *PMLA*: 86(1) (January, 1974): 9 – 18.

134. Jameson, F. "Demystifying Literary History". *New Literary History*: 5 (1974): 605 – 612.

135. Jameson, F. "Change, Science Fiction, and Marxism: Open or Closed Universes? In Retrospect". *Science Fiction Studies*: 1 (iv) (1974): 272 – 276.

136. Jameson, F. "Benjamin as Historian, or, How to Write a Marxist Literary History". *Minnesota Review*: 3 (1974): 116 – 136.

137. Jameson, F. "The Vanishing Mediator: Narrative Structure in Max Weber".

New German Critique: 1 (Winter, 1973): 52 – 89.

138. Jameson, F. "Wyndham Lewis as Futurist". *Hudson Review*: 26 (1973): 295 – 329.

139. Jameson, F. "Generic Discontinuities in Science Fiction: Brian Aldiss' Starship". *Science Fiction Studies*: 2 (1973): 57 – 68.

140. Jameson, F. "The Great American Hunter: Ideological Content in the Novel". *College English*: 34 (1972): 180 – 197.

141. Jameson, F. "Metacommentary". *PMLA*: 86(1) (January, 1971): 9 – 18.

142. Jameson, F. "La Cousine Bette and Allegorical Realism". *PMLA*: 86 (1970): 241 – 254.

143. Jameson, F. "Seriality in Modern Literature". *Bucknell Review*: 18 (1970): 63 – 80.

144. Jameson, F. "On Raymond Chandler". *Southern Review*: 6 (1970): 624 – 650.

145. Jameson, F. "The Case for Georg Lukács". *Salmagundi*: 13 (1970): 3 – 35.

146. Jameson, F. "Walter Benjamin, or, Nostalgia". *Salmagundi*: 10 – 11 (1969): 52 – 68.

147. Jameson, F. "Introduction to T. W. Adorno". *Salmagundi*: 10 – 11 (1969): 140 – 143.

148. Jameson, F. "Walter Benjamin; or, Nostalgia". *Salmagundi*: 10 – 11 (1969): 52 – 68.

149. Jameson, F. "On Politics and Literature". *Salmagundi* 2: iii (1968): 17 – 26.

150. Jameson, F. "On Politics and Literature". *Salmagundi*: 2 (iii) (1968): 17 – 26.

151. Jameson, F. "T. W. Adorno, or, Historical Tropes". *Salmagundi*: 5 (1967): 3 – 43.

Articles in a Collection

1. Jameson, F. "Actualité de Sartre". *Qu'estce que la subjectivité?* Ed. Kail and Kirchmayr. 2013, pp. 177 – 187.

2. Jameson, F. "Introduction". *Sartre, Critique of Dialectical Reason*, Vol. II. Verso, 2006.

3. Jameson, F. "Lacan and the Dialectic". *Lacan: The Silent Partners*. Ed. Slavoj Zizek. Verso, 2006.

4. Jameson, F. "Storia ed Elegia in Sokurov". *Alessandr Sokurov: Eclissi di Cinema*. Ed. Stefano Francia di Celle, Enrico Ghezzi, Alexei Jankowski. 2004, 127 – 133. (21st Torino Film Festival, 2003)

5. Jameson, F. "Dekalog as Decameron". *Fredric Jameson: A Critical Reader*. Ed. Sean Homer and Douglas Kellner. Palgrave MacMillan, 2004, 210 – 222.

6. Jameson, F. "Thoughts on Balkan Cinema". *Alphabet City: Subtitles*. Ed. Ian Balfour and Atom Egoyan. MIT Press, 2004, 231 – 257.

7. Jameson, F. "The Doll". *The Novel*. Ed. Franco Moretti. Einaudi Press, 2004.

8. Jameson, F. "Experiments with Time: Realism and the Providential". *Il Romanzo*. Ed. Franco Moretti. 2003, 183 – 213.

9. Jameson, F. "Introduction". *Lenin and Philosophy*. Louis Althusser: Monthly Review Press, 2001.

10. Jameson, F. "Europe and Its Others". *Unpacking Europe*. Ed. Salah Hassan and I. Dadi. NAi Publishers, 2001, 294 – 303.

11. Jameson, F. "Kim Stanley Robinson". *Estrangement and Cognition in Science Fiction and Utopian Literature*. Ed. Patrick Paarrinder. Liverpool University Press, 2000.

12. Jameson, F. "The Story of a Year: Continuities and Discontinuities in Marc Angenot's 1889". *Peripheries of 19th Century French Studies: Views from the Edge*. University of Delaware Press, 2000.

13. Jameson, F. "Introduction". *Eugénie Grandet*. Balzac, Everyman's Library, 1992, v – xxv.

14. Jameson, F. "Postmodernism and the Market". *The Retreat of the Intellectuals: Socialist Register 1990*. Ed. Ralph. Miliband, Leo Panitch Melin Press, 1990, 95 – 110.

15. Jameson, F. "Foreward". *Caliban & Other Essays*. University of Minnesota, 1989, vii – xii.

16. Jameson, F. "Marxism & Postmodernism". *Postmodernism/Jameson Critique*. Ed. Douglas Kellner. Maisonneuve Press, 1989. (reprinted in *New Left Review* #176, (July/August) 31 – 45)

17. Jameson, F. "Postmodernism & Consumer Society". *Postmodernism & Its Discontents*. Ed. E. Ann Kaplan. Verso Press, 1988, 13 – 29.

18. Jameson, F. "Modernism & Imperialism". *Nationalism, Colonialism & Literature*. Field Day Pamphlet, Derry, Ireland, 1988, 5 – 25.

19. Jameson, F. "Cognitive Mapping". *Marxism & the Interpretation of Culture*. Ed. C. Nelson & L. Grossberg. Urbana: University of Illinois Press, 1988.

20. Jameson, F. "Postmodernism: Commodification & Cultural Expansion". March, 1987. (Interiew in China—March); Reprinted in Taiwan, 1988.

21. Jameson, F. "Post Modernism & Video Text". *Poetics of Writing*. Ed. N. Fabb et al. Manchester Press, 1987.

22. Jameson, F. "Architecture and the Critique of Ideology". *Architecture Criticism Ideology*. Princeton Architectural Press, 1985, 51 – 87.

23. Jameson, F. "The Realist Floor Plan". *On Signs*. Ed. M. Blonsky. Johns Hopkins University Press, 1985, 373 – 383.

24. Jameson, F. "Baudelaire as Modernist and Postmodernist: The Dissolution of the Referent and the Artificial Sublime". *Lyric Poetry: Beyond New Criticism*. Ed. C. Hosek & Patricia Parker. Cornell University Press, 1985, 247 – 263.

25. Jameson, F. "Rimbaud and the Spatial Text". *Rewriting Literary History*. Ed. Tak-Wai Wong. Hong Kong University Press, 1984, 66 – 88.

26. Jameson, F. "Flaubert's Libidinal Historicism: Trois Contes". *Flaubert and Postmodernism*. Ed. N. Schor & H. F. Majewski. University of Nebraska Press, 1984, 76 – 83.

27. Jameson, F. "An Overview". *Rewriting Literary History*. Ed. Tak-Wai Wong, M. A. Abbas. Hong Kong University Press, 1984, 338 – 347.

28. Jameson, F. "Periodizing the Sixties". *The Sixties Without Apologies*. Ed. Sayres et al. University of Minnesota Press, 1984, 178 – 209.

29. Jameson, F. "Postmodernism and Consumer Society". *The Anti-Aesthetic*. Ed. Hal Foster. Bay Press, 1983, 111 – 125.

30. Jameson, F. "Ulysses in History". *James Joyce and Modern Literature.* Ed. W. J. McCormack & Alistair Stead. Routledge & Kegan Paul, 1982, 126 – 141.

31. Jameson, F. "Balzac et le problème du sujet". *Le Roman de Balzac.* Ed. R. Le Huenen & P. Perron. Didier, 1980, 65 – 76.

32. Jameson, F. "Reflections in Conclusion". *Aesthetics and Politics.* New Left Books, 1977, 196 – 213.

33. Jameson, F. "Criticism in History". *Weapons of Criticism: Marxism in America and the Literary Tradition.* Ed. N. Rudich. Palo Alto, CA: Ramparts Press, 1976, 31 – 50.

34. Jameson, F. "L'Inconscient politique". *La lecture sociocritique du texte romanesque.* Ed. G. Falconer & H. Metterand. Hakkert, 1975, 39 – 48.

35. F. Jameson. "Introduction". Cornell University Press, 1973, vii-xxiv.

36. F. Jameson. "Three Methods in Sartre's Literary Criticism". *Modern French Criticism.* Ed. J. K. Simon. University of Chicago Press, 1972, 193 – 227.

Book Reviews

1. Sprinker, M. "The Place of Theory". *New Left Review* 187 (May/June, 1991): 139 – 142.

2. Voloshinov, V. "Marxism and the Philosophy of Language". *Style*: 8 (1974): 535 – 543.

3. Stern, J. P. "On Realism". *Clio*: 3 (1974): 346 – 352.

Interviews

1. Aeschimann, Eric. "le monde en kitsch". *Liberation* (2007).

Translation in a Journal

1. Colonna V., Liebow, C. & L. Allard, trans. *La Lecture sans l'interpretation Le postmodernisme et le texte video. Extrait de Communications* 48 (November, 1988): 105 – 120.

Other

1. Jameson, F. "History and Elegy in Sokurov". *Critical Inquiry* (2006).

2. Moreiras, Alberto; Fish, Stanley; Jameson, Fredric. *The Exhaustion of Difference: The Politics of Latin American Cultural Studies*. Duke University Press, 2001.

3. Eagleton, Terry, Jameson, Fredric Said, Edward W. *Nationalism, Colonialism, and Literature*. Minneapolis: University of Minnesota Press, 1990.

詹姆逊著作的中文译本

1. （美）弗雷德里克·詹姆逊：《语言的牢笼》，钱佼汝译，南昌：百花洲文艺出版社，2010年版。

2. （美）弗雷德里克·詹姆逊：《后现代主义与文化理论》，唐小兵译，北京：北京大学出版社，1987年版。

3. （美）弗雷德里克·詹姆逊：《时间的种子》，王逢振译，南京：江苏教育出版社，2006年版。

4. （美）弗雷德里克·詹姆逊：《政治无意识》，王逢振、陈永国译，北京：中国社会科学出版社，1999年版。

5. （美）弗雷德里克·詹明信：《晚期资本主义的文化逻辑》，陈清侨等译，北京：三联书店，1997年版。

6. （美）弗雷德里克·詹姆逊：《布莱希特与方法》，陈永国译，北京：中国社会科学出版社，1998年版。

7. （美）弗雷德里克·詹姆逊：《文化转向》，胡亚敏等译，北京：中国社会科学出版社，2000年版。

8. （美）弗雷德里克·詹姆逊：《马克思主义与形式》，钱佼汝等译，南昌：百花洲文艺出版社，2010年版。

9. （美）弗雷德里克·詹姆逊：《快感：文化与政治》，王逢振等译，北京：中国社会科学出版社，1998年版。

10. （美）弗雷德里克·詹姆逊：《新马克思主义》，王逢振主编，北京：中国人民大学出版社，2004年版。

11. （美）弗雷德里克·詹姆逊：《文化研究和政治意识》，王逢振主编，北京：中国人民大学出版社，2004年版。

12. （美）弗雷德里克·詹姆逊：《现代性、后现代性和全球化》，王逢振主编，北京：中国人民大学出版社，2004年版。

13. （美）弗雷德里克·詹姆逊：《批评理论和叙事阐释》，王逢振主编，北京：中国人民大学出版社，2004年版。

14. (美)弗雷德里克·詹姆逊:《乌托邦作为方法或未来的用途》,王逢振译,《马克思主义与现实》,2007年,第5期。

15. (美)弗雷德里克·詹姆逊:论全球化的再现问题,王逢振译,《外国文学》,2005年,第1期。

16. (美)弗雷德里克·杰姆逊:马克思主义与后结构主义之争,赵一凡摘译,《外国文学动态》,1987年,第2期。

17. (美)弗雷德里克·杰姆逊,三好将夫编:《全球化的文化》,马丁译,南京:南京大学出版社,2001年版。

18. (美)弗雷德里克·杰姆逊:处于跨国资本主义时代中的第三世界文学,张京媛译,《当代电影》,1989年,第6期。

19. (美)弗雷德里克·杰姆逊:马克思主义与乌托邦思想,曾艳兵译,《东方论坛:青岛大学学报》,2004年,第4期。

20. (美)弗雷德里克·詹姆逊:《晚期马克思主义——阿多诺,或辩证法的韧性》,李永红译,南京:南京大学出版社,2008年。

21. (美)弗雷德里克·詹姆逊:再现全球化论,郝素玲、郭英剑编译,《郑州大学学报》,2004年,第5期。

22. (美)弗雷德里克·詹姆逊:全球化和政治策略,王逢振译,《江西社会科学》,2004年,第3期。

23. (美)弗雷德里克·詹姆逊:全球化与赛博朋克,陈永国译,2004年7月15日。http://www.chinawriter.com.cn/bk/2004-07-15/17791.html.

24. (美)弗雷德里克·詹姆逊:论全球化和文化,王逢振译,《南方文坛》,2002年,第2期。

25. (美)弗雷德里克·詹姆逊:后现代的诸种理论,胡亚敏译,《外国文学》,2001年,第1期。

26. (美)弗雷德里克·詹姆逊:论全球化的影响,王逢振译,《马克思主义与现实》,2001年,第5期。

27. (美)弗雷德里克·詹姆逊:论作为哲学问题的全球化,陈永国译,《外国文学》,2000年,第3期。

28. (美)弗雷德里克·詹姆逊:什么是辩证法,王逢振译,《西北师大学报》,2005年,第5期。

29. (美)弗雷德里克·詹姆逊:马克思主义与后现代主义,胡亚敏译,《马克思主义与现实》,2002年,第2期。

30. (美)弗雷德里克·詹姆逊:反乌托邦与后现代,王逢振译,《南方文坛》,1997年,第3期。

其他参考文献

英文参考文献

1. Roberts, Adam. *Fredric Jameson*. London and New York: Routledge, 2000.

2. Ahmad, Aijaz. "Jameson's Rhetoric of Otherness and the" National Allegory". In *Theory: Classes, Nations, Literatures*. London and New York: Verso, 1992.

3. Carp, Alex. "On Fredric Jameson". *Jacobin*, March 5, 2014.

4. Link, Alex. "The Mysteries of Postmodernism, or, Fredric Jameson's Gothic Plots". *Theorising the Gothic*. Eds. Jerrold E. Hogle and Andrew Smith. Special issue of *Gothic Studies* 11.1, 2009.

5. Milner, Andrew. "Archaeologies of the Future: Jameson's Utopia or Orwell's Dystopia". *Historical Materialism*, 17(2009).

6. Wise, Christopher. *The Marxian Hermeneutics of Fredric Jameson*. University of California, 1992.

7. Irr, Caren. & Ian Buchanan. *On Jameson: From Postmodernism to Globalization*. Albany: State University of New York Press, 2007.

8. Burnham, Clint. *The Jamesonian Unconscious: The Aesthetics of Marxist Theory*. Durham, NC: Duke University Press, 1995.

9. West, Cornel. "Fredric Jameson's Marxist Hermeneutics". *Boundary*, 211. 1−2 (1982−1983).

10. Leeming, Adams & Kathleen Drowne. *Encyclopedia of Allegorical Literature*. Santa Barbara, California: ABC-CLIO, Inc, 1996.

11. LaCapra, Dominick. "Marxism in the Textual Maelstrom: Fredric Jameson's The Political Unconscious". In *Rethinking Intellectual History*. Ithaca: Cornell University Press, 1983.

12. Kellner, Douglas. Homer & Sean. *Fredric Jameson: A Critical Reader*. New York: Palgrave Macmillan, 2004.

13. Kellner, Douglas. *Postmodernism, Jameson, Critique*. Washington: Maisonneuve Press, 1989.

14. Day, Gail. *Dialectical Passions: Negation in Postwar Art Theory*. New York: Columbia University Press, 2011.

15. White, Hayden. "Getting Out of History: Jameson's Redemption of Narrative". In *The Content of the Form: Narrative Discourse and Historical Representation*. Baltimore: Johns Hopkins University Press. 1987.

16. Buchanan, Ian. *Jameson on Jameson: Conversations on Cultural Maxism*. Dureham & London: Duke University Press, 2007.

17. Buchanan, Ian. *Fredric Jameson: Live Theory*. London and New York: Continuum, 2006.

18. O'Kane, John. "Adventures in Totalization: Jameson's Search for a Method". *Rethinking Marxism*, 10: 4, 1998.

19. Arac, Jonathan. "Frederic Jameson and Marxism". In *Critical Genealogies: Historical Situations for Postmodern Literary Studies*. New York: Columbia University Press, 1987.

20. Gatto, Marco. *Fredric Jameson: neomarxismo, dialettica e teoria della letteratura*. Soveria Mannelli: Rubbettino, 2008.

21. Hardt, Michael. & Kathi Weeks. *The Jameson Reader*. Oxford: Blackwell, 2000.

22. Davis, Mike. "Urban Renaissance and the Spirit of Postmodernism". *New Left Review*, 151,1985.

23. Eastbrook, Neil. "Rattling the Bars". *Science Fiction Studies*, Volume 34,2007.

24. Anderson, Perry. *The Origins of Postmodernity*. London: Verso, 1998.

25. Osborne, Peter. "A Marxism for the Postmodern Jameson's Adorno". *New German Critique*,56, 1992.

26. Hullot – Kentor, Robert. "Suggested Reading: Jameson on Adorno". In *Things Beyond Resemblance: Collected Essays on Theodor W. Adorno*. New York: Columbia University Press, 2008.

27. Tally, Robert. "Jameson's Project of Cognitive Mapping". In *Social Cartography: Mapping Ways of Seeing Social and Educational Change*. New York: Garland, 1996.

28. Weber, Samuel. "Capitalising History: Notes on The Political Unconscious. In *The Politics of Theory*. Colchester: University of Essex Press, 1983.

29. Mohanty, Satya. "Jameson's Marxist Hermeneutics and the Need for an

Adequate Epistemology". In *Literary Theory and the Claims of History: Postmodernism, Objectivity, Multicultural Politics*. Ithaca: Cornell University Press, 1997, 93 – 115.

30. Homer, Sean. *Fredric Jameson: Marxism, Hermeneutics and Postmodernism*. Cambridge: Polity Press, 1998.

31. Helmling, Steven. *The Success and Failure of Fredric Jameson: Writing the Sublime, and the Dialectic of Critique*. Albany: State of New York Press, 2001.

32. Eagleton, Terry. "Fredric Jameson: The Politics of Style". In *Against the Grain: Selected Essays 1975 – 1985*. London: Verso, 1986, 65 – 78.

33. Eagleton, Terry. Jameson and Form. In *New Left Review* 59, September-October, 2009.

34. Millay, Thomas. "Always Historicize! On Fredric Jameson, the Tea Party, and Theological Pragmatics." *The Other Journal*, 22, 2013.

35. Todorov, Tzvetan. *Symbolism and Interpretation*. Cornell University Press, 1982.

36. Le Guin, Ursula. *The Left Hand of Darkness*. New York: Berkley Publishing Group, 1991.

37. Wang, Ning. "The Mapping of Chinese Postmodernity". In *Postmodernism and China*. Durham: Duke University Press, 2001.

38. Dowling, William. *Jameson, Althusser, Marx: An Introduction to The Political Unconscious*. Ithaca: Cornell University Press, 1984.

39. Zhang, Xudong. "On Some Motifs in the Chinese 'Cultural Fever' of the Late 1980s: Social Change, Ideology, and Theory". *Social Text*, 39, Summer, 1994.

40. Zhang, Xudong. "Marxism and the Historicity of Theory: An Interview with Fredric Jameson". *New Literary History*, 29, 1998.

中文参考文献

1. 《鲁迅全集第一卷》,北京:人民文学出版社,1958 年版。

2. 《列宁选集》第 3 卷,北京:人民出版社,1995 年版。

3. 《毛泽东外交文选》,北京:中央文献出版社,世界知识出版社,1994 年版。

4. 《马克思恩格斯全集》第 1 卷,北京:人民出版社,1956 年版。

5.《马克思恩格斯全集》第 31 卷,北京:人民出版社,1972 年版。

6.《马克思恩格斯全集》第 33 卷,北京:人民出版社,1973 年版。

7.《马克思恩格斯选集》第 1 卷,北京:人民出版社,1969 年版。

8.《马克思恩格斯选集》第 4 卷,北京:人民出版社,1972 年版。

9.《资本论》第 1 卷,北京:人民出版社,1975 年版。

10.(法)阿尔都塞:《保卫马克思》,顾良译,北京:商务印书馆,2006 年版。

11.(法)阿尔都塞:亚眠的答辩,见《马克思主义研究资料》,1986 年,3—4 期。

12.(德)本雅明:《德国悲剧的起源》,陈永国译,北京:文化艺术出版社,2001 年。

13.(美)道格拉斯·凯尔纳,斯蒂文·贝斯特:《后现代理论——批评性的质疑》,张志斌译,北京:中央编译出版社,2004 年版。

14.(法)德里达:《多重立场》,佘碧平译,北京:三联书店,2004 年版。

15.(法)德里达:《书写与差异》,张宁译,北京:三联书店,2001 年版。

16.(德)黑格尔:《逻辑学》下卷,杨一之译,北京:商务印书馆,1982 年版。

17.(德)黑格尔:《小逻辑》,贺麟译,北京:商务印书馆,1980 年版。

18.(美)肯尼思·戈德史密斯:《我将是你的镜子:安迪·沃霍尔访谈精选》,任云莛译,北京:三联书店,2007 年版。

19.(匈)卢卡奇:《历史与阶级意识》,杜章智等译,北京:商务印书馆,1996 年版。

20.(法)罗兰·巴特:《文之悦》,屠友祥译,上海:上海人民出版社,2009 年版。

21.(法)罗兰·巴特:《S/Z》,屠友祥译,上海:上海人民出版社,2009 年版。

22.(英)佩里·安德森:《西方马克思主义探讨》,高铦等译,北京:人民出版社,1981 年版。

23.(匈)乔治·卢卡契:《审美特性(第二卷)》,徐恒醇译,北京:中国社会科学出版社,1991 年版。

24.乔治·瑞泽尔:《后现代社会理论》,北京:华夏出版社,2003 年版。

25.(法)让·弗朗索瓦·利奥塔:《后现代性与公正游戏》,谈瀛洲译,上海:上海人民出版社,1997 年版。

26.（法）萨特:《萨特自述》,黄忠晶等编著,郑州:河南人民出版社,2000年版。

27.（法）萨特:《存在主义是一种人道主义》,周煦良等译,上海:上海译文出版社,1988年版。

28.（法）萨特:恶心,见《萨特文集》（1·小说卷）,北京:人民文学出版社,2000年版。

29.（法）萨特:《存在与虚无》,陈宣良等译,北京:三联书店,2007年版。

30.（法）萨特:《辩证理性批判》,林骧华等译,合肥:安徽文艺出版社,1998年版。

31.（法）萨特:科学与辩证法,见《外国哲学资料》第4期,北京:商务印书馆,1978年版。

32.（美）苏珊·桑塔格:《反对阐释》,程巍译,上海:上海译文出版社,2003年版。

33.（瑞士）索绪尔:《普通语言学教程》,高名凯译,北京:商务印书馆,1980年版。

34.（英）特里·伊格尔顿:《马克思主义与文学批评》,文宝译,北京:人民文学出版社,1980年版。

35.（加）谢少波:《抵抗的文化政治学》,陈永国、汪民安译,北京:中国社会科学出版社,1999年版。

36.（荷）约翰·赫伊津哈,《中世纪的衰落》,刘军等译,北京:中国美术学院出版社,1997年版。

37.（巴西）玛丽亚·伊莉莎:理论的丑闻:詹姆逊论现代性——评《单一的现代性》,《外国文学》,2005年,第3期。

38.包毅:詹姆逊的马克思主义观——解读《后马克思主义五条论纲》,《社会科学论坛》,2009年,第4期。

39.曹雷雨:本雅明的寓言理论,《外国文学》,2004年,第1期。

40.曹顺庆,黄宗喜:文化的生产力视角——詹姆逊的文化意识形态观及反思,《当代文坛》,2013年,第1期。

41.常森:中国寓言研究反思及传统寓言视野,《文学遗产》,2011年,第1期。

42.柴焰:詹姆逊文艺思想在中国的传播研究,《东岳论丛》,2011年,第11期。

43.陈庆祝,王凤章:语境与差异——对中国接受詹姆逊的解读,《淮南师范学院学报》,2005年,第2期。

44. 陈学明,马拥军:马克思主义的命运——苏东剧变后西方四大思想家走近马克思的启示,《当代国外马克思主义评论》,2001年。

45. 陈旸:詹姆逊关于后现代理论的探析及其意义,《武汉大学学报》,2004年,第6期。

46. 陈永国:《文化的政治阐释学——后现代语境中的詹姆逊》,北京:中国社会科学出版社,2000年版。

47. 陈永国:现代性不是一个概念——詹姆逊论现代性,《国外理论动态》,2002年,第10期。

48. 陈永国:詹姆逊:全球化的哲学问题与后马克思主义,《外国文学》,2000年,第3期。

49. 陈永国:总体性与物化:詹姆逊批评理论中的两个重要概念,《山东师大外国语学院学报》,1999年,第1期。

50. 陈越:《哲学与政治:阿尔都塞读本》,长春:吉林人民出版社,2003年版。

51. 崔丽华:从分歧走向融合——詹姆逊总体性思想探析,《北京化工大学学报》(社会科学版),2010年,第3期。

52. 崔丽华:论西方马克思主义哲学的总体性思想,《延安大学学报》,2010年,第5期。

53. 邓艮:症候之美:文学研究的政治无意识视阈,《黑龙江社会科学》,2010年,第4期。

54. 董亦佳:杰姆逊:从现代走向后现代,《东岳论丛》,2005年,第2期。

55. 杜明业:理论的乌托邦——评詹姆逊的第三世界文学思想,《重庆文理学院学报》,2013年,第2期。

56. 杜明业:詹姆逊的文类批评观探索,《苏州大学学报》,2009年,第1期。

57. 范方俊:弗雷德里克·詹姆逊的"马克思主义文学批评",《马克思主义研究》,2010年,第5期。

58. 范永康:从文本形式走向政治,《苏州大学学报》,2010年,第5期。

59. 冯勤:詹姆逊文化理论中的现代性与后现代性批判透视,《社会科学研究》,2005年,第3期。

60. 冯宪光:《"西方马克思主义"美学研究》,重庆:重庆出版社,1997年版。

61. 高远东:经典的意义——鲁迅及其小说兼及弗·詹姆逊对鲁迅的理解,《鲁迅研究月刊》,1994年,第4期。

62. 顾海良:马克思总体方法论析论,《学术界》,1990年,第4期。

63. 韩雅丽:论詹姆逊后现代马克思主义理论的三个直接来源,《学术交流》,2012年,第6期。

64. 韩雅丽:詹姆逊对曼德尔晚期资本主义理论的继承和发展,《黑龙江社会科学》,2007年,第5期。

65. 韩雅丽:认知测绘:总体性理论的进一步发展——卢卡奇与詹姆逊思想反思,《外语学刊》,2007年,第5期。

66. 韩雅丽,赵福生:总体性与元叙事:詹姆逊与利奥塔之争,《学理论·下》,2013年,第4期。

67. 何理:毛泽东关于三个世界划分理论与二十世纪七十年代中国外交战略调整,《中共党史研究》,2010年,第4期。

68. 何卫华,朱国华:图绘世界:弗雷德里克·詹姆逊教授访谈录,《文艺理论研究》,2009年,第6期。

69. 胡亚敏:论詹姆逊的文化批评视野,《沙洋师范高等专科学校学报》,2001年,第1期。

70. 胡亚敏:论詹姆逊的意识形态叙事理论,《华中师范大学学报》,2001年,第6期。

71. 胡亚敏:后现代社会中的新马克思主义批评,《华中师范大学学报》,2000年,第6期。

72. 胡亚敏:詹姆逊的后现代理论再探,《国外文学》,2002年,第4期。

73. 胡亚敏:詹姆逊的文化转向与批评实践,《华中师范大学学报》,2003年,第2期。

74. 胡亚敏:不同语境下的后现代——与詹姆逊的对话,《中国比较文学》,2001年,第3期。

75. 胡亚敏:"理论仍在途中"——詹姆逊批判,《外国文学》,2005年,第1期。

76. 胡亚敏:詹姆逊与20世纪西方文学批评,《上海大学学报》,2008年,第1期。

77. 华章琳,蔡萍:詹姆逊的马克思主义元批判理论透视,《理论界》,2007年,第11期。

78. 黄枬森,张翼星:关于对立统一学说与否定之否定学说的分化,《哲学研究》,1982 年,第 5 期。

79. 金哲:论后现代文学艺术文本及美学特征,《北方论丛》,2008 年,第 4 期。

80. 李春敏:论詹姆逊后现代主义空间理论对马克思的继承,《马克思主义研究》,2009 年,第 12 期。

81. 李慧娟:总体性与辩证法,《长白学刊》,2010 年,第 4 期。

82. 李瑞华:总体性与后现代主义——对詹姆逊理论的考察,《文艺理论与批评》,1998 年,第 5 期。

83. 李世涛:辩证批评视野中的形式探索——詹姆逊的"内在形式"说评析,《黑龙江社会科学》,2006 年,第 2 期。

84. 李世涛:《重构全球的文化抵抗空间》,北京:社会科学文献出版社,2008 年版。

85. 李世涛:重构全球化的抵抗空间——以詹姆逊的全球化理论为中心,《现代哲学》,2006 年,第 2 期。

86. 李世涛:重新阐释文艺的社会之维——詹姆逊文艺阐释学的目标与特点,《艺术百家》,2009 年,第 5 期。

87. 李世涛:还原意识形态的运作过程——詹姆逊的意识形态理论,《外国文学》,2003 年,第 3 期。

88. 李世涛:经典马克思主义的回归——詹姆逊之马克思主义基本原理研究,《甘肃社会科学》,2012 年,第 1 期。

89. 李世涛:走向马克思主义的阐释学——詹姆逊的阐释理论,《河南大学学报》,2006 年,第 3 期。

90. 李世涛:后现代文化理论建构中的批判性视角——论詹姆逊的后现代主义文化理论的运作,《深圳大学学报》,2005 年,第 6 期。

91. 李世涛:主体消解时代的美学——詹姆逊的后现代主义美学思想,《河北师范大学学报》,2006 年,第 2 期。

92. 李世涛:后现代语境下的政治选择——詹姆逊的政治思想,《甘肃社会科学》,2010 年,第 5 期。

93. 李世涛:文化研究的批判性视角——詹姆逊视野中的"文化研究",《天津社会科学》,2007 年,第 6 期。

94. 李世涛:文化转向中的批评实践——詹姆逊的文化批评,《甘肃社会科学》,2006 年,第 3 期。

95. 李世涛:詹姆逊后现代批评及其在中国的接受,《求索》,2002 年,第

6期。

96. 李世涛:全球化理论的批判性视角——詹姆逊的全球化研究及其启示,《马克思主义美学研究》,2011年,第2期。

97. 李世涛:无法逾越的视域——詹姆逊美学阐释学中的历史及其作用,《扬州大学学报》,2006年,第2期。

98. 李世涛:重构时空的政治维度——詹姆逊后现代美学中的时空理论,《甘肃社会科学》,2007年,第2期。

99. 李世涛:现代性视域中的中国问题——詹姆逊与中国现代性道路的选择,《东南学术》,2005年,第5期。

100. 李世涛:现代主义文艺及其研究中的意识形态批判——詹姆逊视野中的现代主义文艺,《求是学刊》,2012年,第6期。

101. 李世涛,戴阿宝:致力于使中国文学理论走向世界——访王宁先生,《南方文坛》,2002年,第5期。

102. 黎庶乐:詹姆逊的后现代文化批判理论研究,《学术研究》,2013年,第7期。

103. 黎庶乐:辩证批评的建构与美国哲学传统的清算——詹姆逊《马克思主义与形式》解读,《马克思主义哲学研究》,2010年。

104. 梁永安:《重建总体性:与杰姆逊对话》,成都:四川人民出版社,2003年版。

105. 林慧:从詹姆逊的文化批评看后现代社会中的乌托邦意识,《文艺研究》,2006年,第2期。

106. 林慧:《詹姆逊乌托邦思想研究》,北京:中国人民大学出版社,2007年版。

107. 林慧:全球化的美国化与詹姆逊的思考,《文艺研究》,2004年,第6期。

108. 林元富:后现代戏仿:自恋式的作业?——关于弗雷德里克·詹姆逊理论的一些争论,《福建师范大学学报》,2006年,第6期。

109. 刘进:《弗雷德里克·詹姆逊文化诗学研究》,成都:巴蜀书社,2003年版。

110. 刘进:弗雷德里克·詹姆逊诗学的实质、特征及启示意义,《成都大学学报》,2002年,第2期。

111. 刘进:弗雷德里克·詹姆逊诗学的历史主义意识,《西华师范大学学报》,2007年,第1期。

112. 刘进:詹姆逊的意识形态文学思想评析,《兰州大学学报》,2007年,第1期。

113. 刘进:弗雷德里克·詹姆逊文化诗学概论,《四川师范学院学报》,2002年,第1期。

114. 刘梅:后现代文化的异化本质——詹姆逊的断定与批判,《学术研究》,2010年,第9期。

115. 刘梅:詹姆逊文化理论关键语总体解读,《马克思主义研究》,2009年,第1期。

116. 刘梅:詹姆逊文化研究的马克思主义倾向,《马克思主义研究》,2007年,第6期。

117. 刘梅:新术语与真精神——詹姆逊的马克思主义观,《学术研究》,2005年,第11期。

118. 刘生良:《庄子》"三言"新解说,《中州学刊》,2012年,第1期。

119. 刘文斌,张丽青:政治视角构成一切阅读和阐释的绝对视阈——弗雷德里克·詹姆逊文艺批评思想学习札记,《马克思主义美学研究》,2012年,第2期。

120. 陆涛:从"象征"到"寓言"——本雅明的艺术现代性理论,《理论与创作》,2010年,第1期。

121. 陆扬:关于后现代话语中的现代性,《文艺研究》,2003年,第4期。

122. 罗良清:西方寓言理论的发展轨迹,《齐鲁学刊》,2006年,第4期。

123. 罗骞:内在于历史的具体的总体性——《历史与阶级意识》对马克思哲学本真性的阐发,《当代国外马克思主义评论》,2004年。

124. 吕正惠:《小说与社会》,台北:联经出版事业公司,1988年版。

125. 孟庆艳:整体性是马克思主义的内在属性和重要特征,《中国特色社会主义研究》,2013年,第2期。

126. 马良:论詹姆逊的后现代马克思主义的"历史阐释的意识形态"理论,《河南师范大学学报》,2003年,第6期。

127. 马良:评詹姆逊的后现代西方马克思主义文学阐释理论,《上海师范大学学报》,2005年,第1期。

128. 马拥军:从唯心主义总体性到唯物主义总体性——兼评卢卡奇对《历史与阶级意识》的自我批评,《哲学研究》,2008年,第8期。

129. 毛崇杰:论杰姆逊文化阐释学的哲学基本点,《哲学研究》,1996年,第1期。

130. 毛崇杰:本文阐释视界与"政治无意识"——杰姆逊的《政治无意识》评析,《国外社会科学》,1997年,第5期。

131. 毛崇杰:走出后现代,《学术月刊》,2006年,第4期。

132. 梅绍武:美国硬汉派侦探小说的先河,《书摘》,2002年,第10期。

133. 欧阳谦:存在主义与马克思主义——萨特的理论整合,《教学与研究》,2006年,第1期。

134. 欧阳谦:卢卡奇的总体性思想辨析,《教学与研究》,2012年,第4期。

135. 欧阳谦:马克思主义的"守夜人"——阿尔都塞的理论解读,《教学与研究》,2005年,第1期。

136. 钱爱兵:对我国外国文学研究最有影响的国外学术著作——基于CSSCI的分析,《西南民族大学学报(人文社科版)》,2010年,第6期。

137. 宋德孝:历史、历史主义与历史唯物主义的共同叙事——詹姆逊的历史唯物主义观评析,《江西社会科学》,2012年,第9期。

138. 宋祖良:关于黑格尔哲学体系的一些问题,《辽宁大学学报》,1982年,第1期。

139. 苏仲乐:作为社会叙事"显义"的意识形态——詹姆逊理论中"意识形态"概念的分析,《中外文化与文论》,2009年,第2期。

140. 苏仲乐:詹姆逊认知测绘范式中的"历史"概念分析,《外语教学》,2008年,第5期。

141. 苏仲乐,赵文:詹姆逊辩证批评中的"总体性"概念解析,《解放军外国语学院学报》,2001年,第6期。

142. 孙伯鍨:关于总体性的方法论问题:评卢卡奇(早期)对马克思历史辩证法的理解,《江苏社会科学》,1998年,第4期。

143. 孙乐强:从总体性到总体化:萨特人学辩证法的内在逻辑转变——萨特《辩证理性批判》解读,《福建论坛》,2008年,第9期。

144. 孙盛涛:民族寓言:第三世界文本的解读视域,论弗·杰姆逊的世界文学观,《外国文学评论》,1993年,第4期。

145. 孙盛涛:美学与政治的特殊融合——西方马克思主义文论的语境解析,《青岛大学师范学院学报》,1999年,第4期。

146. 唐正东:卢卡奇和阿尔都塞对马克思哲学观的解读:深刻性与肤浅性的并存,《南京社会科学》,1997年,第8期。

147. 王逢振:詹姆逊荣获霍尔堡大奖,《外国文学》,2008年,第6期。

148. 王逢振:杰出的西方马克思主义批评家:弗雷德里克·詹姆逊,《外国文学》,1987年,第10期。

149. 王逢振:詹姆逊近年来的学术思想,《文学评论》,1997年,第6期。

150. 王逢振:詹姆逊及其学术思想的发展,《华中师范大学学报》,1997年,第6期。

151. 王逢振:詹姆逊的新作:《时间的种子》,《外国文学评论》,1996年,第1期。

152. 王逢振:历史真实和叙事再现的辩证——质疑后现代的叙事观,《学习与探索》,2010年,第4期。

153. 王逢振:政治无意识和文化阐释,《马克思主义美学研究 第3辑》,桂林:广西师范大学出版社,2000年版。

154. 王逢振:全球化语境下的"民族的寓言",《中国政法大学学报》,2010年,第6期。

155. 王逢振:全球化和《单一的现代性》,《华中师范大学学报》,2004年,第5期。

156. 王逢振主编:《批评理论和叙事阐释》,北京:中国人民大学出版社,2004年版。

157. 王逢振主编:《文化研究和政治意识》,北京:中国人民大学出版社,2004年版。

158. 王逢振,陈才:后现代语境下的现实主义,《当代外语研究》,2010年,第1期。

159. 王宁:当代英美马克思主义文化批评,《外国文学研究》,2002年,第1期。

160. 王宁:弗雷德里克·詹姆逊和他的马克思主义批评理论,《南方文坛》,2002年,第2期。

161. 王西华:总体性辩证法的辩护与超越——论詹姆逊的后现代马克思主义,《理论学刊》,2009年,第12期。

162. 王秀芬:西方马克思主义总体性思想的价值分析,《大庆社会科学》,2008年,第6期。

163. 王伟:论詹姆逊辩证批评标准的乌托邦,《东南学术》,2009年,第2期。

164. 王彦霞:论杰姆逊的比较文化研究,《河南师范大学学报》,2002年,第1期。

165. 魏燕:大众文化的意识形态分析——解读詹姆逊的后现代主义文化理论,《外国文学》,2004年,第5期。

166. 吴琼:总体性与詹姆逊的文化政治哲学,《文化研究》,第1辑,天津:天津社会科学院出版社,2000年版。

167. 吴琼:《走向一种辩证批评:詹姆逊文化政治诗学研究》,上海:上海三联书店,2007年版。

168. 吴秋林:20世纪的中国寓言文学,《枣庄师专学报》,1999年,第1期。

169. 吴学琴:詹姆逊元批评解释学的理论视角评析,《中国人民大学学报》,2005年,第2期。

170. 吴学琴:元批评解释学视域中的马克思——詹姆逊的马克思主义解释学理论评析,《马克思主义研究》,2004年,第3期。

171. 吴兆章:詹姆逊全球化批判理论探析,《南京政治学院学报》,2010年,第1期。

172. 邢立军:物化幻影背后的抵抗——试论詹姆逊的社会历史总体性思想,《河南师范大学学报》,2007年,第5期。

173. 邢立军:差异性时代的总体性:詹姆逊的总体性思想评析,《江西社会科学》,2007年,第10期。

174. 邢媛:詹姆逊历史化认知思想探析,《哲学研究》,2008年,第8期。

175. 徐凤,倪寿鹏:詹姆逊文化全球化理论立场与层次分析,《广西师范大学学报》,2010年,第2期。

176. 许汝祉:对美国后现代主义文学的评估,《外国文学评论》,1991年,第3期。

177. 杨生平:试论卢卡奇"总体性"思想与《历史与阶级意识》,《贵州社会科学》,2006年,第10期。

178. 杨生平:詹姆逊文化全球化理论评析,《马克思主义研究》,2007年,第1期。

179. 杨思基,王昭风:卢卡奇"人本学马克思主义"与阿尔都塞"科学的马克思主义"之比较,《山东社会科学》,2002年,第1期。

180. 杨希珍,陈世象:詹姆逊后现代主义文学批评理论研究,《江西社会科学》,2004年,第7期。

181. 杨亚玲:詹姆逊对马克思主义总体性的继承、捍卫和阐发,《黑龙江社会科学》,2007年,第5期。

182. 杨艳妮:国内外詹姆逊文化批判理论研究述评,《河南财政税务高等专科学校学报》,2011 年,第 1 期。

183. 姚建彬:试论作为马克思主义阐释学主要策略的"历史化",《马克思主义美学研究》,2008 年,第 2 期。

184. 姚建彬:《走向马克思主义阐释学——詹姆逊的阐释学研究》,北京:北京大学出版社,2013 年版。

185. 俞吾金:论两种不同的历史唯物主义概念,《中国社会科学》,1995 年,第 6 期。

186. 俞吾金:如何理解并阐释马克思的哲学观(上),《江海学刊》,2013 年,第 4 期。

187. 俞吾金:在重新理解马克思哲学的途中——卢卡奇、德拉-沃尔佩、科莱蒂和阿尔都塞的理论贡献,《上海交通大学学报》,2007 年,第 5 期。

188. 臧佩洪:难以回避的:不是文化霸权,而是资本逻辑——詹姆逊对作为他者的现代性的晚期马克思主义抗争,《南京大学学报》,2004 年,第 5 期。

189. 曾枝盛:詹姆逊的后马克思主义身份问题,《南京大学学报》,2006 年,第 2 期。

190. 张娴:弗雷德里克·詹姆逊的文学观和文学批评理论,《湖南大学学报》,2011 年,第 1 期。

191. 张康之:历史的总体与结构的总体——卢卡奇、阿尔都塞总体范畴比较,《北京社会科学》,1995 年,第 3 期。

192. 张康之:卢卡奇的总体范畴,《马克思主义研究》,1999 年,第 2 期。

193. 张旭:探析杰姆逊后现代美学理论,《安徽大学学报》,2001 年,第 6 期。

194. 张旭东:《批评的踪迹》,北京:三联书店,2003 年版。

195. 张旭东:《寓言批评——本雅明"辩证"批评理论的主题与形式》,《文学评论》,1988 年,第 4 期。

196. 张云飞:马克思总体性方法及其学科建设意义,《教学与研究》,2008 年,第 7 期。

197. 张一兵:论西方马克思主义总体性范畴的哲学命意,《社会科学研究》,1985 年,第 6 期。

198. 赵一凡:马克思主义与美国当代文学批评,《外国文学评论》,1989 年,第 4 期。

199. 赵一凡:詹姆逊:后现代再现(上),《中国图书评论》,2008 年,第 10 期。

200. 赵一凡:詹姆逊:后现代再现(中),《中国图书评论》,2008 年,第 11 期。

201. 赵一凡:詹姆逊:后现代再现(下),《中国图书评论》,2008 年,第 12 期。

202. 赵白生:民族寓言的内在逻辑,《外国文学评论》,1997年,第2期。

203. 赵文:马克思"总体性"的三重维度,《陕西师范大学学报》,2007年,第4期。

204. 张彩云:国内外詹姆逊思想研究述评,《赤峰学院学报》,2013年,第7期。

205. 周怀红:马克思主义视野中的后现代主义——评詹姆逊的《后现代主义,或晚期资本主义的文化逻辑》,《中国人民大学学报》,2009年,第5期。

206. 周宪:《20世纪西方美学》,南京:南京大学出版社,1996年版。

207. 朱刚:评詹姆逊的"元评论"理论,《当代外国文学》,1997年第1期。